Karin Pfolz
AutorInnen »Farbspiel«

Impressum:

www.karinaverlag.at
Texte © :
Karin Pfolz, AutorInnengruppe »Farbspiel«
Lektorat: R
Layout, Textüberarbeitung © Karin Pfolz
Covergestaltung © Karin Pfolz, Nicole Bleck
© 2016, Karina Verlag, Vienna, Austria,
ISBN: 978-3-903161-14-6

Teil 8 der Reihe »Farbspiel«

BAUCH Isabella, BELJA Artur, BERTRAM Sally, BIELA Karin, BIENEMANN Christiane, DELANEY Stella, DRAXLER Marieluise, DUTZ Veronika M, EFFENBERG Petra, EMS T.B., ERDIC Christine, FRÖHLICH Leopold, FÜCHSLE Lisa, GÖRLITZER Sebastian, GREFEN Gabriele, GROSS Angelika, GRÜNEWEG Verena, HANELT Marlies, HAUPT Linda Marie, HERTTING Maria, INNOCENTI Alexandra, KAISER Michaela, KAUFMANN Bernadette Maria, KESSE Petra, KIDD Beate, KNISATSCHEK Florian, KOHLER Markus, KRÜGER Marion, KÜHNE Evelyn, LANG Waltraut, LIPP Wilhelm Maria, LIPP Michaela, MICHELS Katja, MISS M, MICHELS Katja, MOSER Roland, NEUMANN Katja, NIKOLAI Sabrina, PENNA Ilona, PETERNELL Marianne, PETZ Andreas, PFOLZ Karin, PULLETZ Sandra, RATHMANN Miranda, RIKKEN Helga, RÖTHLISBERGER Erich, SAUER Bo, SCHAEFER Marianne, SCHÖNBERG Michael, STEHLE Elfride, TEAR Asmodina, TREIBER Rudi, WEISE Petra, WIEGAND Tamara, ZAWREL Renate.

Inhalt

Wie Anfang und Ende

Graue Zukunft der Welt - Prognosen eines Realisten

Rudi Treiber

Jeder Mensch hat nur ein Leben und wird in eine Generation hineingeboren, die ihn prägt, formt und manipuliert. Viele Menschen verstehen die Generation davor nicht und nicht die danach. Die Population wird vieles verändern. Der Lebensraum des Einzelnen wird eingeschränkt, die Lebensmittel werden knapp, ebenso das Wasser. Immer mehr Chemie wird unser Leben beherrschen. Die Krebsrate wird ins Unermessliche steigen und jeder wird daran zugrunde gehen. Die Herzinfarkte explosiv zunehmen, die Umwelt und die Lebensräume werden von den Profiteuren des materiellen Reichtums zerstört. Chemie wird nur scheinbar unser Leben verlängern und wir werden die letzten Jahre unsere Existenz geistig kaum wahrnehmen. Die Gesellschaft wird sich zu einem Hort entwickeln, aus Egoismus, Selbstdarstellung und Gier. Lebensformen wie die Ehe werden nur mehr aus rationalen Gründen geschlossen und die daraus entstehenden Kinder den Einflüssen von Politik, Internet, Medien und Schule überlassen. Eine Wanderung aus den armen Ländern dieser Welt wird stattfinden, in die Wohlhabenden, und die Gesellschaft wird sich massiv verändern. Die ursprünglichen Völker werden sich vermischen und die Probleme, die dabei entstehen, werden Kriege hervorrufen. Die politischen Diktaturen dieser Welt werden verschwinden und es wird eine Diktatur des Geldes entstehen. Mafiose Strukturen werden unser Leben regeln. Die Armen werden zunehmend ärmer und die Reichen immer reicher, wie auch schon heute feststellbar.

Die Reichen festigen das, durch zunehmende Einflussnahme auf Politik und gesellschaftliche Entscheidungsträger, wie TV und Zeitungen, um die Masse auf dem Informationslevel zu halten, den sie wünschen. Der Mittelstand dient bloß dafür, die Armen niederzuhalten und die Reichen zu stützen. Die Umwelt wird zerstört werden, überall dort, wo die Armut am größten ist und sie wird früher sterben, ehe die letzten Erdölreserven versiegt sind. Länder, wie China oder Indien, werden unsere Konsumartikel erzeugen und Arbeitslosigkeit wird europäische Länder heimsuchen. Die armen Länder Afrikas, Asiens und Südamerikas werden zu Müllhalden der Welt, wo man den Schrott der industriellen restlichen Welt vergräbt. Tiere werden dem Wahnsinn der Pharmaindustrie geopfert und ursprüngliche Arten wird es nur mehr in Büchern geben. Die Gletscher werden schmelzen und Inseln knapp über der Meeresoberfläche sind Geschichte.

Die Verantwortung der Menschen beschränkt sich jeweils bloß auf die eigene, maximal jedoch nur auf die nachfolgende Generation. Gewalt bekommt ein bedrohliches Ausmaß, ebenso wie Missbrauch und Unterdrückung. Zwischenmenschliche Beziehungen werden virtuell stattfinden, sexuell ausufern und emotionell verkümmern. Jeder stirbt für sich alleine. Kinder verlassen früh ihre Eltern und überlassen diese fremden Händen in deren letzten Jahren. Die ursprünglichen Religionen verlieren massiv an Bedeutung und sektenähnliche Formen werden unser Leben beeinflussen. Der Niedergang des Planeten ist nicht aufzuhalten und irgendwann werden wir, den anderen unbewohnbaren, zu Staub verkommen Planeten in unserer unmittelbaren Nachbarschaft, ähnlich sein.

Der Mensch lernt nie, weder durch Kriege noch durch unmittelbare Konfrontation mit der schmerzlichen Konsequenz seiner Taten. Er wird dem Tier in manchen Handlungen immer ähnlicher, trotz seiner Intelligenz schafft er es nicht sein eigenes Nest sauber zu halten. Der indianische Spruch: „Erst wenn der letzte Baum gerodet, der letzte Fluss vergiftet, der letzte Fisch gefangen ist, werdet ihr feststellen, dass man Geld nicht essen kann“, rückt immer näher an uns heran, jedoch keine will es wahrhaben. So verschwindet die bunte Vielfalt des Lebens immer mehr unter einen grauen Schleier.

Vieles ist töricht an eurer Zivilisation. Wie Verrückte laufen die Menschen dem Geld nach, obwohl viele gar nicht lang genug leben können, um es auszugeben. Wir plündern die Wälder, den Boden und verschwenden die natürlichen Brennstoffe, als kämen nach uns keine Generationen mehr, die all dies ebenfalls brauchen. Die ganze Zeit reden wir von einer besseren Welt, während wir immer größere Bomben bauen, um jene Welt, die wir jetzt haben, zu zerstören. Wir verkaufen unser Land, unsere Häuser und irgendwann unser Wasser, unsere Meere und unsere Luft. Wenn wir der Erde etwas wegnehmen, müssen wir ihr auch etwas zurückgeben. Wir und die Erde sollten gleichberechtigte Partner sein. Was wir der Erde zurückgeben, kann etwas so Einfaches - und zugleich so Schwieriges - wie Respekt - sein. Wer die Erde nicht respektiert, zerstört sie. Wer nicht alles Leben, so wie das eigene respektiert, wird zum Mörder. Der Mensch glaubt manchmal, er sei zum Besitzer und zum Herrscher erhoben worden. Das ist ein Irrtum. Er ist nur ein Teil des Ganzen. Seine Aufgabe ist die eines Hüters, eines Verwalters, nicht die eines Ausbeuters. Der Mensch hat Verantwortung, nicht Macht. Es ist unsere Aufgabe, dafür zu sorgen, dass die Menschen nach uns, die noch ungeborenen Generationen, eine Welt vorfinden, die nicht schlechter ist als die unsere – und hoffentlich besser.

Kontraste

Gabriele Grefen

Aschgrau und rosarot
in meinem Inneren tönen
mich verhöhnen und verwöhnen
karge Stellen nicht verschönen
sind mir Spiegel in der Welt.

Tauben flattern unterdessen
ganz verfressen und vergessen
über Kriegsgeschrei hinweg.

Und ein leerer Zauberhut
liegt am Strand, fest im Sand
eingegraben
will nicht warten, muss jetzt starten,
denn ein neues Jahr beginnt.

Machtvolles grau en der Patientin

Miss M

Zustand:
In künstliches grauvernebeltes Koma gehüllt,
Entscheidung soll nun fallen über Leben und Tod
nur noch Geräte und DÜD-DÜD

Gedanken nicht greifbar:
mein blühendes Leben
glücklich, vielseitig und bunt
Lebensmotto im Hier und Jetzt

Hier und Jetzt:
Diese lauten, grauen Monster
überschallen die Stille des Raumes
halten den Lebenssaft am Fließen, DÜD-DÜD

Gedanken nicht greifbar:
Was will ICH?
Wer hört MICH?
Wer hält MICH?

Zustand:
Zu lange kein Zeichen
Überlebenschancen fallend
Hoffnungslos, DÜD-DÜD

Hier und Jetzt:
der Schalter geht ins off
abgestellt
der graue Nebel löst sich

Gedanken nicht greifbar:
Atmen, leben ohne graues Monster
Selbstentscheidung
bin ihm entkommen DÜD-DÜD

Hier und Jetzt:

Sie erwacht
ein zartes Stimmchen erklingt
Kaffee bitte

Zustand:

18 Tage gefangen im grauen Nebel
Sie ist zurück
eine reelle Überlebenschance

Gedanken nicht greifbar:
Wo bin ICH?
Wo ist der Schalter?
Hier und Jetzt!

Graue, unscheinbare Tränen

Sebastian Görlitzer

Es lag eine unangenehme Atmosphäre in der Luft, es war nicht einmal die Hitze des Sommers an diesem sehr warmen Tag dran schuld. Es war eher das Unglück, das gerade geschehen war. Dabei war es bis dahin für Michael ein angenehmer Tag. Er hatte nur wieder viel zu viel Stress und ließ sich ablenken, das Handy und der Terminkalender waren seine wichtigsten Begleiter. Als er einen Moment nicht auf den Verkehr achtete, kam der Wagen plötzlich von der Fahrbahn ab und überschlug sich. Der junge Familienvater und Ehemann hatte keine Kontrolle mehr über das Fahrzeug. Letztendlich lag er im Straßengraben und nur das Summen des Motors war zu hören, das jedoch bald erstarb. Kurz darauf öffnete sich die Fahrertür. Keuchend krabbelte Michael heraus. Er ließ sich auf der Wiese nieder, um wieder zu Atem zu kommen, doch wenige Minuten danach wurde er bewusstlos. Leblos lag er dort, die letzten Bilder, die er sah, waren seine Frau und seine beiden Kinder Tim und Lisa. Wenn man ihn nicht fand, woher sollte seine Familie wissen, wo er steckte? Sorgen, über die er sich keine Gedanken mehr machte. Die Kraft wich. Stundenlang lag er dort. Später, er rechnete nicht damit, denn als Michael sich umsah, hätte er eher daran geglaubt, dass dieser weiße Raum eines Krankenhauszimmers bereits das Himmelreich wäre, erkannte er seine Familie, wie sie vor ihm stand. Seine Frau und seine Kinder waren nach der Schreckensnachricht sofort zu ihm ins Krankenhaus geeilt. Jetzt wusste er, es war noch nicht soweit. Michael hatte großes Glück gehabt. Eine junge Frau hatte an der Unglücksstelle angehalten, weil sie eine Person am Straßenrand liegen sah. Er war nicht ansprechbar, also rief sie den Krankenwagen. Das Wichtigste war, dass er versorgt wurde, bevor es zu spät war, dachte sie und informierte erst danach die Polizei, die ihn später befragen würde.

»Was ist passiert?«, fragte Michael seine Frau. Ihr standen Tränen in den Augen, die sie der Kinder wegen verbarg. »Du hattest einen schweren Autounfall. Zum Glück fand man dich. Eine Dame, die sich sofort um dich kümmerte und den Krankenwagen rief.«

»Es tut mir leid, dass ich euch Sorgen mache«, entschuldigte sich Michael und legte dabei seine Hand auf die seiner Frau, die bei ihm am Bett saß.

Lisa, seine kleine Tochter, konnte nicht mehr an sich halten und umarmte ihren Vater ein klein wenig zu euphorisch. »Oh, Papa, ich bin so froh, dass du lebst.«
Tim stand da, als würde er unter Schock stehen. Erst als sein Vater seine Hand auf die Schulter seines Sohnes legte, bewegte sich sein Sohn und tat es seiner Schwester gleich. Er rannte auf die andere Seite des Bettes und überschwänglich umarmte er seinen Vater ebenfalls.
»Du hattest großes Glück, dass nichts weiter passiert ist. Die Ärzte meinen, dass du bald schon wieder fit bist«, erklärte ihm seine Frau. »Sie wollen aber noch ein paar Untersuchungen machen, sobald du wach bist.«
Doch Michael ahnte, dass sie noch etwas bedrückte.
»Sag schon, was hast du noch auf dem Herzen?« Erst winkte Else ab.
»Es hat Zeit bis später«, meinte sie. Doch als sie merkte, dass ihr Mann nicht nachgab, öffnete sie sich. »Ehrlich gesagt weiß ich nicht, wie lange ich das noch mitmachen soll. Du arbeitest so viel, doch ich frage mich wofür? Uns geht es gut. Wir brauchen keinen Luxus. Wir haben so oft drüber gesprochen. Ich bin es leid. Du solltest dir überlegen, was dir wichtiger ist. Dieser Job oder deine Familie, die sich ständig um dich Sorgen machen muss.«
Mit diesen Worten bat sie die Kinder, ihre Jacken anzuziehen. Sie wollte nach Hause. Es war ein anstrengender Tag für die Kinder und auch für sie gewesen. Michael zeigte Verständnis. Er wurde nachdenklich. Allerdings waren ihre Worte nicht nur gutgemeinte Ratschläge, sondern auch die bekannte ›Pistole auf die Brust‹. Das wusste er. Also musste er eine Entscheidung treffen, mit der sie gemeinsam leben konnten. Er wusste, dass er zu viel arbeitete, immer wieder von einem Termin zum nächsten jagte, dabei kaum etwas aß und seinem Körper dadurch schadete.
Was wollte er sich damit beweisen, musste es erst zu einem solch schweren Autounfall kommen, musste er sich wirklich dieser Gefahr aussetzen, bis er begriff, wie wichtig das Leben ist?
Was, wenn dieser Unfall schlimmer ausgegangen wäre? Das Argument, dass er das alles für seine Familie machte, weil sie ihm so wichtig war, zählte längst nicht mehr. Das hatte ihm Else eben erst zu verstehen gegeben. Er drehte sich im Kreis. Langsam rollte eine Träne aus seinem linken Auge. Sie fühlte sich so grau und unscheinbar an, so wie sich gerade sein Leben anfühlte. Danach schloss Michael seine Augen. Er brauchte Zeit. Vor allem aber

musste er eine Lösung finden. So konnte es nicht weitergehen, wenn er seine Familie nicht verlieren wollte. Erschöpft schlief er ein. Der Traum allerdings war erschreckend. Die Ärzte standen an seinem Bett und überbrachten ihm eine schreckliche Nachricht.

»Es tut uns leid, Ihnen nichts Anderes sagen zu können, jedoch haben wir bei unseren Untersuchungen festgestellt, dass Sie Krebs haben.«

Ein furchtbarer Schreckensmoment für Michael. »Wie lange habe ich noch?«, fragte er mit ruhiger Stimme.

»Wenn wir jetzt mit der Therapie beginnen, sofern Sie uns das Okay dazu geben, dann stehen die Chancen gut, dass Sie den Krebs besiegen. Doch Sie brauchen viel Ruhe und die Chemotherapie im Anschluss, die wohl notwendig sein wird, könnte sehr an ihren Kräften zehren. Körperlich wie auch psychisch. Das müssen Sie in Betracht ziehen. Aber Sie können es schaffen.«

Beruhigter antwortete Michael: »Dann beginnen Sie bitte damit.«

»Schön, dann bereiten wir alles vor. Es gilt keine Zeit zu verlieren.«

»Eine Frage noch«, bat Michael, »kann ich meine Familie nochmal sehen?«

»Natürlich. Das ist kein Problem. Wir informieren sie.«

»Vielen Dank.« Der Traum, so wirr er auch war, ließ Michael nicht in Ruhe. Er wachte zwar auf, allerdings nur kurz. Er war müde, sodass er schnell wieder einschlief. In seinem Traum standen seine Frau und die Kinder an seinem Krankenbett verdächtig weit von ihm entfernt.

»Was ist los mit euch, warum steht ihr so weit abseits von mir?«, fragte Michael besorgt.

»Ich bin nur wegen der Kinder mitgekommen, du hast dich damals für deine Arbeit entschieden und ich hab daraus meine Konsequenzen gezogen. Wir sind geschieden, wie du sicher weißt«, antwortete Else mit kühler Stimme.

»Du hast uns im Stich gelassen, Vater«, ergänzte Tim vorwurfsvoll. »Dabei dachte ich, du hast uns lieb«, murmelte Lisa traurig. Danach rannte sie weinend aus dem Krankenhauszimmer. Das war zu viel für das kleine Mädchen.

»Nein! Das ist nicht wahr!«, plärrte Michael im Schlaf wie ein kleines Kind und wachte kurz darauf auf.

Es dauerte ein paar Minuten, bis Michael wieder zu Sinnen kam. Er strich sich mit der rechten Hand durch sein dunkelbraunes Haar und griff anschließend zum Handy.

»Hallo Else, kannst du mit den Kindern nachher vorbeikommen? Ich habe euch etwas zu sagen.«
»Natürlich, wir kommen heute Nachmittag vorbei. Die Kinder sind noch in der Schule.«
»Danke«, sagte Michael und legte auf.
Am Nachmittag erschienen Else, Lisa und Tim. Michael wurde liebevoll begrüßt, ganz anders als in seinem Traum. Sie waren nicht geschieden. Ein schöner Gedanke.
»Schön, dass ihr da seid. Ich wollte euch einen Vorschlag machen.« Neugierig hörte seine Familie zu.
»Mir hat der Unfall zu denken gegeben und ich weiß noch nicht, was mich erwartet, welche Kosten auf uns zukommen. Else, wir haben genügend gespart. Was haltet ihr also davon, wenn wir, sobald ich wieder zuhause bin, an die See fahren, nur wir vier?«
Die Kinder freuten sich und riefen gleichzeitig: »JAAAAA!«
Nur Else hatte Bedenken, die sie Michael auch wissen ließ.
»Und danach soll alles so weitergehen wie bisher?«
»Du meinst wegen meiner Arbeit? Nein, das wird es nicht, ich werde mir, sobald ich wieder fit bin, etwas Anderes suchen. Da wird sich schon was finden, ich bin sehr zuversichtlich, was das angeht.«
Jetzt stimmte auch Else zu und hatte keine Zweifel mehr.
»Ich liebe dich und deswegen werden wir alles gemeinsam durchstehen, komme was wolle. So haben wir es all die letzten Jahre gehalten.«
Michael ergriff diesmal Elses Hand, die nun optimistisch in die Zukunft blickte.

In die Zukunft mit ihrer Familie.

Vergebung

Stella Delaney

Der Himmel hängt über mir wie ein verwaschenes Leintuch, schwach beleuchtet vom frühen Tageslicht. Ein helles, beinahe transparentes Grau.

›Ich hoffe, ich störe nicht, aber ich habe mich grade gefragt, was jemand wie du so ganz alleine in einer Bar wie dieser macht. Und ob ich dich eventuell auf einen Drink einladen könnte.‹

Bei einem Drink war es natürlich nicht geblieben. Und auch nicht bei der Bar. Ich lausche in mich hinein. Kopfschmerzen, Übelkeit, Schwindel - blasse Spuren der letzten Nacht. Für ein paar Stunden habe ich mir vorgemacht, alles vergessen zu können. Nichts als strahlende weiße Leere in meinen Gedanken, kein Nachdenken, kein Grübeln. Keine Warnung, dass bei Tageseinbruch die Erkenntnis einsetzen würde, so hart, dass mir fast schwarz vor Augen wurde.
Der Drang nach einer Zigarette überkommt mich. Früher habe ich nur gelegentlich geraucht, nachts, in Bars, mit Fremden.
Manchmal auch tagsüber, wenn ich angespannt war oder gelangweilt vom Warten. Aber du hast Rauchen gehasst und deswegen habe ich aufgehört Bis gestern Nacht.
Ich vergrabe die Hände in den Taschen meiner Lederjacke. Die Rechte stößt auf etwas. Ein Zettel. Ohne ihn anzusehen, zerknülle ich ihn zwischen den Fingern und werfe ihn in Richtung der Wellen. Stahlgrau brechen sie sich am Ufer.

›Hier, meine Nummer. Vielleicht lässt sich das Ganze ja mal wiederholen.‹

Ich atme tief ein.
Die Luft ist rau, feucht und salzig. Der Wind schlägt mir ins Gesicht.
Über mir ziehen Möwen ihre Kreise, heisere Schreie erfüllen die Luft. Einige von ihnen streifen ziellos den Strand entlang, ihr Gefieder eine Mischung aus Weiß, Schwarz und Grau.
Sie sind die einzigen Spaziergänger an einem Morgen wie diesem.

Leichter Nieselregen setzt ein. Ich sollte nach Hause gehen.

Du hast den Strand immer geliebt, egal bei welchem Wetter. Als wir zum ersten Mal hier waren, hatte es auch gerade zu regnen begonnen. Nicht heftig, aber anhaltend. Wir verkrochen uns zu zweit unter meine Lederjacke, kichernd wie Teenager. So saßen wir auf den hölzernen Begrenzungen, die Füße auf dem feuchten Sand, stundenlang, ohne die Kälte und Nässe auch zu spüren.

Wir sprachen über alles und nichts.

Wir hatten uns, das war genug. Doch das war vor dieser einen Nacht, in der alles anders wurde.

Diese eine Nacht, über die du nicht reden kannst, nicht reden willst. Diese eine Nacht, in der eine Gruppe von sadistischen Idioten dein Leben ruinierte, und meines gleich mit. Seitdem besuchst du den Strand nur noch alleine, zu langen Spaziergängen, als wolltest du flüchten. Vor dieser Nacht. Vor deinen Erinnerungen. Und vor mir.

Bin ich deshalb hier? Weil ich dir hier näher sein kann als in der Wohnung, die wir teilen? Oder bin ich hier, weil ich ebenfalls fliehen will? Fliehen vor der Tatsache, dass auch ich nur eine einzige Nacht gebraucht habe, um noch mehr zu ruinieren?

Dann stehe ich plötzlich im Flur, ohne zu wissen, wie ich hierhergekommen bin. Automatisch streife ich die Lederjacke ab, lasse sie zu Boden fallen. Zögere einen Moment, warte auf den halb verärgerten, halb belustigten Vorwurf, der natürlich nicht kommt. Hebe die Jacke dann auf, und hänge sie an den Haken.

Ich will das nicht tun. Ich will das wirklich nicht. Mein Körper fühlt sich schwer an, wie eine Last, die ich mit mir herumschleppe. Eigentlich müsste das Echo meiner Schritte durch den ganzen Flur hallen, unerträglich laut wie schon das Drehen des Schlüssels und das Aufprallen der Jacke auf dem Boden. Ich hatte Angst davor, dass diese Geräusche deine Gegenwart heraufbeschwören könnten, und gleichzeitig sehnte ich mich danach.

Wo steckst du nur? Ich will deinen Namen rufen, aber meine Kehle fühlt sich rau und trocken an. Wie soll ich sprechen, wenn schon Atmen eine Herausforderung ist?

›Reiß dich zusammen, verdammt nochmal. Du hast dich selbst in diese Lage gebracht, jetzt musst du auch selbst wieder herausfinden.‹

Doch die Worte verhallen in meinen Gedanken, ohne Wirkung zu zeigen. Ich betrete das Wohnzimmer. Und da bist du. Stehst einfach nur da und schaust in tiefer Konzentration aus dem Fenster. Als hättest du mich nicht bemerkt. Als wäre dort draußen etwas, das deine ganze Aufmerksamkeit erfordert. Der Regen hat aufgehört, aber die Wolken hängen immer noch am Himmel. Bedeutungsvoll, schwer und dunkel. Grau.
Ich kann mit Stolz sagen, dass ich noch nie in meinem ganzen Leben vor einer Aufgabe davongelaufen bin. Egal, wie schwer sie war. Herausforderungen sind dazu da, gemeistert zu werden. Aber in diesem Moment ist die Versuchung unglaublich groß. Sie füllt meine Gedanken, lenkt meine Schritte. Ich bin stehen geblieben, und nur das Wissen, dass ich nicht vor mir selbst davonlaufen kann, hält mich in diesem Raum.
Eine weitere Ewigkeit sehe ich einfach zu, wie du an den Ärmeln deines Pullovers ziehst, bis sie deine Hände fast ganz bedecken. Hast du dieses Kleidungstück gestern Abend schon angehabt? Als du mir aufgetragen hast, viel Spaß zu haben, ohne mich dabei anzusehen?
Ich zermartere mir den Kopf, aber ich kann mich nicht erinnern. Der Pullover ist alt und viel zu groß. Und er hat dieses farblose, transparente Grau, wie der Himmel über dem Meer an einem regnerischen Tag.
Du teilst deine Wunden nicht. Nicht die sichtbaren und erst recht nicht die unsichtbaren. Vielleicht war es ja deine Unfähigkeit zu teilen, die mich so weit gebracht hat, dass …
Verflucht, wann habe ich angefangen, über billige Ausreden nachzudenken? Dann könnte ich auch gleich anführen, dass du es mir ja selbst erlaubt hast. Dass du gemeint hast, es sei okay, die einfachste Lösung, das Beste für alle. Dabei würde ich ignorieren, dass deine Worte wahrscheinlich nur ein Test waren.
Ein Test, den ich nun, entgegen aller Beteuerungen, nicht bestanden habe. Und ich würde ignorieren, dass ich dieses Angebot abgelehnt habe.
Mehr noch, dass ich dir versprochen, dir geschworen habe, so etwas niemals zu tun.
Wie konnte ich nur? Ich suche nach Worten. Worte, die weniger unangebracht sind, weniger verletzend. Aber es hat keinen Sinn. Die Worte entgleiten mir, rinnen durch meine Gedanken wie Sand durch zitternde Finger.

Ein tiefer Atemzug. Du siehst so zerbrechlich aus. Und ich weiß, dass ich dir gleich einen Schlag versetzen werde, der die bröckelnde Fassade endgültig zerschmettern und das behelfsmäßige Gerüst niederreißen wird. Warum muss es ausgerechnet ich sein?

»Es … es tut mir leid. Ich …« Die Wörter stolpern von meinen Lippen. »Ich habe einen Fehler gemacht. Einen großen Fehler.«

Wie konnte ich nur? Wenn ich mich zu erinnern versuche, dann ist es, als würde ich neben mir stehen. Als würde ich einem Fremden zusehen, ungläubig, angeekelt, voller Verachtung. Als ob es jemand anders getan hätte. Als ob jemand anders all diese Versprechen gebrochen hätte. Nicht ich. Nicht *ich*.

Du schüttelst den Kopf. Die Schuld bricht über mich herein wie eine gigantische Flutwelle. Sie reißt mich weg, überrollt mich, nimmt mir den Atem. Ich muss dir alles erzählen. Ich muss. Du verdienst die Wahrheit.

Und vielleicht – *vielleicht* – verdiene ich Vergebung.

»Ich kann dir nicht einmal sagen, warum, aber ich -«

»Ist schon gut.« Deine Stimme ist klar, obwohl du fast flüsterst.

»Nein, es ist nicht gut. Überhaupt nicht. Ich –«

Mit einer schnellen, fließenden Bewegung, die ich nicht erwartet habe, drehst du dich um. Dein Gesicht ist so blass. Und deine Augen verraten mir nichts. Bodenlose dunkle Brunnen, die das Wasser irgendwo in der Tiefe verbergen.

»Glaub mir einfach. Es ist alles gut.«

»Aber –«

Deine Finger berühren meine Lippen und schneiden die Flut der Worte einfach ab. Eine liebevolle Geste, aber gleichzeitig auch ein Befehl. Warum willst du es nicht hören?

Dein Blick hält meinen fest, während deine Finger von meinen Lippen zu meiner Wange wandern. Und wieder ist die Berührung schwerelos.

Eine Zärtlichkeit, die ich nicht verdiene.

Warum habe ich alle diese Fragen, und du keine einzige? Überhaupt – dieses Andauernde *warum*. Warum du? Warum ich? Warum das? Warum passieren guten Menschen schlimme Dinge? Warum verletzt man gerade den Menschen so tief, den man am meisten liebt?

Warum fragst du nicht? ›Wo warst du?‹ ›Was hast du gemacht?‹ ›Warum?‹ Wären das nicht die naheliegenden Fragen der Welt? Und obwohl mir die

Antworten selbst nicht klar sind, brauche ich diese Fragen. Der wichtigste Teil eines Geständnisses ist das Gestehen, die Offenlegung der Schuld. Und dann das Akzeptieren der Konsequenzen.
Ohne Geständnis, ohne Wiedergutmachung gibt es auch keine Vergebung oder? Wie kannst du nur so ruhig bleiben? Ich verstehe es nicht. Ich verstehe es einfach nicht. Doch bevor ich meine Verwirrung in Worte kleiden kann, ziehst du mich plötzlich in deine Arme. Und ich lasse es geschehen.
»Es spielt keine Rolle«, flüsterst du, als hättest du meine unausgesprochenen Fragen gehört. »Ich will es nicht wissen. Ich brauche es nicht zu wissen. Was immer du sagst, es ändert nichts. Weil ich dir verzeihe. Ich verzeihe dir sowieso.« Wenn es stimmt, was du sagst, warum rast dann dein Herz so, mit der Verzweiflung eines kleinen Vogels, der wieder und wieder gegen das geschlossene Fenster fliegt und keinen Ausweg findet? Wie kannst du mir verzeihen, wenn du dir selbst nicht vergeben kannst? Früher habe ich immer gedacht, dass Gefühle nichts weiter sind als biochemische Reaktionen. Etwas, das sich mit genug Konzentration und Übung beeinflussen und kontrollieren lässt. Ich war naiv. Ich war dumm. Gefühle fließen durch unsere Körper wie das Blut in unseren Adern, frei und unaufhaltsam. So lange unsere Herzen schlagen, so lange fühlen wir, sind wir gezwungen zu fühlen. Und die Intensität dieses Gefühls raubt mir fast den Atem, auch wenn ich nicht einmal weiß, wie ich es benennen sollte. Fühle ich mich betrogen oder gerettet? Ist es Enttäuschung oder Erleichterung? Schuld oder Liebe? Wie dumm von mir zu glauben, dass es die dunklen Zeiten sind, die eine Beziehung zerstören. In Wirklichkeit ist es das Grau. Dieser Zustand, in dem man nicht mehr weiß, was man empfindet.
›Ich verzeihe dir sowieso.‹
Was, wenn du diese Worte nicht aus Liebe gesprochen hast, sondern weil du dich schuldig fühlst? Weil du denkst, dein Verhalten sei die Ursache für meinen Fehltritt? Ist es Ironie, dass nach all dem, was wir gemeinsam durchgemacht haben, Schuld das Einzige ist, was uns noch verbindet?
Oder ist es ein besonders grausamer Scherz?
Ich lege meine Arme um deine Schultern, und bin unglaublich dankbar, dass du sie nicht abstreifst. Dass du nicht versuchst, mir auszuweichen, wie du es sonst immer getan hast. Vielleicht ist das ein gutes Zeichen. Vielleicht ist es egal, was und wie wenig uns noch verbindet, so lange überhaupt noch eine

Verbindung besteht. Manchmal suchen wir nach Antworten, obwohl wir wissen, dass wir sie nicht finden werden. Wir suchen trotzdem weiter, weil wir nicht akzeptieren können, dass die Antworten nicht existieren. Aus irgendeinem Grund wäre diese Erkenntnis schlimmer als eine fortwährende, sinnlose Suche. Also machen wir weiter, suchen, kämpfen, hoffen.

Die Wahrheit ist, dass es manchmal kein Schwarz und kein Weiß gibt. Kein Richtig und kein Falsch. Es gibt nur Grau. Unendliche Variationen von Grau.

Die Wahrheit ist aber auch, dass ich immer noch lieber dein Grau sein möchte, als das Weiß von jemand anderem.

Wenn ich doch nur wüsste, wie deine Wahrheit aussieht.

Das Sommerhaus

Miranda Rathmann

Voll von Staub sind alle Räume,
lang schon war hier keiner mehr.
Spinnenweben an den Decken,
alles wirkt so trostlos leer.

Auf den Möbeln große Laken.
Einstmals waren sie wohl weiß.
Auch die Fenster sind verhangen
und im Haus ist's stickig heiß.

In der Küche fließt kein Wasser,
Strom gibt es hier auch nicht mehr.
Im Kamin nur kalte Asche
und der Kohlensack ist leer.

Auch die Uhr ist steh´n geblieben,
beide Pendel hängen still,
und der Kuckuck sitzt im Häuschen,
obgleich er lieber singen will.

Früher hallte Kinderlachen
durch das große, helle Haus.
Alles war so voller Leben,
jederzeit, tagein tagaus.

Doch so soll es wieder werden,
voll von Tatendrang sind wir.
Wollen putzen, wienern, wischen,
genau deshalb sind wir hier.

Schnell die Fenster weit geöffnet.
Tageslicht strömt nun herein.
Auch das Atmen fällt nun leichter,
nichts soll hier mehr düster sein.

Weg nun mit den Spinnenweben,
von den Decken hier im Haus,
und die kleinen Spinnentierchen,
tragen wir ganz sanft hinaus.

Ganz zum Schluss die großen Laken,
schwer vom Staub der langen Zeit,
hinunter von den alten Möbeln,
dann sind diese auch befreit.

Und im Schein der Abendsonne,
strahlt das Haus in neuem Glanz.
Wir laden ein zum großen Feste,
zu Musik und Wein und Tanz.

Graues Haar, wunderbar

Bo Sauer

Langsam hebe ich meinen Blick und sehe direkt in eisgraue Augen. Es sind müde Augen, die mich starr anblicken. Es sind trübe Augen, die anscheinend viel Leid und Qual in letzter Zeit gesehen haben. Es sind kalte, nackte Augen. Was ist es nur, was mich beim Blick in diese Augen frösteln lässt?
Erst langsam fällt es mir auf. Diese eisgrauen Augen sind umgeben von nichts anderem als blasser, bleicher Haut, keine Augenbrauen. Die Lider sind ohne ein jegliches Haar, darunter starre, trübe, eisgraue Augen, eingebettet in schlaffe Haut. Es sind meine Augen, die mich aus dem Spiegel fixieren.

»Ich habe Sie angerufen, um die letzte Vorsorgeuntersuchung mit Ihnen zu besprechen.« Dr. Heintze saß mir an seinem Schreibtisch gegenüber. Er bewegte eine kleine Maus über die polierte Platte und schaute dabei auf einen großen Bildschirm, von dem ich nur die dunkle Rückseite wahrnahm. »Ihre PSA-Werte gefallen mir gar nicht, sie sind seit der Kontrolle im vorigen Jahr stark gestiegen. Ich möchte Sie gerne in die Klinik zu Professor Lautenbach überweisen. Wir sollten eine Gewebeprobe aus der Prostata entnehmen lassen, um eine bösartige Erkrankung auszuschließen.«
Soweit hörte sich die Diagnose meines Urologen noch harmlos an. Was danach folgte war ein Alptraum. Ich fuhr in die Klinik zum Professor, der mir erst einmal eröffnete, dass er üblicherweise die Proben unter Vollnarkose entnehmen wollte.
»Dann kann ich mehr Proben aus verschiedenen Bereichen der Prostata entnehmen, die Diagnose wird wesentlich genauer. Aber keine Bange, Sie können heute Abend schon wieder nach Hause. Wir werden Sie nach dem Eingriff nur ein paar Stunden in der Aufwachstation beobachten.«
Dann erklärte er mir den Eingriff, wie er mit einer langen biegsamen Kanüle durch den Mastdarm von unten in die Prostata stechen würde, um die Proben zu entnehmen, insgesamt zwölfmal. Ich ergab mich meinem Schicksal und fand mich wenig später im OP wieder. Nur mit einem bleichen Kittel - dem Totenhemdchen, wie die Schwestern grinsend anmerkten - bekleidet, musste ich mich unter ein Monstrum eines Durchleuchtungsgerätes legen. Mit weit gespreizten Beinen wurden mir die Kniekehlen in hoch gelagerte

Halterungen gelegt. In diesem Augenblick konnte ich das große Unbehagen vieler Frauen verstehen, wenn sie zum Frauenarzt gehen.
Man ist hilflos, ausgeliefert, seine intimsten Stellen preisgebend, entwürdigend, aber man ist ja nur ein Patient. Das Letzte, was ich noch vernahm, als ich in dieser verletzlichen Lage, eingezwängt unter der mächtigen Maschine lag, waren die beruhigenden Worte des Anästhesisten.
Dann fiel ich in ein dunkles Loch.

Immer noch stehe ich vor dem Spiegel, die Arme auf beiden Seiten des Waschbeckens abgestützt, und schaue in mein müdes Gesicht. Zögerlich löse ich mich von dem eisgrauen Augenpaar und lasse meinen Blick über die fahle, schlaffe Haut der Wangen nach oben gleiten und wieder nach unten. Meine Lippen habe ich zusammengepresst, sie sind schmal und farblos. Nicht nur aus den eisgrauen Augen quillt die ganze Qual der letzten Wochen, auch dieses verkniffene Gesicht lässt Leid und Pein erkennen.
Mein Blick drängt wieder nach oben. Über der tief gefurchten Stirn bleibt er schließlich an der Kante des Multifunktionstuches hängen, welches ich mir schon vor vielen Tagen, zu einer Mütze zurecht geformt über den kahlen Schädel gezogen habe.
Zuerst fand ich die Glatze ja noch irgendwie interessant, ja sogar sexy. Aber nach und nach konnte ich diesen Anblick meines haarlosen, nackten Schädels, der immer mehr einem Totenschädel ähnelte, nicht mehr ertragen.
Und so hatte ich mir diesen elastischen Schlauch gekauft, leider war er nur noch in Grau zu bekommen, irgendwie passend zu meinem Gesicht.
Einmal über den blanken Schädel gespannt, nahm ich die Mütze kaum mehr ab. Beim Zubettgehen zog ich sie mir erst dann vom Kopf, wenn ich das Licht löschte. Und morgens war das Tuch das Erste, was ich zur Hand nahm, um gleich wieder eine Mütze zu formen.
Ich schaue wieder hoch zu diesem grauen Tuch, welches mich nun schon seit einigen Wochen wie eine zweite Haut begleitet. Irgendetwas stimmt da oben nicht. Seit Tagen juckt mein Kopf. Erst kaum spürbar wurde es zuletzt immer ärger. Ich hatte das Gefühl zunächst verdrängt, wollte es nicht wahrnehmen, wie ich so vieles um mich herum nicht mehr mitbekomme.
Das Jucken ist aber nicht mehr zu ignorieren.

Und so will ich heute endlich die Mütze abnehmen und nachschauen, was diesen unerträglichen Juckreiz auslöst. Wieder einmal scheine ich einen Kampf verloren zu haben. Ich schaue noch einmal auf mein verhülltes Haupt.

Zögerlich sehe ich meine Hand emporwandern, verfolgt von den eisgrauen Augen. Oben angekommen verharrt sie kurz, und streift dann mit einem Ruck das graue Tuch vom Kopf.

»Aufwachen! Hallo, Aufwachen!« Ein Tätscheln an meinem Arm holte mich aus der Dunkelheit zurück. Ich lag in einem weichen Bett, eine Schwester hielt meine Hand. »Da sind Sie ja wieder. Alles ist gut verlaufen. Bleiben Sie noch einen Moment ruhig liegen. Dann werde ich Ihnen helfen sich hinzustellen, damit ihr Kreislauf wieder in Schwung kommt.«

Da stand ich dann, neben dem Bett, erst noch mit wackligen Beinen, oben rum das bleiche Kittelchen, untenrum eine Pampers, zumindest fühlte sich der Verband aus dicken Mullbinden für mich so an.

»Wir werden Sie jetzt noch für ein paar Stunden beobachten. Und wenn Sie erst mal wieder Wasser gelassen haben, dürfen Sie auch nach Hause. Aber jetzt müssen Sie viel trinken. Ich habe Ihnen eine große Flasche Wasser hingestellt.«

Dann verschwand die Schwester, um sich einem anderen Patienten zu widmen.

Irgendwann hatte ich das Gefühl, meine Blase würde platzen, und rief einen Pfleger, der mich zur Toilette führte. Dort erst mal die Pampers herunter. Im Schritt steckte noch eine Mullbinde, blutgetränkt. Zwar konnte ich ohne Probleme Wasser lassen, dieses war aber dunkelrot.

»Das wird sich in den nächsten ein bis zwei Tagen geben«, meinte der Pfleger. Und damit war ich entlassen mit der Aufforderung, in vier Tagen beim Professor den Befund abzuholen.

»Tja, das ist leider eindeutig.« Diesmal saß mir Professor Lautenbach am Schreibtisch gegenüber. »Krebs, wir müssen sofort operieren.« Ich war in mich zusammengesackt. Krebs! Nie hatte ich daran gedacht, ich könnte auch mal davon betroffen sein. »Und was heißt das jetzt für mich?«

Nur mühsam brachte ich diese Worte über meine Lippen.

»Es ist sehr gut, dass wir den Krebs in diesem frühen Stadium erkannt haben. Mit der OP und einer anschließenden Chemotherapie stehen die Chancen auf eine Heilung ganz gut.« Mein Gegenüber wollte mir wohl Mut machen, ich war aber zu erschüttert, um diesen Trost anzunehmen. »Sie können gleich hierbleiben, ich habe schon morgen für Sie einen OP-Termin vorgesehen.«
Wie betäubt ergab ich mich in mein Schicksal.
Die anschließenden Wochen waren eine Tortur. Obwohl die OP nach den Worten des Professors »exzellent« verlaufen sei, musste ich wochenlang einen Katheter und einen Urinbeutel tragen. Eine Woche nach der OP bekam ich noch im Krankenhaus die erste Chemo. Es war die Hölle. Zuerst dachte ich noch, ich könnte diese großen Tabletten vertragen, hatte ich doch in der Vergangenheit nie Probleme mit irgendwelchen Medikamenten. Doch schon nach zwei Stunden stülpte sich plötzlich mein Magen nach außen. Danach hatte ich keinerlei Kontrolle mehr über mein Tun. Aus allen Körperöffnungen drängten die übelriechenden, ätzenden Säfte.
Die Schwestern hatten alle Hände voll zu tun, mein Bett einigermaßen sauber zu halten. So ging es tagelang, jeden Tag dasselbe nach der Einnahme der Chemikalien. Essen konnte ich kaum. Nach vier Tagen fielen mir auch noch sämtliche Haare büschelweise aus. Einmal blickte ich zufällig in einen Spiegel und erschrak. Nein, das bist du nicht, ging es mir durch den Kopf. Ein kahler Totenkopf grinste mir entgegen.
Nach der ersten Chemotherapie durfte ich für ein paar Tage heim, dann wieder ins Krankenhaus, zur zweiten Kur. Und wieder rebellierte mein Körper. Nach zwei Wochen war ich ein Wrack. Abgemagert, entkräftet und um Jahrzehnte gealtert. Aber immerhin lebte ich noch. Ich durfte das Krankenhaus verlassen. Die Chemo war überstanden. In einem halben Jahr sollte überprüft werden, inwieweit die Behandlung erfolgreich war.

Und so quäle ich mich nun zuhause über die Runden. Das Essen will mir immer noch nicht wieder schmecken. Ab und zu muss ich mich noch übergeben. Ich bin noch so schwach, dass mir nur kleine, kurze Spaziergänge gelingen. Die OP ist wohl wirklich gut verlaufen, ich kann zumindest wieder normal Wasser lassen. Aber ich sehe immer noch aus wie ein Gespenst. Und nun auch noch dieses unerträgliche Kopfjucken. Was kommt denn da noch alles auf mich zu?

Immer noch schaut mich mein Glatzkopf hämisch aus dem Spiegel an. Mit dem Tuch in der Hand neige ich meinen Kopf und schiele nach oben. Ich versuche zu erkennen, was mir dieses Jucken verursacht. Aus den Augenwinkeln kann ich nichts erkennen. Nur ein nackter, grauer Schädel. Moment mal, grau? Ja, tatsächlich. Die Schädeldecke hebt sich etwas von der umliegenden nackten Haut ab. Ich lege die Mütze ab und hebe vorsichtig meine rechte Hand, während meine Linke den Waschbeckenrand förmlich umkrallt.

Ganz vorsichtig berühre ich meine Kopfhaut, streiche sacht über sie hinweg. Was ist das? Hier fühlt es sich ja ganz weich an, und da, an dieser Stelle, wie eine Bürste. Ich richte mich ein wenig auf, meine eisgrauen Augen starren mir weit aufgerissen entgegen, während meine Hand die Kopfhaut weiter abtastet. Hier, eine feine Bürste, da, eine weiche Stelle, wie Flaum. Ich gehe mit meinem Kopf näher an den Spiegel heran. Und jetzt kann ich es sehen. Haare, feine, graue Haare! Manche stehen senkrecht, wie bei einer Bürste. Und dort, dort liegen ein paar, leicht gekräuselt, wie ein graues Gespinst. Es sieht aus wie ein erstes Federkleid eines Vogels. Ich kann es kaum glauben, meine Haare wachsen wieder. Meine Haare? Nein, ich war doch früher dunkelhaarig. Vor der OP hatte ich volles Jahr, ohne jeden noch so kleinen Grauschimmer. Die neuen Haare sind aber hell und grau. Egal. Mit einem Mal werde ich größer und größer. Mein eingefallener Körper reckt und streckt sich, mit neuer Kraft.

Ich bekomme neue Haare! Graue Haare, wunderschöne Haare! Ich ahne, nein, ich weiß es ganz genau! Ich werde wieder gesund, vollkommen gesund! Ein erstes, scheues Lächeln verdrängt mein verkniffenes Gesicht. Oh, ja, graues Haar, wunderbar! Und ich blicke in zwei weit geöffnete, klare, strahlende, eisgrau glitzernde Augen.

Bunt ziemt sich nicht

Petra Weise

»Bärbel, du musst kommen! Die Oma verlangt nach dir.« Die Stimme meiner Tante Wiltraud klang ernst und dringlich am Telefon.

Ich setzte mich sofort ins Auto und fuhr in das Dorf, in dem meine Oma wohnte und wo ich meine ersten Lebensjahre verbracht hatte. Während der zwei Stunden Fahrt hoffte ich, dass Oma nicht krank geworden war. Ich dachte zurück an die Zeit, in der ich bei ihr gewohnt und mich behütet und wohl gefühlt hatte.

Meine Eltern arbeiteten den ganzen Tag, einen Kindergarten gab es nicht. Omas Kinder, die noch bei ihr wohnten, gingen in die Schule oder Lehre, waren also für mich keine geeigneten Spielgefährten. Meist saß ich auf einer Hitsche, wie Oma das kleine Fußbänkchen nannte, zu ihren Füßen und schaute bei allem zu, was sie machte. Ich fand alles spannend, doch am liebsten mochte ich, wenn sie Schafwolle spann.

Dabei konnte ich stundenlang zusehen. Auf dem Boden lag stets ein großer Haufen weißlich-grauer Wolle, die seltsam roch. Das Spinnrädchen surrte eine ganz eigene Melodie, wenn Oma mit ihren Füßen das Pedal bewegte und es dabei gleichmäßig klackte.

Sie zupfte mit der linken Hand Wolle von ihrem Schoß und hielt diese mit der rechten Hand in Richtung Öse. Das Drehen des Spinnrades machte sofort Fäden daraus, die sich um eine Spule wickelten.

Die Oma bestimmte, ob es dicke oder dünne Fäden wurden, indem sie die Wolle mehr oder weniger straff hielt. Dann wurde das Garn gewaschen und auf dem Wäscheboden getrocknet, gefärbt und später zu Knäueln aufgewickelt. Davon strickte und häkelte die Oma Socken für ihre Kinder und viele andere nützliche Sachen, auch für mich und meine Puppe. Ich durfte sehr bald helfen, die Wolle aufzuwickeln, und lernte rasch zu stricken und zu häkeln. Das Spinnen war schwieriger, man musste nicht nur die Füße auf dem Pedal und die Hände an der Wolle geschickt koordinieren, sondern vor allem auf die Menge der Wolle achten, die man dem Spinnrad mit der rechten Hand zuführte.

Es durften weder Knoten noch dünne Stellen im Faden entstehen.

»Pass doch auf, Mädchen! », mahnte die Oma. Sie duldete es nicht, wenn das Garn nicht gleichmäßig gesponnen war oder sogar riss. Dann musste sie mühevoll meine Fehler ausbügeln.
Die Oma hatte noch eine Besonderheit: Sie zitterte. Sie zitterte so stark, dass ihre Hände hin und her flogen und sogar der Kopf beständig wackelte. Wenn sie besonders stark zitterte, konnten wir kein Halma zusammenspielen, weil sie immer die Figuren umwarf. Dann setzten wir uns an den Tisch und Oma zeigte mir ihre vielen Fotos und erzählte Geschichten dazu. Ich liebte das sehr. Oft durfte ich den schweren alten Atlas aus der Kommode holen. Oma zeigte mir dann die Orte, in denen sie bereits gewesen war, wo ihre schon erwachsenen Kinder wohnten und vor allem die Orte, die sie aus ihrer Heimat Pommern kannte. Aus Pommern stammte auch ihre ganz eigene Sprache, die hieß Platt. Ich mochte diese seltsame Sprache sehr und freute mich, dass meine Mutter sie nicht verstand.
An meiner Oma war alles grau: ihre Kleider und Röcke, die Schürze, die sie darüber trug, ihre Pantoffeln und ihre guten Schuhe. Damit sah sie keineswegs unscheinbar aus, sondern ausgesprochen würdevoll, zumal sie ihren Kopf immer hoch erhoben trug wie eine feine Dame. Am auffälligsten war ihr silbergraues Haar. Sie hatte sehr langes dünnes Haar, das sie zu einem Zopf flocht, zu einer Schnecke aufdrehte, mit Haarnadeln feststeckte und darüber ein graues Haarnetz stülpte. Manchmal durfte ich ihr Haar kämmen. Es hing ihr in feinen Wellen bis über die Hüften und war fast durchsichtig.
Für mich war meine Oma wunderschön. Ich verbrachte fast meine gesamte Freizeit bei ihr. Sie konnte spannend erzählen von der Zeit als Bäuerin auf ihrem Hof in Pommern, von ihren dreizehn Kindern, von denen kein einziges ein Kind der Liebe war. Mit ihrem Mann wurde sie von den Eltern zusammengegeben, damit sich der Besitz an Land und Vieh vermehrte. Kurz vor Kriegsende wurden sie von ihrem Hof vertrieben und zwei Jahre später aus ihrem Heimatland.

Oma saß in ihrem Sessel, als ich zu ihr kam und schaute erfreut auf.
»Endlich, Mädchen.«
Ich umarmte und küsste sie. Normalerweise mochte sie keine körperliche Nähe, auch nicht mit ihren Kindern. Doch ich kroch ihr schon als Kleinkind einfach auf den Schoß und klammerte mich an ihrer Schürze fest.

»Wie geht es dir?«, wollte ich wissen. Oma kam mir irgendwie geschrumpft vor, viel kleiner und dünner. Dabei hatte ich sie erst im letzten Monat besucht.

»Ach, Mädchen, es geht zu Ende mit mir. Ich will dir zeigen, wer meine Sachen bekommt, wenn ich nicht mehr bin.« Erschrocken schaute ich sie an.

»Öffne die Schranktür, die linke!«, befahl sie mit fester Stimme.

Ich sah akkurat eingeräumte Fächer, von oben bis unten voller Wäsche, alles säuberlich in durchsichtigen Plastiktüten verstaut und auf Kante übereinandergestapelt. Das sah hübsch ordentlich aus und passte zu meiner Oma. Nur die vielen Farben, die mir entgegen leuchteten, passten ganz und gar nicht zu ihr.

»Ganz oben sind die Handtücher, die soll Brigitte haben. Darunter die Wäsche ist für Johanna und die Bettwäsche für Eleonore. Die Schürzen sind für Monika. Du achtest mir darauf, dass nichts durcheinandergerät!«

»Selbstverständlich«, antwortete ich, denn die Oma duldete keinen Widerspruch. Allerdings war mir nicht klar, wie ich das anstellen sollte.

»Und jetzt öffne die rechte Schranktür! Dort hängt mein dunkler Rock.«

Ich traute meinen Augen nicht, denn auf Bügeln hingen sicher mehr als zwanzig Blusen, säuberlich nach Farben sortiert: blaue, grüne, gemusterte, einfarbige, sogar rote. Daneben sah ich ihre gewohnten dunkelgrauen Röcke und Kleider und ganz am Rand ihr graues Kleid mit dem schwarzen Blümchendruck. Ich zog es ein wenig hervor.

»Das ist das Richtige. Das trage ich zur Beerdigung.«

Ich nickte nur und wagte nicht zu fragen, ob sie tatsächlich ihre eigene Beerdigung meinte.

»Du sorgst dafür, dass keiner etwas Rotes trägt! Und ich wünsche nicht, dass Hans an meinem Grab steht.«

Hans war der Mann ihrer Lieblingstochter Monika, den Oma nicht ausstehen konnte. Dafür gab es zwei Gründe: Er war Bauer und somit schuld daran, dass Monika nun ebenso hart auf einem Hof arbeiten musste wie damals ihre Mutter und er schaute immer so von unten. Das mochte die Oma nicht, weil sie das an ihren verstorbenen Mann erinnerte.

»Du hast so viele bunte Blusen und Pullover!«, rief ich aus. »Warum ziehst du die niemals an?«

»Das ziemt sich nicht für eine alte Witwe«, erklärte Oma streng.

»Aber Oma, dein Mann ist schon so lange tot.«
»Vierzig Jahre werden es in diesem Jahr.«
Verwundert schüttelte ich den Kopf.
»Ich verstehe das nicht. Du hast ihn nie geliebt.«
»Das tut nichts zur Sache. Er war mein Mann und ich bin seine Witwe und weiß, was sich gehört.«
Omas Kopf wackelte und ihre Hände flogen hin und her. Ich kauerte mich neben sie auf den Teppich und legte meinen Kopf auf ihre Knie. Sie streichelte meine Haare.
»Schon gut, Mädchen. Du hast so schönes dichtes Haar. Du darfst dir meine Haarspangen nehmen, den Atlas und die Fotos. Und du sollst die blaue Bluse mit den lila Blümchen haben, die anderen gibst du Rita.«
Ich nickte. Doch plötzlich war mir zum Weinen zumute und ich musste schlucken.
»Nana, Mädchen. Sei nicht albern, wir sterben alle. Meine Zeit ist gekommen, deine noch nicht.« Damit schob sie mich beiseite.
Johanna, Omas älteste Tochter, kam zur Tür herein. Sie reichte mir zur Begrüßung die Hand. Im gleichen Moment befahl Oma: »Es muss nachgelegt werden. Hugo hat die Scheite neben die Tür gestellt.«
Johanna bückte sich, öffnete die Ofentür, stocherte mit dem Feuerhaken in die Glut und legte Holz und Briketts nach.
»Mutter ist schwierig geworden. Ich darf sie nicht waschen, das muss Kurts Frau erledigen«, murmelte Johanna verärgert.
»Was redest du da, du dummes Ding. Es gehört sich nicht, dass die Kinder ihre Mutter nackt sehen«, befand Oma.
Es gehörte sich auch nicht, der Mutter zu widersprechen. Die Kinder nannten ihre Mutter insgeheim General und wagten niemals ein Widerwort.
Meine Oma starb drei Tage nach meinem Besuch. Ich war sofort bei ihr und durfte mit die Totenwache halten. So konnte ich dem Bestatter Omas dunkelgraues Kleid mit den schwarzen Blümchen mitgeben. Danach räumte ich den Schrank aus, stellte verschiedene Stapel mit Omas bunter Wäsche zusammen und legte jeweils obenauf einen Zettel mit dem Namen des Empfängers. Genauso, wie Oma es bestimmt hatte. Dann zog ich die blaue Bluse mit den lila Blümchen an, klemmte mir die Kiste mit den Fotos und den Atlas unter die Arme und kletterte die Stiege zum Spitzboden hinauf. Dort

setzte ich mich auf die kleine Hitsche neben Omas altem Spinnrad und suchte die alte Geborgenheit. Doch ich fühlte nur eine unbeschreibliche Leere in mir und konnte endlich weinen.

Nebelverhangen

Marlies Hanelt

Tobias hockt, wie jeden Tag nach getaner Arbeit, in seinem Lieblingscafé, mit dem wohlklingenden Namen »Grey Flannel«. Obwohl das gesamte Ambiente etwas staubig wirkt, haben sich Stammgäste bereits auf den dunkelgrau gepolsterten Samtstühlen niedergelassen. Einige blättern gelangweilt in der aktuellen Ausgabe der Tageszeitung herum und schlürfen dabei genießerisch ihr Lieblingsgetränk, das hier günstig angeboten wird. Überhaupt kann man alles etwas billiger erstehen. Eben unter dem offiziellen Preissegment als üblicherweise, jedoch in gewohnter Qualität. Die Inhaber des antik wirkenden Cafés haben es sich zur Aufgabe gemacht, den Kunden willkommen zu heißen. Ihm eine zweite heimische kleine Welt zu offerieren, um entspannen zu können, den grauen Alltag einfach abzustreifen, wie eine ungeliebte Gewohnheit, der man hier entkommen darf, eine Art Fluchtmöglichkeit ins graue »Grey Flannel«.

Dunkelgraue mit Silberornamenten verzierte Seidentapeten im Schleifendesign zieren die Wände, lassen das Muster wie aus einer anderen Epoche erscheinen, so, als wären diese nicht wirklich existent. Hellgraue, fast durchsichtige Kugellampen mit ebensolchen knapp gefalteten Schirmen darauf werfen ihren nur matten Lichtschein in des Cafés Räumlichkeit und lassen die Gesichter der Gäste fast gespenstisch wirken.

Tobias liebt diese Nuancen der Graubereiche, da sie ihn an einen alten Film erinnern, der ihm jedes Mal eine Gänsehaut auf dem gesamten Köper beschert. Grusel als auch Faszination paaren sich hier in höchster Vollendung. Eben nur für spezielle Gäste gedacht, die sich dieses Gefühls unbedingt bemächtigen wollen.

Leise, ja fast mystisch angehauchte Didgeridoo Klänge durchfluten das kleine Areal mit ihrer besonderen Tonabfolge, die man kaum voneinander unterscheiden kann, wirken wie eine magische Aufforderung von Zauberei, der man sich zu unterwerfen hat. Die illustren Gäste nehmen das wohlwollend an, indem sie pausenlos Nachschub ihrer Getränke einfordern. Hat hier etwa ein exzentrischer Magier die Hand im Spiel?

Tobias wähnt sich schon jetzt in einem anderen Universum und winkt Pete herbei. Der jedoch steht hinter dem Tresen und poliert mit einem grau-rot karierten Baumwolltuch die Gläser.
Schaut dabei wie ein Hexenmeister, mit grauen tiefliegenden Augen im hageren Gesicht, in die leeren Glaskelche und spricht bedeutungsvolle Zauberworte vor sich hin. Sein dürrer ausgezehrter Körper, der offensichtlich nur von dem grauen Flanellanzug zusammengehalten wird, wirkt nicht gerade wie die Einladung schlechthin, sich mit ihm anzulegen. Ob verbal oder physisch. Zwar ausgemergelt, jedoch an Größe das genaue Gegenteil hat er das Format eines grauen Riesen, der alles beiseite räumt, was sich ihm in den Weg stellt.
»Pete! Was ist los mit dir?«, blökt ihn Tobias an. Wie aus einer Trance gerissen, erhebt Pete sein Haupt, das immer noch von grauen Haaren völlig bedeckt ist, und schaut Tobias aus leeren geistesabwesenden Augen an. In diesem Moment geschieht das absolut Abgefahrene. Wie bei einem Zeitraffer dreht sich Pete in Windeseile um die eigene Achse, hantiert so schnell, dass Tobias Augen nicht wirklich dem dubiosen Gehabe folgen können. Von einer Sekunde auf die andere erscheint Pete am Gästetisch, auf dem eine graue geklöppelte Decke faltig und unordentlich liegt, die schon bessere Tage gesehen haben muss. Genau vor Tobias kommt Pete abrupt zum Stehen. So, als hätte ihn eine imaginäre Hand hergezaubert, hält er das favorisierte Getränk des Hauses in Händen: einen Pharisäer, der zuoberst von einem Sahnehäubchen gekrönt wird. Zubereitet in einer grauen hohen Porzellantasse, von der ein sinnliches Rum-Aroma ausgeht.
»Ist das so recht?«, fragt er Tobias und zwinkert. »Vielleicht noch einige graue Kekse gefällig, Tobi? Sind heute besonders schmackhaft und liegen nicht so schwer im Magen wie sonst«.
Pete mixt nicht nur besonders ausgefallene Long-Drinks, sondern bäckt auch fabulöse Kekse, von denen man nicht genug bekommen kann. Richtige Kawenzmänner, die kaum in das orale Speisezimmer passen, wenn man sie nicht teilt. Blitzschnell eilt Pete an die anderen Tische, an denen die Gäste schon sehnlichst auf ihr Getränk warten. Abrupt enden die hoch effizienten Didgeridoo Klänge und weichen harten Trommelschlägen. Ein Getöse, das man mit Bongo Trommeln vergleichen könnte. Blechern laut und nicht zu überhören. Beifall der ebenfalls grau gekleideten Stammgäste ist die Folge.

Denn bei jedem Wechsel der monotonen Musik kredenzt Pete ein immer anderes Getränk. Magie oder doch fauler Zauber? Nach wenigen Minuten wirkt Pete gehetzt, total überfordert als auch hektisch gereizt. Er hastet immer noch von Tisch zu Tisch und hopst dabei wie ein Springbock, der nichts anderes gewohnt ist als eben zu hüpfen.
Ausgelaugt, und wie von Sinnen macht er urplötzlich schlapp, fällt auf den grauen kalten Steinboden und verdreht seine grauen Augen, die sich fast aus den Höhlen heben wollen. Da liegt er nun, und ist platt wie eine Flunder, haucht das wenige Leben aus, dem er nur einzig diesem Café gewidmet hatte. In diesem Moment, den man nur begreifen kann, wenn die Skurrilität blüht, zerfällt Pete zu Asche und hinterlässt ein graues Häufchen Elend. Die Gäste wirken gelassen. Niemanden kümmert es. Einsetzende Stille vervollkommnet dieses düstere Bild von grauem Durcheinander. Tobias erhebt sich von seinem Stammplatz, öffnet die graue Holztür. Graue Nebelbänke drücken von Osten her näherkommend herein und verdrängen den Alltag, der auf den aschgrauen Straßen seinen monotonen Gang geht.
Sonnenstrahlen haben nicht den Hauch einer Chance, durch diese zu dringen. Sie werden regelrecht rigoros verschlungen und existieren nicht mehr. Petes Asche wird aufgewirbelt. So, als hätte sich ein Orkan im Café entwickelt, der diese zu den grauen Nebelbänken tragen will. Nur noch für eine kurze Weile existiert das Café »Grey Flannel«, bis es langsam durchsichtige Konturen annimmt, die immer mehr verblassen, sich auflösen und es als einen riesigen grauen Nebel zur Mutter aller Nebelbänke treiben. Mit ihr ist das Café wohlwollend und friedvoll vereinigt, um an einem anderen Ort die nebulösen Fantasien der Menschen neu entstehen zu lassen.
Fortwährend decken graue Nebel alles zu wie ein Tuch, das jedwede Gedanken in sich hinein saugt, um sie im Nirgendwo auszuspucken. Dunkelgraue Fantastereien sind gedacht und wollen neu erfunden werden. Egal wo, zu welcher Zeit und Intensität.
Just in diesem Moment nimmt auch wieder die wärmende Sonne Besitz von Mutter Erde. Dringt mit ihren Strahlen tief in sie hinein, bis diese davon gesättigt ist. Tobias sitzt eigentlich auf einer Bank, die gräulich angestrichen ist. Nur kurz hat er sich ins graue Fantasieland treiben lassen, um dem Alltag in derselben Farbe kurzweilig zu entfliehen und blickt nun über des Sees glatte Wasseroberfläche, in der sich umgebende Bäume widerspiegeln.

Schwäne ziehen darauf majestätisch ihre Bahnen. So soll es sein und fühlt sich gut an. Stille über dem gesamten Gelände, die sich für Tobias wie Didgeridoo Klänge anhört. Langsam steigert sich das monotone Geräusch zu ohrenbetäubendem Lärm. So, als würden Aborigines ganz dicht bei ihm stehen und ihrer kunstvollen kulturellen Musik frönen. Bildet sich Tobias das nur ein oder existieren diese wirklich? Fantasie und Realität verschmelzen zu etwas Besonderem und lassen ihn niemals los. Wie durch Zauberhand bewirkt, entsteht erneut das Café »Grey Flannel«, das wieder gut von Stammgästen in grauer Kleidung besucht ist. Auch Pete steht wie immer hinter seinem Tresen und putzt akribisch die etwas beschlagenen Weinkelche. Leere Blicke bleiben an den Wänden kleben und wollen sich regelrecht hindurch bohren. Was ist jetzt normal und was surreal?

Spuren im Schnee

Marianne Schaefer

Es schneite und hörte nicht auf. Einen Himmel gab es nicht mehr, alles war ein graues, weißes Schneien. Eine Luft gab es auch nicht mehr, sie war voll Schnee. Eine Erde gab es auch nicht mehr, sie war mit Schnee bedeckt.

»Sie kommen! In einer Stunde geht´s los. Nehmt nur die Kinder und das Nötigste, alles andere lasst zurück. Ich sagte, alles. Und haltet sie ruhig.«

Die vermummte Gestalt hastete, vom eisigen Wind getrieben, durch ein kleines Dorf in Pommern. Als habe man das Klopfen erwartet, öffneten sich langsam die Türen, gehemmt durch die Schneemassen, die sich davor türmten. Angsterfüllte Augen suchten den Himmel und die einzige Dorfstraße nach etwas Drohendem ab. Im Haus Nummer dreizehn packte Agnes Gularek mit flatterndem Herzen ihre vier Kinder in warme Sachen. Der achtjährige Nachbarsjunge Aaron und sein Hund Joschi sahen mit großen Augen auf das geschäftige Treiben.

»Beeil dich, zieh dich an!«, forderte sie den Jungen auf. Jahnke wird nicht auf uns warten!« Der Junge rührte sich nicht. »Was ist? Warum machst du nicht weiter?«, wollte sie ungeduldig wissen.

»Aber ich hab doch nichts zum Anziehen, Tante Gularek«, kam es schüchtern aus seiner Ecke.

Irene, die Sechsjährige rief: »Aaron kann doch …!

Weiter kam sie nicht. Frau Gularek brüllte sie an und hob die Hand.

»Wenn ich noch einmal diesen Namen höre, plätt ich dir eine, dass dir Hören und Sehen vergehen. Für uns heißt er Georg und ist der Sohn eurer Tante aus Berlin. Verstanden?«

Die Kinder blickten sich verständnislos an. Frau Gularek wandte sich wieder dem Jungen zu.

»Stimmt ja, Georg«, sagte sie begreifend. »Such dir etwas von meinem Ältesten aus. Und sag nicht Tante Gularek zu mir. Du musst Mama sagen, und du musst auf Irene aufpassen. Du darfst ihre Hand nie loslassen, unter keinen Umständen! Hörst du, Georg?«

Sie blickte in seine rotumränderten großen Augen, aus denen seit Tagen keine einzige Träne mehr floss.

»Du musst Georg! Ich flehe dich an!« Georg nickte nur stumm.

›Wir müssen es schaffen‹, dachte sie voller Angst. ›Wir müssen! Es wird keinem auffallen, wenn ich statt vier Kinder plötzlich eins mehr habe. Diejenigen, die es wissen, werden schweigen, denn sie haben ihn mir selbst anvertraut, nachdem seine Familie ›abgeholt‹ worden war.‹
Nur in einer kinderreichen Familie könne er überleben, hatte der Bauer gesagt, der ihn zu ihr brachte.
Joschi, Georgs Hund sprang freudig voraus, als sich die Gruppe durch den tiefen Schnee zum Sammelplatz kämpfte.
»Ihr seid wohl verrückt geworden«, schrie Jahnke die Kinder an, »bringt den Hund zurück ins Haus und schließt ihn ein!«
Eingeschüchtert brachte Georg seinen Joschi zurück. Die Haustüre des kleinen Siedlungshauses ließ er einen Spalt offen und stellte eine Zinkwanne davor. Mit etwas Ausdauer und Geschick konnte der Hund sich selbst befreien. Bis dahin waren sie weit genug weg.
Der Weg war lang! Die Beine der Kinder wurden schwer, die Hände waren steif gefroren. Irene und Georg hielten sich schon längst nicht mehr an den Händen. Aus der Ferne erklang dumpfes Grollen, wie von einem nahenden Gewitter. Die Menschen stoppten, von Panik ergriffen, und setzten ihre Flucht noch hastiger fort. Irene fiel hin. Keiner achtete auf sie. Sie rappelte sich wieder hoch, stürzte erneut. In der Dunkelheit verlor sie die Richtung, irrte so lange umher, bis sie vor Müdigkeit mit dem Gesicht nach unten - in einer Schneewehe liegen blieb. Und die dicht fallenden Flocken deckten alles Unebene zu.
In diese Stille mischten sich das Grollen des immer näher rückenden Maschinengewehrfeuers, das Donnern der Geschütze und das Winseln eines Hundes. Irene spürte etwas Warmes, Feuchtes in ihrem Nacken, etwas, was sie schubste und mit aller Gewalt weckte. Erschöpft hob sie den Kopf. Sie versuchte die vom Schnee verkrusteten Augen zu öffnen, sah einen sternklaren Himmel und blickte verwundert in zwei braune, zärtliche Hundeaugen. Georg Wapplers Hund!
Joschi gab keine Ruhe. Er zerrte an ihrer Jacke, sprang um sie herum und keuchte vor Anstrengung. Immer wieder zog er, und Irene kroch schließlich auf allen vieren durch den Schnee. Sein Instinkt ließ ihn die Fährte finden, die der Winter zugedeckt hatte. Hinter ihnen rückte das gefürchtete Grollen näher. Joschi duckte sich, er zog seinen Schwanz ein, ließ Irene nicht eine

einzige Atempause und drängte weiter. In diesen Stunden mitten im Wald vertiefte sich ihre Freundschaft, die nur noch bis zum anbrechenden Morgen dauern sollte.
Als Irene nach einem kurzen Erschöpfungsschlaf in der Gruppe erwachte, sah sie Georg und seinen Hund abgesondert und einsam in einer Ecke sitzen. Jahnke stand vor ihm und drohte: »Der Hund muss weg! Er wird uns verraten!«
Georg packte Joschi fester und streichelte ihn. Plötzlich drang ein Schwall heftig ausgestoßener fremder Laute an ihre Ohren. Joschis Fell sträubte sich, er knurrte gefährlich und fletschte seine Zähne. Er suchte Zuflucht bei Irene. Sie versuchte, ihm das Maul zuzuhalten. Doch er riss sich los, biss um sich – und bellte! Georg gelang es endlich, Joschi zu packen, doch Jahnke riss den sich sträubenden Hund an sich.
Wenige Schritte entfernt hörten sie lautes, verzweifeltes Bellen, dumpfe Hiebe, leiser werdendes Gejaule – Gewimmer – Stille!
Irene schrie auf. Georg war völlig außer sich, er sprang hastig auf und rannte kopflos in den Wald. Es folgte ein Schuss … Zurück blieben nur seine Spuren im Schnee.

Wie das Grauen

Wenn das bunte Leben plötzlich grau wird

T.B. Ems

Der Wecker klingelte pünktlich um 6:15 Uhr, wie an jedem Wochentag. Alex drückte auf den Knopf und der schrille Ton verstummte. Sie starrte an die Decke und ihre Gedanken kehrten wieder dorthin zurück, wo sie bereits seit zwei Stunden waren. Sollte sie aufstehen und in ihr Arbeitszimmer gehen, oder einfach liegen bleiben? Was könnte schon passieren?

»Dir könnten deine Aufträge flöten gehen«, flüsterte eine leise Stimme in ihrem Kopf.

Sie hatte bereits einen lukrativen Auftrag verloren, weil sie den Termin nicht einhalten konnte. Der Kunde war sehr wütend gewesen, als er Alex anmahnte und darauf bestand, die Werbekampagne abzuschließen. Schließlich suchte er sich einen anderen Grafiker und sie verlor dadurch nicht nur sehr viel Geld, sondern es sprach sich bei ihren Kunden wie ein Lauffeuer herum, dass sie die Termine nicht einhielt. Wenn sie nicht eine der besten Grafikerinnen in Deutschland wäre, hätte sie schon längst beim Arbeitsamt stempeln gehen müssen.

»Wenn du noch einen Auftrag verbockst, wirst du bald die unzuverlässigste Grafikerin in Deutschland und schneller beim Arbeitsamt sein, als es dir lieb ist«, flüsterte die penetrante Stimme, die sie immer öfter hörte.

Mit einem Seufzer und unendlich müde stand Alex auf. Die Knochen taten ihr weh und ihr Kopf drohte, zu zerspringen. Sie fuhr sich durch das braune, ungewaschene Haar, zog den grauen Morgenmantel an und schlich ins Badezimmer. Ihr Gesicht war spitz und die Knochen ragten an den Hüften heraus. Man konnte ihre Rippen zählen, die Haut war grau und fahl. Ihr Spiegelbild sah erbärmlich aus. Das blasse Gesicht war ausdruckslos und dunkle Schatten lagen unter ihren stumpfen, glanzlosen Augen. Schweißgeruch drang ihr in die Nase und sie überlegte ganz kurz, sich zu duschen.

»Das wäre eine sehr gute Idee«, hörte sie die nervige Stimme in ihrem Kopf.

»Ach ja? Was du nicht sagst«, schrie sie ihr Spiegelbild an. Wütend schlug sie die Badezimmertür hinter sich zu und schlurfte in die Küche. »Wie lange geht das schon so und wie hat es angefangen?«, fragte sie sich, als sie den Becher mit dem heißen Kaffee in den Händen hielt und ihn mit traurigen Augen anstarrte.

*

Alexandra Bodenstein war erfolgreich in ihrem Beruf gewesen. Nächtelang blieb sie auf Partys und feierte mit Freunden und Kunden ihre krönenden Abschlüsse bis in die Morgenstunden. Ihr Lachen war ansteckend und sie hatte eine fröhliche Art, die man an ihr sehr mochte. Bei Verhandlungen war Alex jedoch zäh, setzte ihre Vorstellungen durch und wenn sie einen Auftrag bekam, war sie jeden Cent wert, den man ihr bezahlte. Alex was ein Sonnenschein. Mutter Natur hatte ihr ein gutes Aussehen geschenkt, sie hatte einen scharfen Verstand und war sehr kreativ. Ideen sprudelten aus ihrem Kopf, als hätte sie einen unerschöpflichen Vorrat darin. Ihre Sprache war kultiviert und höflich. Das alles war Alexandra Bodenstein.

Doch davon war nicht mehr viel übrig.

Die Depression fiel unbarmherzig über sie her, als sie auf dem Gipfel ihrer Karriere stand und überrollte sie unaufhaltsam wie eine Lawine. Sie hatte über ein Jahr wie eine Besessene an dieser Werbekampagne gearbeitet. Sie sollte ihr internationaler Durchbruch werden.

Plötzlich begannen die Schlafstörungen. Zuerst bemerkte sie es kaum, doch als sie immer öfter mitten in der Nacht auf den Wecker sah, stellte sie erstaunt fest, dass Mitternacht längst vorüber war und sie noch immer hellwach in ihrem Bett lag. Sie wälzte sich unruhig herum, stand auf, um etwas zu trinken, oder rauchte eine Zigarette auf dem Balkon. Bald sah sie nicht einmal mehr auf das grünleuchtende Zifferblatt, wenn sie nach kurzem Schlaf die Augen wieder aufschlug und stundenlang die Decke anstarrte. Tagsüber war sie erschöpft und unmotiviert. Sie konnte sich immer weniger auf eine Sache konzentrieren und der Kopfschmerz wurde zum Dauerzustand. Es wurde nicht besser. Im Gegenteil. Sie schaffte ihr selbst aufgelegtes Pensum nicht mehr, vernachlässigte ihre Freunde und den Haushalt.

Und irgendwann auch sich selbst.

Als ihre Freundin Karin sie besuchte, überredete sie Alex, einen Arzt aufzusuchen, nachdem sie sah, wie es um sie stand. Zuerst weigerte sie sich vehement, doch Karin gab nicht nach und schließlich fügte sie sich und machte noch am selben Tag einen Termin bei ihrem Hausarzt.

*

Angewidert sah sie die Schachtel an, in der sich die Tabletten befanden, die ihr der Arzt aufgeschrieben hatte. Als sie ihm ihre Beschwerden aufzählen wollte, unterbrach er sie schroff.
»Sie haben wahrscheinlich eine leichte Depression. Sie müssen sich keine Sorgen deswegen machen. Das geht bald vorbei«, stellte er die Diagnose, ohne Fragen zu stellen oder auf die Schlafstörungen und die Antriebslosigkeit einzugehen.
Anfangs nahm Alex jeden Abend 100 mg von dem Medikament. Bald erhöhte sie die Dosis eigenmächtig. Die tägliche Ration, die sie sich selbst verordnete, war 400 mg. Wenn sie die Tabletten in dieser Menge nahm, konnte sie besser durchschlafen und die körperlichen Beschwerden ließen nach.
Genauso wie ihre Konzentration und ihre Ideen.
Nach drei Wochen saß sie den ganzen Tag in ihrer unaufgeräumten Küche und wog ab, was wichtiger für sie wäre. Alex entschied, die Tabletten nicht weiter zu nehmen. Stattdessen schluckte sie eine Kopfschmerztablette nach der anderen.
Alexandra trank aus dem Kaffeebecher und hörte die Fragen, die von der nervigen Stimme in ihrem Kopf gestellt wurden.
»Sind deine Ideen ausgereift, kannst du sie umsetzen? Hast du an alles gedacht? Wird der Auftrag termingerecht fertig werden?« Mit einem Stöhnen wischte sie die Fragen fort, die sie ja doch nicht beantworten konnte. Doch die Stimme ließ nicht locker. »Wann bist du das letzte Mal mit Freunden ausgegangen? Wann mit einem Kunden Essen gewesen oder wann hast du dir mit Karin einen Film im Kino angesehen?«
Sie überlegte lange.
»Das war alles in einem anderen Leben. Bevor die Ängste, die Verzweiflung und die Traurigkeit in meinem Leben eingezogen sind«, flüsterte sie erstickt und wischte sich die Tränen aus den Augen.
Das Telefon im Flur riss sie aus ihren Gedanken. Es klingelte laut und schrill. Alex saß auf dem Stuhl und starrte auf den Tisch.
»Willst du nicht abnehmen? Vielleicht ist es ein wichtiger Kunde«, schrie sie die Stimme an.
»Der AB wird gleich angehen, da kann derjenige draufsprechen. Wenn es wichtig ist, werde ich zurückrufen«, gab sie matt zur Antwort.

Sie hörte nicht einmal hin, als ihre Freundin Karin beunruhigt und besorgt auf den Anrufbeantworter sprach.

*

Alex machte sich Selbstvorwürfe. Für sie war das Wort Depression gleichgestellt mit dem Wort Versagen. Sie erkannte, dass es für sie immer schwieriger wurde, eine ordentliche Arbeit abzuliefern. Sie vergaß grundlegende Elemente, die jeder Kampagne ihren Stempel aufdrückte, der ihr Erkennungszeichen war. Der Biss, die Leichtigkeit und die Ausdauer waren weg und es fiel ihr immer schwerer, sich aufzuraffen. Die Unsicherheit und die Angst nagten an ihr und oft brach sie die Arbeit ab, weil sie den Faden verlor oder zu erschöpft und zu müde war.

»Du musst etwas dagegen tun.«

Schon wieder sprach die unerwünschte Stimme und Alex wurde wütend. Sie stellte den Becher in die Spüle, in der sich das ungewaschene Geschirr stapelte.

»Du könntest mal wieder aufräumen und die Wohnung putzen. Und du stinkst noch immer nach Schweiß.«

Die aufdringliche Stimme hatte recht. Alex wusste es, konnte jedoch nichts an ihrer Situation ändern, so sehr sie es auch wollte.

»Ich bin völlig leer und nutzlos. Ich brauche Ruhe und Schlaf«, versuchte sie, die Stimme zu manipulieren. »Ich werde mir einen Plan machen und ihn abarbeiten.«

Das spöttische Lachen dröhnte in ihrem Kopf.

»So wie die anderen Pläne, die du ständig aufstellen willst?«, kicherte sie hämisch. Niedergeschlagen setzte sich Alex auf den Küchenstuhl und zündete sich eine Zigarette an. Sie wollte wirklich einen Plan aufstellen und bei diesem Wunsch blieb es. Nicht weil sie nicht wollte, sondern weil sie es nicht konnte!

Der Tag verging wie all die anderen davor. Zäh, schleichend und mit jeder Menge an Schuldgefühlen und Schmerztabletten. Selbstzweifel plagten sie ununterbrochen. Die Angst begleitete sie zu jeder Stunde. Angst, nichts auf die Reihe zu bekommen, zu versagen. Alex kam sich wertlos und unnütz vor und fühlte sich einsam und allein gelassen.

»Ich fühle mich, als hätte meine Seele einen Schlaganfall erlitten«, dachte sie in ihrer Trostlosigkeit. Eine zentnerschwere Last lag auf ihren Schultern und

drückte sie hinunter. »Diese Ausweglosigkeit macht mich krank«, schrie sie in Gedanken.
Sie wollte so nicht weiterleben. Doch die Kraft, die sie für einen Neuanfang benötigte, brachte sie nicht auf.

*

Karin hatte wochenlang versucht, Alexandra zu erreichen. Ihre Anrufe wurden nicht von ihr entgegengenommen und sie rief nicht zurück. Ihr Ehemann Frank riet ihr, bei Alex vorbeizuschauen, ob alles in Ordnung sei. Sie stand vor Alexandras Tür und drückte gefühlte zehnmal auf die Klingel.
Unschlüssig hielt sie den Schlüssel in der Hand, den ihr Alex vor langer Zeit gegeben hatte.
Damals hatte Alexandra eine kleine, niedliche Katze. Sie war eine kleine rothaarige Schönheit und sehr verschmust. Sie schlich um ihre Beine, wenn sie arbeitete. Setzte sich zu ihr auf das Sofa und schnurrte zufrieden, wenn Alex sie hinter den Ohren kraulte. Als sie für einige Tage nach Düsseldorf fuhr, weil ein Kunde sie bei einer Kampagne dabeihaben wollte, gab sie Karin den Schlüssel, damit sie sich um Minka kümmern konnte.
Leider wurde das niedliche Tierchen nur einige Monate alt. Es hatte einen Tumor im Kopf und verstarb. Alex fand ihre Minka an einem Morgen. Sie lag zusammengekauert vor der Schlafzimmertür. Tagelang war Alex traurig und weinte um das Kätzchen, doch dann stürzte sie sich in die Arbeit und verdrängte den Schmerz. Wieder drückte Karin auf den Klingelknopf. Sie legte das Ohr an die Tür und lauschte, doch sie konnte nichts hören. Entschlossen steckte sie den Schlüssel in das Schloss und sperrte auf. Es roch muffig in der Wohnung. Abgestandene Luft schlug ihr entgegen und Karin rümpfte entsetzt die Nase. Sie rief nach Alex, bekam aber keine Antwort. Langsam ging sie durch den Flur. Erschrocken blieb sie am Türrahmen zum Wohnzimmer stehen und sah schockiert in das heillose Durcheinander. Die Pflanzen und Blumen, die in grünen Keramiktöpfen auf den Fenstersimsen standen, ließen die Köpfe hängen und waren verwelkt. Die Erde war trocken und steinhart. Der Staub auf den Schränken und Regalen war zentimeterdick und durch die Fensterscheiben konnte man kaum noch etwas sehen. Überall im Wohnzimmer lagen leere Pizzaschachteln und Aluschalen mit Resten von Pizza und Pasta herum. Nein, es roch nicht nur muffig, es stank nach Unrat und verdorbenem Essen. Wieder rief sie nach ihrer Freundin. Fassungslos

drehte sich Karin um und öffnete die Tür zur Küche. Erschüttert und entgeistert sah sie auf das Wesen, das auf einem der drei Stühle saß.
»Alex?« Sie ging auf die verwahrloste Gestalt zu, die in einem schmutzigen, grauen Morgenmantel, mit zerzausten und fettigen Haaren auf dem Stuhl saß. »Um Gottes Willen Alex, was ist passiert?«, rief sie bestürzt und rannte zu ihrer Freundin.
Sie kniete sich vor ihr hin und zwang Alex, ihr in die Augen zu sehen. Völlig erschüttert sah sie in die stumpfen Augen, die in einem bleichen, abgemagerten Gesicht riesengroß und traurig aussahen.
»Alex, was ist los? Was ist denn geschehen? Bitte rede mit mir.«
Ganz langsam kam Alexandra aus ihrem dunklen Loch zurück, in dem sie schon so lange saß und ihr verschleierter Blick wurde etwas klarer.
»Karin?«, murmelte sie fragend und ihr Blick saugte sich an dem erschrockenen Gesicht ihrer Freundin fest. »Ich … Wie bist du … du …«, stotterte sie zusammenhanglos.
Karin sah sie entgeistert an, nahm sie in den Arm und strich ihr sanft über den Rücken. Sie sah sich fassungslos in der kleinen Küche um. Auch hier stapelte sich der Abfall und in der Spüle stand das ungewaschene Geschirr. Überall lagen Kippen, Pizzaschachteln und Aluschalen herum. Ihre Freundin sah aus, als hätte sie seit Wochen nicht mehr geduscht. Der Morgenmantel war verdreckt und ihre Füße nackt. Die zerfledderten Hausschuhe standen neben einer vollen Mülltüte.
»Du brauchst Hilfe«, sagte sie leise und Tränen sammelten sich in ihren Augen. »Sofort! Hörst du Alexandra? So kann es nicht weitergehen.«
Alex sah sie trostlos an. Die dunklen Augenränder warfen Schatten auf ihrer fahlen, blassen Haut. Sie zog den Morgenmantel enger um ihre dünne Taille und schüttelte freudlos den Kopf.
»Hilfe?«, fragte sie. »Mir kann niemand helfen, Karin.« Wankend stand sie auf und hielt sich zitternd am Tisch fest. Karin griff entsetzt nach ihr, um sie zu stützen, doch sie winkte apathisch ab. »Geh nach Hause und lass mich in Ruhe«, brachte sie mühsam heraus.
Karin schüttelte den Kopf und setzte sich auf einen der Stühle.
»Ich gehe nirgendwo hin. Hörst du?«
Erschöpft setzte sich Alex.

»Ich brauche keine Hilfe. Ich schaff das schon. Und jetzt gehe bitte, ich muss noch arbeiten.« Die nervige Stimme dröhnte in ihrem Kopf wie Paukenschläge. »Lass dir von Karin helfen. Schicke sie nicht fort«, schrie sie immer lauter.

Alex hielt sich die Ohren zu. »Sei still«, flehte sie die Stimme an, »sei endlich still.«

Doch die Stimme hörte nicht auf. Sie schrie und flehte, weinte und bettelte, bis Alex entnervt den Kopf hob. Karin saß angespannt auf dem Stuhl. Sie konnte nicht fassen, was aus ihrer lebensfreundlichen, lustigen, immer gut gelaunten Freundin passiert war. Sie machte sich bittere Vorwürfe, nicht eher nach ihr gesehen zu haben. Die Tränen schossen ihr in die Augen, als sie dieses Häufchen Elend ansah.

»Es tut mir leid, Alex. Wirklich. Es tut mir so unsagbar leid, dass ich nicht für dich da war, als du so bitter nötig einen Freund gebraucht hättest. Ich habe nicht erkannt, wie schlecht es dir geht. Bitte verzeih mir.«

*

Mit einem Becher voll Kaffee saßen sich die Freundinnen gegenüber. Karins Tränen wollten sich immer wieder einen Weg aus ihren Augen suchen, doch sie unterdrückte das Gefühl der Traurigkeit und das bittere Wissen, als Freundin versagt zu haben. Es war viel wichtiger, Alex zu erklären, dass sie dringend Hilfe benötigte und sie alleine aus diesem tiefen, schwarzen Loch nicht heraussteigen konnte. Endlich, nach langem Zureden, willigte sie ein, dass Karin ihren Hausarzt anrufen durfte.

*

Vier Wochen war sie schon in dieser psychiatrischen Klinik, in der sie stationär aufgenommen worden war. Der behandelnde Arzt stellte mit ihr zusammen einen Plan auf. Ihr Arzt und der Therapeut gingen einfühlsam mit ihr um. Als sie genug Vertrauen zu ihnen hatte, öffnete sie sich. Endlich konnte sie über ihre Ängste sprechen. Wie sie immer mehr den Halt verloren hatte und alles um sie herum unwichtiger für sie geworden war. Wie die Spirale sie immer tiefer nach unten gezogen hatte, bis nur noch trostlose Schwärze in ihr war. Alex machte eine intensive Psychotherapie und beteiligte sich ab der dritten Woche an einem Projekt in der Klinik, an dem man freiwillig teilnehmen konnte. Sport und Bewegung waren, nachdem sie körperlich zu Kräften gekommen war und zugenommen hatte, tägliche Pflicht für sie. Sie lernte in diesen Wochen sehr viel über sich selbst. Tränen flossen, Ängste wurden hinterfragt und Ansätze für eine neue Sichtweise gelegt. Sie wurde auch medikamentös behandelt und die Schwestern achteten auf die regelmäßige Einnahme. Die Zeit verging und Alex fand langsam zurück ins Leben.

*

Karin stand nach sechs Wochen in der Eingangshalle der Klinik und wartete ungeduldig auf ihre Freundin. Alex klang am Telefon so wie früher. Gut, nicht ganz so lustig und forsch, doch zuversichtlich und voller gute Vorsätze. Von Besuchen während der Behandlung wurde dringend abgeraten. Die Patienten sollten zu sich selbst und einen Weg mit den Ärzten und Therapeuten finden, aus ihrer Depression zu kommen. Deshalb war Karin sehr aufgeregt und zappelte ungeduldig herum, bis sich der Aufzug öffnete und ihre Freundin mit einem schüchternen Lächeln heraustrat. Lachend und weinend fielen sie sich in die Arme.

»Ich danke dir Karin, ohne dich wäre ich nie aus diesem Loch gekommen. Ich bin so froh, dass du zu mir gekommen bist.«

Die Freundin schluchzte haltlos.

»Ich werde nie mehr so lange warten, wenn du mich nicht zurückrufst oder dich von dir aus nicht bei mir meldest.«

Liebevoll nahm Alex Karins Gesicht in beide Hände, bis ihre Blicke sich trafen.

»Du hast keine Schuld. Du hast mich gerettet. Ich bin dir unendlich dankbar. Ich habe den Halt und die Freude am Leben verloren.« Mit einer Hand zeigte sie auf den Eingangsbereich der Klinik.

»Und dank deiner Hilfe bin ich hierhergekommen. Deshalb danke ich dir.«

Sie drückten sich noch einmal herzlich, dann nahm Alex den Griff ihres Koffers in die Hand und sagte mit funkelnden Augen. »Lass uns gehen. Heute fängt ein neuer, glücklicher Abschnitt in meinem Leben an. Ich will den Frühling da draußen riechen, der wie ich zu neuem Leben erwacht. Will die Sonne auf meiner Haut spüren. Die Blumen und ihre Farbenpracht bewundert. Ich will das Leben endlich wieder genießen.«

kisasi ya tembo

Renate Zawrel

Unbarmherzig brennt die Sonne auf den schon ausgedörrten Boden. Grauer Staub prägt die Landschaft, ebenso Akazienwälder, Sümpfe und Savannen. Es ist ein See, der dem Gebiet den Namen gibt: Amboseli.
Ein Nationalpark im Südwesten Kenias. Ganzjährig von Wildhütern und Wissenschaftlern überwacht. So sollte man meinen, dass hier – wo Sozialverhalten, Altersstrukturen und noch mehr des afrikanischen Elefanten erforscht werden – die sanften Riesen geschützt sind. Elefanten bedürfen nicht des Schutzes vor Löwen, Geparden, Hyänen oder ähnlichen Räubern … viel mehr sind es Menschen, die den Elefanten nach dem Leben trachten.

Marlene hüpfte wie ein Känguru über die im Sand eingezeichneten Felder. Wie meist spielte sie alleine. Wer sollte hier in der Wildhüterstation schon Zeit mit ihr verbringen? Meist waren es Männer, die hier arbeiteten.
Sie waren so in ihre Forschungen über den afrikanischen Elefanten vertieft, dass ihnen gar nicht in den Sinn kam, dass die Siebenjährige auf sich allein gestellt war. Daher war Marlene froh, wenn Inaya, die Köchin, im Camp war. Sie brachte gerne ihre Tochter Aminia mit und die Mädchen spielten dann stundenlang miteinander. Jede sprach ein paar Brocken Englisch und sonst reichten Gesten für die kindliche Unterhaltung.
›Elephant District‹ liegt im südlichen Teil des Amboseli-Nationalparks und in der Nähe sorgten Sümpfe immer wieder für dramatische Zwischenfälle. Doch Marlene, die Tochter von John Mayers, der das Sozialverhalten der Elefanten studierte, war eine kleine Abenteurerin. Die ›Klein-Mädchen-Spiele‹ waren langweilig geworden und Puppen interessierten weder sie noch Aminia. Viel lieber streichelten sie ein Jungtier, das verantwortungsvolle Wildhüter verwaist aufgefunden und in die Station gebracht hatten, um es hier zu pflegen, bis es wieder in die Wildnis entlassen werden konnte.
»Laufen wir zu den Akazienbäumen?«, schlug Marlene vor und ihre dunkelhäutige Freundin stimmte freudig zu.
Unbemerkt schlichen die Mädchen aus dem Lager und liefen leichtfüßig über den Sand. Die Füße waren durch Sandalen geschützt. Diese Vorsichtsmaßnahme hatte Magdalenas Vater ihr eingebläut. Nie ohne Schuhe in die Sa-

vanne! Kichernd hielten die Freundinnen sich an den Händen und tauchten bald in den Schatten der Bäume. Fernab war der Kilimandscharo zu sehen und das Weiß auf seinem Gipfel wünschte sich mancher in die Nähe, wenn die Sonne wie heute vom Himmel glühte. Immer weiter drangen Magdalena und Aminia in das Dickicht vor. Neugierde trieb sie voran. Hier waren sie noch nie gewesen. Vorsichtig prüften sie vor jedem Schritt, ob der Boden sie auch tragen würde. Der Sumpf war unbarmherzig, wer sich in seine Fänge begab, war dem sicheren Tod geweiht. Geräusche, die wie Stimmengewirr klangen – ein schwerer Körper brach durch Unterholz. Die Mädchen duckten sich erschrocken unter dichtes Astwerk. Keine Sekunde zu früh. Eine Elefantenkuh trieb ihr Junges vor sich her.

»Was macht diese Elefantenmama da?«, flüsterte Aminia. »Hier im Sumpfland ist nicht ihr Zuhause.« Kaum hörbar zischte Magdalena: »Es scheint, als würde sie davonlaufen.«

Das Elefantenjunge geriet in Panik, brach zur Seite aus, wo ihm Platz schien, seine Flucht zu beschleunigen. Selbst das laute Trompeten des Muttertieres konnte den Kleinen nicht aufhalten. Magdalena und Aminia glaubten, in den Augen des kleinen Elefanten Tränen der Angst zu entdecken. Ein Schuss fiel. Die Elefantenkuh knickte mit dem linken Hinterbein ein. Ein zweiter Schuss traf das andere Bein. Schmerz, Verzweiflung und Angst mischten sich mit dem ohrenbetäubenden Trompeten.

Die Reaktion des kleinen Elefantenjungen hatte fatale Folgen. Ein falscher Schritt und er versank mit den Vorderbeinen im Morast.

Das Gebrüll der Tiere war kaum auszuhalten. Magdalena und Aminia liefen Tränen übers Gesicht. Warum schossen die Männer auf die Elefantenkuh? Eine Antwort erhielt sie umgehend …

»Ich säble ihr die Stoßzähne ab, dann soll sie verrecken«, grölte eine männliche Stimme. »Die Hyänen werden ihre Freude haben«, gab ein anderer lachend zurück.

Magdalena wusste sofort, das waren Wilderer.

Und das im Naturschutzgebiet! Trotz ihrer Jugend war sie verantwortungsbewusst und in jedem Fall um das Wohlergehen der Tiere besorgt. Es galt, rasch zu handeln. Aminia war die Schnellere von ihnen beiden, sie musste Hilfe holen und Magdalena musste sich etwas einfallen lassen, um die Männer aufzuhalten.

»Aminia, lauf zum Camp. Hol die Männer her. Schnell!«
Das dunkelhäutige Mädchen war klug, fragte nicht lange und verschwand ungesehen zwischen den Büschen. Die Männer würden sich hüten – selbst wenn sie es entdeckten – ihm über die freie Savanne zu folgen. Die Männer kamen immer näher, waren aber noch nicht zu sehen. Magdalena huschte zu dem Elefantenjungen, das wild mit dem kleinen Rüssel um sich schlug.
»Ganz ruhig, mein Kleiner«, sprach das Mädchen mit sanfter Stimme. »Du darfst dich nicht bewegen, dann sinkst du auch nicht so schnell ein. Hilfe kommt, ich verspreche es dir!«
Etwas Seltsames geschah: Der kleine Bulle sah das Kind durch seine dunklen Augen an und … verhielt sich augenblicklich ruhig. Kein Rufen, kein Tröten, keine Bewegung. Magdalena tat einen kleinen Schritt auf ihn zu und streichelte sanft über den Kopf. Der darauf befindliche, graue Flaum kitzelte ihre Hand. »So ist es gut«, flüsterte die Siebenjährige.
»Ganz still sein. Pssst …« Er hatte doch bisher auch kapiert, also würde er ebenso das Zeichen verstehen, als sie sich den Zeigefinger vor die Lippen presste, während das ›Psst‹ erklang. »Ich komme wieder«, versprach sie. »Ich muss deiner Mama helfen.«
Der kleine Elefant war nur wenig größer als Magdalena, aber die Elefantenkuh überragte selbst in der unglücklichen Position am Boden das Menschenmädchen um mehr als eine Kopflänge. »Ich werde dir helfen«, raunte Magdalena und musste dabei all ihren Mut zusammennehmen.
Die mächtigen Stoßzähne und der gewaltige Rüssel machten gewaltigen Eindruck auf das Kind. »Dein Kleiner ist ganz brav und verhält sich ruhig. Machst du das bitte auch?« Zwar erschien es Magdalena in der Zwischenzeit lächerlich, mit einem ausgewachsenen Elefanten zu reden, aber … eigenartig, auch hier funktionierten ihre beruhigenden Worte. Jetzt aber hieß es, rasch etwas ausdenken, was die Männer davon abhalten konnte, der Elefantenkuh weiteres Leid zuzufügen. Flink wie ein Eichhörnchen kletterte Magdalena auf den nächsten Baum und verschanzte sich im dichten Blätterwerk. Keine Sekunde zu früh.
Zwei Männer mit Gewehren tauchten auf. Sie trugen Kleidung, die sie zwischen Bäumen und Sträuchern tarnte, und auf ihren Köpfen Lederhüte. Ihre Gesichter waren von der Sonne verbrannt und dichte Bärte wuchsen um ihr Kinn. Mehr konnte Magdalena nicht erkennen. Wichtiger war jedoch ein

Einfall, was sie tun konnte. Aminia würde noch ein wenig Zeit bis ins Camp brauchen und ob sich die Wilderer von einem Mädchen von ihrem Tun abhalten ließen, war zu bezweifeln.

Was niemand wusste, besser gesagt, noch nie jemand bemerkt hatte: Magdalena vermochte hervorragend ihren Papagei Nemo zu imitieren.

»Böse … Böse Männer«, krächzte es aus dem Blätterdach. »Nemo sieht Männer … arh, arh … böse!«

»Scheiß Vieh«, polterte der, der zuerst auf den Platz getreten war. »Mich so zu erschrecken!«

»Seit wann gibt es hier Papageien, Frank?«, wurde der andere stutzig. »Habe ich hier noch nie gesehen oder gehört.«

»Ist wahrscheinlich den Wildhütern abgehauen«, stellte der mit Frank angesprochene fest. »Wäre doch etwas für deine Sammlung, so ein ausgestopfter Vogel. Was meinst du, Sam? Holen wir ihn uns? Der Elefant läuft uns nicht davon.«

Mit einem bösen Lachen trat er der Elefantenkuh einige Male in den Leib, sprang dann aber rasch zur Seite, als sie mit ihrem Rüssel ausholte und ihn drohend nach hinten peitschte.

»Wer klettert rauf?«, kicherte Frank, der wusste, dass sein Kompagnon nicht gerade von der sportlichen Fakultät stammte.

»Immer der, der fragt«, kam die unwirsche Antwort. »Und dass du ihm keine Federn ausrupfst.«

»Böse … so böse«, krächzte es vom Baum.

Magdalena hatte instinktiv das Richtige getan. Wilderer wollten alles, was sie in die Hände bekamen. Trophäengeil mordeten sie sich durch die Tierwelt und machten auch vor Tierreservaten nicht Halt. Die Gier nach dem Vogel war so groß, dass sie vorläufig von der Elefantenkuh abließen. Das Leiden der grauen Riesin war ihnen gleichgültig.

In aller Ruhe zündeten sie sich jeder eine Zigarette an und pafften den Rauch in die Luft. Sie fühlten sich so sicher. Dieser Nationalpark würde ihr neues Jagdrevier werden.

»Die sind so mit dem Erforschen des Sexlebens der Dickhäuter beschäftigt, dass sie nicht mal merken, wenn du vor ihrer Nase einen abknallst«, hatte Frank vor ein paar Tagen gesagt. Doch dass es hier ein kleines Mädchen gab, das ihre Pläne kreuzen würde, darauf hätten sie nie und nimmer einen Gedanken verschwendet.

»Böse … böse Männer! Rauchen macht tot! Rauchen macht tot!«, klang es jetzt heiser vom Baum.

Sam schlug sich vor Lachen auf die Oberschenkel. »Der ist geil. Den will ich lebend, hast du gehört?« Wie zuvor krachte es im Dickicht.

War Aminia so schnell gewesen? War die Hilfe des Vaters und der anderen Wildhüter schon so nah? Magdalena überlegte, wie viel Zeit vergangen war.

Die Männer hatten zuvor ihre Waffen auf den Boden gelegt, als sie ihre Zigaretten anzündeten. Abgesehen davon wären die Gewehre beim Klettern hinderlich. Zwei oder drei Meter lagen die tödlichen Utensilien entfernt. Zwei oder drei Meter zu viel!

Ein grauer Koloss stürmte zwischen den Bäumen heran. Mindestens drei Meter hoch und vor allem wutentbrannt. Der Tritt einer seiner Füße auf die Waffen ließ ein Knacken hören. Der Graue richtete sich auf seinen Hinterbeinen auf und wuchs vor den in Starre verfallenen Männern in die Höhe. Die Frage, woher der Bulle kam, blieb ihnen im Hals stecken.

Nur weg hier, lautete die Devise.

»Wir müssen uns trennen«, schrie Sam. »Er kann uns nicht gleichzeitig in zwei Richtungen folgen.« Dabei hoffte er inständig, der Dickhäuter möge sich auf Franks Spuren begeben.

Von ihrem sicheren Platz in den Bäumen beobachtete Magdalena das Geschehen. Sie verstummte ebenso wie die Papageienstimme. Aber in ihren Gedanken erzählte sie dem Elefantenjungen: »Dein Papa ist da. Er rettet dich!«

Der Fuß des Elefantenbullen traf Franks Kopf.

Der Mann fiel lautlos um und versank in Ohnmacht. Den nächsten Tritt spürte er daher nicht mehr, den, der seinen Körper zermalmte, als wäre er eine Porzellanpuppe. Das Trompeten klang triumphierend und die kleinen, blitzenden Augen verfolgten den Mann, der es mit Flucht versuchte. Keuchend rannte Sam zwischen den Bäumen, schlug sich durchs Dickicht, in der Hoffnung, der riesige Körper könne ihm hier nicht folgen. Äste peitschten ihm ins Gesicht. Ein panischer Blick zurück ließ ihn wissen, dass es sich um Wunschdenken handelte. Dort drüben stand doch das Elefantenjunge … Der Bulle würde das doch nicht niederrennen? Kaum gelang es Sam, noch

Luft zu holen, jagte er zu dem kleinen Elefanten, wollte sich vor ihn werfen, sich dadurch in Sicherheit bringen. Warum der kleine Graue genau an dieser Stelle wie angewurzelt verharrte, wusste er nicht. Panik zieht Unvorsichtigkeit und planlose Aktion nach sich. Ungläubig starrte der Mann zu seinen Füßen … Schmatzend sog der Morast sie tiefer.
»Hiiiilfe! Hiiiilfe!«
Sam schrie sich die Seele aus dem Leib, ruderte hektisch mit den Armen und versuchte, seine Beine aus dem Schlamm zu ziehen.
Daneben stand der kleine Elefant und sah mit klugen Augen zu, wie das unentrinnbare Schicksal für den Mann seinen Lauf nahm. Der Rüssel des mächtigen Elefantenbullen schob sich währenddessen vorsichtig unter den Bauch des Kleinen und hob ihn sachte aus dem Sumpf. Noch ein wenig unsicher, aber froh, wieder festen Boden unter den Beinen zu haben, lief das Elefantenjunge in die Richtung, in der es seine Mutter wusste. Wie aus Stein gehauen stand der riesige Bulle am Rande des Morasttümpels und verfolgte scheinbar gelangweilt, wie der bösartige Wilderer langsam aber stetig vom Schlamm aufgesogen wurde. Als nur mehr der Kopf zu sehen war, wandte der Bulle sich um. Magdalena saß zusammengekauert auf ihrem ›Hochsitz‹. Der riesige Bulle hatte ihr Angst eingejagt. Der würde wohl nicht auf »Bitte sei ruhig!« reagieren. Mit angehaltenem Atem wartete sie ab. Von weitem waren laute Rufe zu vernehmen: »Magdalena! Wir kommen!«
Das Toben und Wüten des Bullen war weithin zu hören gewesen und die herannahenden Wildhüter befürchteten das Schlimmste. Nach Aminias Erzählungen war ihnen klar, dass ein Bulle zum Schutz für das Muttertier und ihr Kalb herangeeilt war. Zwischen den Blättern raschelte es, suchend wand sich eine riesige graue ›Schlange‹ durch die feinen Äste und fand ihr Ziel. Als wäre Magdalena eine zerbrechliche Vase, schob sich der Rüssel beinahe zärtlich um ihren Leib, hob sie ein wenig hoch, damit sie sich nicht in den Blättern verfing, und dann herunter vom Baum – direkt auf den Boden, vor die Füße des Elefantenbullen.
»Ich tu dir nichts, tust du mir auch nichts?«, fragte das Mädchen ängstlich.
Das Elefantenjunge kam näher, drückte seinen Kopf von der Seite an sie und rieb seinen Haarflaum an ihrem Shirt. Der mächtige Bulle tastete mit der zweifingrigen Rüsselspitze über Magdalenas Gesicht, ihre Haare und hielt plötzlich inne.

Die Männer aus dem Camp waren eingetroffen und ihnen blieb vor Staunen der Mund offenstehen. Der große Graue berührte noch einmal die Elefantenkuh, das Kalb und auch Magdalena mit der Rüsselspitze und schob seinen massigen Körper zurück in den Wald.
Es war anschließend nicht einfach, die Elefantenkuh ins Camp zu bringen und ihre Wunden zu versorgen. Sehr zur Freude von Magdalena und Aminia durften sie, während die Elefantenmutter auf ihre Genesung wartete, mit dem kleinen Bullen spielen. Seinen und ihren größten Spaß hatten alle, wenn er mit seinem Rüssel Wasser aus einem Bottich aufsog und dann über den Mädchen wie einen Regenschauer losließ.

Magdalena musste oft erzählen, was sie an jenem Tag beobachtet hatte.
Wissend nickte Inaya und sprach von »kisasi ya tembo«, der Rache der Elefanten. »Hätte die Rache die bösen Menschen nicht sofort getroffen, so hätte der Geist des *kubwa tembo*, des großen Elefanten, ihre Seele zerstört.«
Manchmal war beim Akazienwäldchen der große Elefantenbulle zu sehen, der dort auf seine Gefährtin und sein Junges wartete.
Der Tag des Abschieds kam für die Mädchen zu schnell und sie weinten um ihren neuen Freund.
»Er wird wiederkommen, tembo mkombozi«, raunte Inaya geheimnisvoll.
»Elefantenretterin«, übersetze Aminia, da Magdalena kein Suaheli verstand.

Viele Jahre später kehrte Magdalena in das Reservat zum Wildhütercamp zurück. Sie würde in die Fußstapfen ihres Vaters treten und sich der Forschung zum Thema Elefanten widmen.
Manchmal zog es die junge Frau magisch zu dem Akazienwäldchen hin und vom Camp aus hörte man weithin das Trompeten eines mächtigen Elefantenbullen.

Im grauen Nebel

Petra Effenberg

Es ist November. In den Straßen hängen düstere graue Nebelschwaden, es ist kalt und ungemütlich und eigentlich will Lena nur schnell nach Hause. Sie möchte mit sich allein sein, niemandem begegnen und schon gar nicht mit jemandem reden.

Doch dann lockt sie der aromatische Duft frisch gemahlener Kaffeebohnen in ein kleines, altmodisches Kaffeehaus. Dem Duft von Kaffee kann Lena einfach nicht widerstehen. Genauer gesagt, kann sie ihm seit neun langen Monaten nicht mehr widerstehen.

Ohne lange zu überlegen entscheidet sich Lena für den freien Platz neben der gläsernen Eingangstür, die wegen des grauen Himmels heute geschlossen bleibt. Ein auffallend attraktiver Ober mit straff zurückgekämmten dunklen Locken serviert ihr den bestellten Milchkaffee und schenkt ihr ein besonders freundliches Lächeln, doch Lena bemerkt davon nichts.

Wie in einer grauen Nebelwolke sitzt sie eingehüllt in ihrem grauen Wollmantel am Fenster und scheint ihre Umgebung nicht wahrzunehmen. Scheinbar ruhig und entspannt sitzt sie auf einem der alten schwarzen Stühle, ihren melancholischen Blick zum düsteren Himmel gewandt. Doch der Schein trügt. In ihrem Inneren ist Lena alles andere als ruhig oder entspannt und ihr innerer Himmel ist nicht nur bewölkt, sondern rabenschwarz.

Lena denkt an ihr Kind. Ununterbrochen denkt sie an ihr Kind. Sie kann gar nichts anderes mehr denken, auch in ihren schlaflosen Nächten nicht. Geistesabwesend verrührt sie mit dem Löffel den Zucker in der Kaffeetasse. Wie viele Löffel Zucker waren es schon? Zwei? Oder vier? Was spielt es für eine Rolle? Nichts spielt mehr eine Rolle. Gar nichts. Es gibt Momente, in denen Lena glaubt, sich nur wenige Millimeter vom geistigen Wahnsinn entfernt zu bewegen. Es macht ihr Angst, panische Angst sogar. Aber es gibt einfach nichts mehr, womit sie dagegen ankämpfen könnte. Alles, was ihr in der letzten Zeit wichtig erschien und wofür sie die letzten Monate gelebt hat, hat das Schicksal ihr auf grauenvolle Weise genommen. Einfach so, ohne irgendeine Vorwarnung. Oder hat Lena die Zeichen etwa übersehen? Gedankenverloren trinkt sie vorsichtige, kleine Schlucke von dem noch heißen Milchkaffee, als ihr plötzlich ein Albtraum wieder einfällt, den sie vor wenigen

Wochen hatte. Im Traum war es Nacht. Das Klingeln an der Tür weckte Lena unsanft auf und barfuß, nur mit ihrem dünnen Nachthemd bekleidet, ging sie auf den Balkon, um nachzusehen, wer es war. Erschrocken blickte sie hinunter auf die Straße und traute ihren Augen kaum. Ein Kinderwagen in der Größe eines Autos stand dort und bei genauerer, eingehender Betrachtung wurde Lena klar, dass der Kinderwagen sogar größer war als das Haus ihres Nachbarn.

Und noch etwas erschreckte sie in diesem Moment zutiefst. Der Kinderwagen war leer. Mit rasendem Herzen und schweißgebadet war sie damals aus diesem Traum erwacht und Lena ist die Bedeutung des Traumes inzwischen vollkommen klar. Das Thema Kind hat einen überdimensional großen Raum in ihrem Leben eingenommen. Einen Raum von einer Größe, der ihm eigentlich nicht zusteht. Wirklich nicht?

Tieftraurig lässt Lena ihren Blick durch das Fenster auf die Straße schweifen. Ist es nicht einfach unglaublich, wie viele Mütter mit ihren Kinderwagen unterwegs sind und wie vielen werdenden Müttern man tagtäglich begegnet? Fast auf jedem Titelbild der Zeitschriften ist eine strahlende Mutter mit ihrem neugeborenen Baby abgebildet. Zumindest kommt Lena das so vor, denn früher ist ihr das nie aufgefallen.

Eine junge Mutter stellt ihr schlafendes Baby samt Kinderwagen vor dem Fenster des Kaffeehauses ab, nimmt nur ihre Handtasche mit und kommt ins Café herein, um sich einen schnellen Espresso zu gönnen. Hat sie denn gar keine Angst, dass ihrem Kind da draußen etwas zustoßen könnte?

Lena hat sich in den letzten Monaten tausend Sorgen um ihr ungeborenes Kind gemacht. Ist die Ernährung auch gut genug? Bekommt es wirklich genügend Vitamine und Mineralstoffe? Sind die Gymnastikübungen auch bestimmt nicht schädlich für das Kleine?

Soll sie mit dem Radfahren lieber aufhören? Ob das Baby wohl Schaden nimmt, wenn sie sich das Haar tönt oder den spannenden, gruseligen Thriller im Kino anschaut?

Sollten sie und ihr Ehemann auf Sex in den letzten Wochen vor der Geburt vorsichtshalber verzichten?

Aber nein, es sei alles in bester Ordnung, bestätigte immer wieder ihr Gynäkologe. Bessere Blutwerte könne sie gar nicht haben. Gewicht, Blutdruck,

Bauchumfang, alles bestens. Selbst bei den monatlichen Ultraschalluntersuchungen waren die Befunde durchwegs positiv.

Zweifellos war Lena eine der glücklichsten werdenden Mütter der ganzen Stadt.

Stundenlang stöberte sie in exklusiven Kindergeschäften und den Kinderabteilungen der Kaufhäuser, fasziniert von den winzigen, pastellfarbenen Shirts, Stoffschuhen und Strampelanzügen. Die schönsten hatte Lena mit nach Hause genommen und dort fein säuberlich in der neuen Wickelkommode einsortiert. Zusammen mit vielen Babycremes, Windeln und bunten Plüschtieren. An einem langen Wochenende hatten ihr Mann und sie das Arbeitszimmer frisch gestrichen, teilweise tapeziert und neue Vorhänge mit Teddybären aufgehängt. Das kleine Bett aus geöltem Holz stellten sie vor das Fenster. Lena war auf alles perfekt vorbereitet. Nur nicht auf das, was dann kam.

Tränen laufen Lena unaufhörlich über das Gesicht, doch sie wischt sie nicht weg. Nein, es ist ihr nicht möglich, zum derzeitigen Zeitpunkt irgendeiner Arbeit nachzugehen. Das hat sogar die etwas seltsame, nicht gerade freundliche Ärztin auf dem Arbeitsamt eingesehen und einer vorübergehenden Arbeitslosigkeit wegen psychischer Labilität zugestimmt. Lena darf nicht vergessen, ihre Tabletten einzunehmen. Die rosafarbene ist zur Beruhigung der strapazierten Nerven, die gelbe, um die Milchbildung zu hemmen und den Uterus zu kontrahieren. Wie dumm doch die weiblichen Drüsen sind. Wissen sie immer noch nicht, dass es kein Kind mehr gibt, das mit Muttermilch versorgt werden muss? Von den Tabletten bekommt Lena immer Bauchschmerzen.

Aber welch unsagbare physischen und psychischen Schmerzen sie tatsächlich auszuhalten vermag, ist ihr erst seit jenem unglückseligen, grauen Tag bewusst.

Jetzt werden wir ja bald wissen, ob es blonde oder braune Haare hat, alberte die nette, junge Ärztin auf der Entbindungsstation herum. Lena solle nur viel spazieren gehen. Das wäre gesund und dann würden sich die Wehen schon einstellen. Im Klinikpark, umgeben von altem grauem Gemäuer, wehte ein eisiger Wind und überall lag Schnee.

Dennoch ging Lena tapfer auf den vereisten Wegen spazieren und spazieren.

Die Wehen blieben trotzdem aus.

Der errechnete Entbindungstermin lag bereits eine Woche zurück und die permanenten Anrufe ihrer Familie und ihrer vielen Freundinnen machten sie total nervös. Das Baby ist immer noch nicht da? Wann ist es denn endlich soweit?
Der CTG-Apparat gab keinen Laut von sich. Ist dieses blöde Ding schon wieder kaputt, schimpfte die junge Ärztin und schlug mehrmals mit der flachen Hand darauf. Lena begriff es sofort. Das Gerät war nicht kaputt, es konnte nur keine Herztöne registrieren, weil es keine mehr gab. Ganz plötzlich war Lena bewusst, dass sich schon seit Stunden in ihrem dicken Bauch nichts mehr bewegt hatte. Daraufhin bekam sie einen schrecklichen Weinkrampf und wurde von ihrem hilflos dreinblickenden Mann und der resoluten Krankenschwester in ein Nebenzimmer geführt.
Nur keine Sorge, hörte Lena alle Anwesenden auf sie einreden. Ein Kaiserschnitt sei unter den gegebenen Umständen leider nicht möglich, schließlich sei sie jung und gesund.
Lena fragt sich immer wieder, wie sie das alles lebend überstanden hat und im Moment fragt sie sich auch, wozu sie überhaupt am Leben ist. Was hat das Leben für einen Sinn?
Will Gott wirklich, dass sie leidet? Hat er denn vergessen, dass sie schon als Kind freiwillig zu ihm gebetet hat? Ist ihm denn nicht bewusst, wie sehr sie sich auf dieses Kind gefreut hat? Wie sehr sie es schon geliebt hat, ohne es jemals gesehen zu haben? Versteht Gott denn nicht, dass sie dieses Kind mit einem weit geöffneten Herzen empfangen hätte, ganz egal, welches Geschlecht, welchen Charakter oder welche Haarfarbe es gehabt hätte? Nicht nur das lang ersehnte, geliebte Kind hat Lena verloren, auch ihren felsenfesten Glauben an einen Gott. Noch nie in ihrem ganzen Leben hat sie sich so einsam und verlassen gefühlt und war so abgrundtief deprimiert. Daran konnten auch die Tranquilizer nicht wirklich etwas ändern.
Gedankenverloren und schwermütig legt Lena drei Euro für den Milchkaffee auf den runden Tisch, um dann, ohne sich noch einmal umzudrehen, durch die Glastür nach draußen zu gehen. Der Ober ruft ihr etwas hinterher, doch Lena bemerkt es nicht. Wehmütig wirft sie einen Blick auf das immer noch schlafende Kind im parkenden Kinderwagen. Unverkennbar ein Junge, blaues Mützchen, blauer Strampler, blaue Decke. Wie er die winzigen Händchen

zu kleinen Fäustchen ballt. Wie friedlich er schläft. Er ist höchstens zwei bis drei Wochen alt.
Wie oft hatte sie sich in den letzten Monaten vorgestellt, wie es sein wird, mit ihrem Baby im Park spazieren zu gehen, es zu stillen und zu wickeln, die weiche Haut zu spüren, seinen süßen Duft einzuatmen und sein erstes Lächeln zu erwidern. Tränen laufen Lena schon wieder über die Wangen. Wenn dies ihr Kind wäre, würde Lena es unentwegt verliebt betrachten und selbst während des Schlafes beobachten. Sie würde es nie aus den Augen lassen.
Wo ist die Mutter des Babys überhaupt? Im Kaffeehaus ist sie nicht zu sehen.
Es ist ganz leicht. Gar kein Problem. Lena braucht nur die Hände auf den Lenker zu legen, mit dem Fuß die Bremse des Wagens lösen und weggehen. Niemandem würde es auffallen. Kein Mensch im Café beobachtet sie und auf der Straße wird sowieso keiner Verdacht schöpfen. Die Leute würden sie für die Mutter halten, was sonst? Lena braucht dann die chemischen Tabletten nicht mehr nehmen und kann stattdessen dieses süße kleine Baby stillen. Ihre Weiblichkeit und ihr ganzes Leben hätten wieder einen Sinn. Sie wäre nicht mehr umsonst auf der Welt, sondern für ein kleines, lebendiges Kind zuständig.
Ein sanftes Lächeln huscht über Lenas traurig-schönes Gesicht. Worauf wartet sie eigentlich noch? Gibt ihr das Schicksal nicht soeben eine zweite Chance? Sie braucht nur zuzugreifen. Es ist ganz leicht. Gar kein Problem.
»Oh, hat er etwa geweint?«, erkundigt sich die junge Mutter des Babys plötzlich und verstaut dabei ihre Handtasche im Kinderwagen. »Danke, dass Sie nach ihm geschaut haben«.

Die Ahnungslose. Sie hat wirklich nicht die geringste Ahnung. Nicht mal einen winzigen, blassen Schimmer hat sie, wie glücklich sie sich schätzen kann.

Nebel über dem Teich

Michael Schönberg

Sven, ein achtjähriger Junge, ging wie jeden Samstag zum Bäcker. Seit zwei Monaten durfte er alleine gehen. Und natürlich hatte er Geld dabei.

Er war doch jetzt ein großer Junge und durfte alleine einkaufen. In seinem kleinen, bunten Einkaufsbeutel steckte die Geldbörse. Auch steckte ein Merkzettel darin, doch Sven war sich sicher, dass er den nicht brauchen würde.

»Beeil dich, zieh dir deine blaue Regenjacke an und pass auf, draußen ist dichter Nebel. Oder soll Papa mitgehen?«

»Nein, ich kann das schon. So ein bisschen Nebel, das macht doch nichts.«

»Also gut, aber bitte trödle nicht herum.«

»Ja, Mama, mach ich.«

Als er aus der Tür trat, war der Nebel tatsächlich sehr dicht. Doch das war in dieser Gegend nichts Außergewöhnliches.

Im Dorf Kampenberg lagen im Jahr durchschnittlich vier Monate Schnee, sechs Monate fiel Regen und nur zwei Monate war wirklich Sommer. Eigentlich legte sich jeden Morgen Nebel auf das Dorf, das ganze Jahr über. Der konnte sich an manchen Tagen bis zum Mittag halten. Das Dorf war es also gewohnt, unter einer oder besser gesagt in einer Wolkendecke zu leben.

So auch an diesem Tag. Es war gegen neun Uhr morgens, als Sven sich auf den Weg machte. Zu dieser Jahreszeit hatte sich der Frühnebel meist bereits aufgelöst. Doch nicht an diesem Tag.

Als Sven losging, wurde der Nebel sogar noch dichter. Er ging den Hang ins Dorf hinunter und konnte unten die Bäckerei nur schemenhaft erkennen. Abwärts bewältigte er die Strecke in kaum zehn Minuten.

Es ging vorbei an Wiesen, einem kleinen Wäldchen und an einem großen Obstgarten. Leider waren jetzt, Anfang Juni, die Birnen und Äpfel noch nicht reif. Sonst naschte er an den überhängenden Ästen auch schon mal. Papa nannte das immer Wegzehrung, wenn sie gemeinsam ins Dorf gingen.

Heute waren die kleinen Bäume nur schwer auszumachen, denn das Grau in Grau versperrte ihm die Sicht auf die Plantage. Zu allem Überfluss brauchte er an diesem Tag doppelt so lange für die Strecke, weil dieser dichte Nebel ihm die Sicht erschwerte.

In der Bäckerei musste er kurz warten, weil die Verkäuferin nicht im Verkaufsraum war. Doch dann kam sie und fragte den jungen Mann, womit sie denn dienen könne. Sven trat an die große Verkaufstheke heran und sagte:
»Sechs Brötchen, ein kleines Graues und vier Hefeteilchen, bitte gemischt.«
»Sollst du haben, kleiner Mann.«
Sven machte seinen Einkaufsbeutel auf und sah sich den Einkaufszettel an. Er registrierte stolz, dass er genau das bestellt hatte, was auf dem Zettel stand. Schnell warf er ihn wieder in die Tasche, denn die Verkäuferin war schon fast fertig mit seiner Bestellung.
Eine alte Dame betrat den Laden.
»Was für ein Nebel, der bringt nichts Gutes, Annemarie. Der bringt nichts Gutes. Wirst sehen«, begrüßte sie die Verkäuferin.
»Nun mach dem Jungen keine Angst, so einen Nebel hatten wir schon öfter«, erwiderte diese und wandte sich dann an den Jungen, »Das macht 4,80, Sven.«
Er gab ihr fünf Euro und sagte: »Für den Rest hätte ich gerne von den Plätzchen«, und zeigte auf die große Keksdose, die neben der Kasse stand.
Die Frau hinter der Theke lächelte und gab ihm drei Plätzchen. Eigentlich kosteten die zehn Cent das Stück. Doch sie mochte den Jungen. Sven war immer höflich und immer freundlich, hatte gute Manieren und war auch sonst ein netter Junge. Das hatte er von seinem Vater, den die Verkäuferin früher einmal als Ehegatten im Visier gehabt hatte.
Die Bauerntochter vom alten Scheuer war ihr leider in die Quere gekommen. Nur um einen einzigen Tanz war sie vor ihr an der Reihe gewesen bei der Damenwahl. Sonst? Wer weiß. So aber hatte sie sich den Sohn vom Bäcker geschnappt und wurde Bäckersfrau. Kinder waren ihnen bis jetzt verwehrt geblieben.
Sven nahm seine Bestellung entgegen und verstaute alles in seinem Einkaufsbeutel. Dann stellte er sich in eine Ecke vom Laden und genoss eines diese leckeren Plätzchen. Auch sein Papa kaufte die immer und dann aßen sie sie draußen vor der Tür.
»Dafür lohnt es sich doch jedes Mal, ins Dorf zu gehen, oder Sven?«
»Ja, Papa, die sind so lecker.«
»Aber sag der Mama nichts, das ist nur was für uns Männer.«

Sven hatte seinem Papa versprochen, nie darüber zu reden. Doch natürlich blieb seiner Mutter das nicht verborgen.
Inzwischen erlaubte sie es ihm, das Wechselgeld für Kekse auszugeben. Auf dem Rückweg wurde der Nebel immer dichter. Als er den Anstieg erreichte, sah er kaum noch seine Füße. Aber er sah ein schwaches Licht im Nebel. *Das muss die Laterne von der oberen Dorfstraße sein*, dachte er sich und ging auf das Licht zu. Er beeilte sich, nach Hause zu kommen. Im Ort gab es nur vier von diesen Laternen. An jeder großen Kreuzung stand eine. Die, die er jetzt sah, stand nicht weit weg von seinem Haus. Zielstrebig ging er darauf zu. Dabei bemerkte er gar nicht, dass er schon längst auf einer Wiese lief.

»Wo bleibt der Junge nur?«
»Was ist los, Josephine?«
»Sven ist noch nicht vom Bäcker zurück. So lange war er noch nie unterwegs. Draußen ist es so neblig, dass man das Nachbarhaus nicht mehr sehen kann. Ich mache mir Sorgen. Hoffentlich hat er sich nicht verlaufen.«
»Ich werde mal sehen, wo er steckt, der Lümmel. Hat bestimmt wieder jemanden getroffen und spielt irgendwo oder sitzt beim Bäcker und isst Plätzchen.«
»Ich weiß, dass er immer nur eins isst und die anderen mit nach Hause bringt. Aber gespielt hat er noch nie nach dem Einkauf.«
Franz zog sich an und ging aus dem Haus.
»Was für eine Suppe!«, seufzte er, als er in den Nebel trat. Auch er konnte kaum den Boden sehen. Da er den Weg zum Bäcker im Schlaf kannte, ging er zielstrebig hinunter ins Dorf. Nach kaum zehn Metern lichtete sich der Nebel. Nach weiteren fünf Minuten hatte er sich vollends aufgelöst. Von Sven allerdings keine Spur. Er rief immer wieder seinen Namen, doch er bekam weder eine Antwort, noch konnte er seinen Sohn irgendwo sehen. Als er beim Bäcker ankam und in den Laden schaute, sah er zwar Leute und auch ein Kind, aber nicht Sven. Franz bekam es nun mit der Angst zu tun. Angst um seinen Sohn.
Die Verkäuferin befand sich gerade in einem Verkaufsgespräch, als er den Laden betrat.
»War Sven hier?«, fragte er die Verkäuferin, die nicht mitbekommen hatte, dass er hineingekommen war.

Nun schaute sie zu ihm rüber und sagte mit einem fragenden Gesichtsausdruck:
»Ja, er war schon vor einer Weile hier, hat Brötchen und …«
Franz hörte nicht weiter zu, stürmte wieder hinaus und machte sich erneut auf die Suche. Nun rief er fast ständig nach ihm. Langsam und beobachtend ging er wieder zu seinem Haus zurück. Natürlich kam auch er dabei an jener Wiese vorbei, die zum kleinen Teich führte. Angstvoll ging er über die Wiese zum Teich. Dort angekommen sah er durch den Restnebel, der noch auf dem Wasser lag, dass eine Bäckertüte und Brötchen auf dem Wasser schwammen. Es war ihm, als blieb sein Herz stehen, als er auch die bunte Einkaufstasche sah.
»Oh Gott, Sven, Sven!«, rief er, so laut er konnte, und sah sich überall nach ihm um. Doch von Sven war nichts zu sehen. Er nahm sein Handy und wählte den Notruf. Danach rief er seine Frau an und bat sie, sofort an den Teich zu kommen.
»Franz, was ist passiert?«
»Ich weiß es noch nicht! Ich finde Sven nicht. Komm an den Teich. Die Feuerwehr kommt auch.«
Schnell zog sie sich ihre Schuhe an und lief, so schnell sie konnte, zum Teich. Von Weitem hörte sie die Sirenen der Feuerwehr. An der nächsten Kreuzung sah sie auch die Fahrzeuge, einschließlich Krankenwagen.
»Sven, Sven!«, schrie sie nach Leibeskräften, wissend, dass etwas passiert sein musste. Kaum hatte sie den Teich erreicht und das angstvolle Gesicht ihres Mannes gesehen, trafen auch die Rettungswagen ein. Franz, der eigentlich seiner Frau erklären wollte, was er gesehen hatte, erklärte die Sachlage nun dem leitenden Feuerwehrmann. Seine Frau hörte zu. Dann sah sie auf den Teich, entdeckte die Einkaufstasche und begann zu schreien.
»Nein, das darf nicht sein. Franz! Sag, dass es nicht sein darf.«
Ihr Mann nahm sie in den Arm und versuchte, sie zu beruhigen. Ein Arzt, der mit dem Krankenwagen eingetroffen war, kam hinzu und nahm die Frau zur Seite. Er gab ihr eine Beruhigungsspritze und blieb bei ihr. In der Zwischenzeit hatte die Feuerwehr sich einsatzbereit gemacht.
Mit einem Schlauchboot und Stangen suchten die Männer den Grund des Teiches ab. Ohne Erfolg.

Ein Taucher ging ins Wasser und jedes Mal, wenn er an die Oberfläche kam, schreckten alle auf. Aber sein Kopfschütteln zeigte an, dass er nichts gefunden hatte.

»Vielleicht ist er ja nur ausgerutscht und hat dabei die Tasche verloren. Vielleicht traut er sich jetzt nur nicht nach Hause«, versuchte ein Feuerwehrmann, Hoffnung zu verbreiten.

Der Taucher suchte so lange, bis er den gesamten Grund abgesucht hatte.

»Da ist nichts, gar nichts, nur grauer Schlamm.«

Der ganze Ort suchte nun nach dem Jungen. Ganze Mannschaften durchkämmten die Umgebung. Plakate wurden gedruckt und in den Häusern, auch in denen der Nachbarorte verteilt. In den Medien wurden Suchmeldungen geschaltet. Doch alles brachte keinen Erfolg. Sven blieb verschwunden.

In der diensthabenden Polizeistelle erinnerte sich Wachmann Richard Wicherl an einen ähnlichen Fall. Er hatte vor acht Jahren davon erfahren. Auch damals war ein Kind plötzlich verschwunden. Zwei Jahre, bevor Wicherl in diese Dienststelle versetzt worden war.

Nach dem Verschwinden von Sven erinnerten sich plötzlich viele wieder daran. Nur am Rande hatte der Wachmann damals mitbekommen, dass ein Kind in der Gegend verschwunden war. In Prüm, der Großstadt, aus der er kam, hatte man nichts davon gehört. Die kleine Sara wurde damals nie wiedergesehen. Man glaubte an eine Entführung. Der Fall wurde bis heute nicht aufgeklärt.

Er erinnerte sich auch nur deswegen so gut daran, weil es bei seiner Ankunft damals hieß, hier passiere so gut wie gar nichts. Bis auf diesen Fall mit Sara eben. Richard Wicherl ging in den Keller und holte die alte Akte hervor. Beim Durchblättern fiel ihm auf, dass auch die Kleine als letztes in der Nähe des Teiches gesehen wurde. Auch damals ergab die Suche im Teich keine Spur, und ebenso erfolglos blieb auch die Suche in Dorf und Umgebung. Man fand nichts, außer ein paar alten Fahrrädern und einige Fässer mit Giftstoff.

An jenem Tag vor zehn Jahren war es auch so neblig gewesen. Sehr sogar. Genau wie jetzt beim Verschwinden von Sven. Nebel gehört zum Leben in dieser Region. Die Eifel-Berge verhindern das Abziehen von Luftmassen und Nebelwolken. Doch so dicht wie in diesen beiden Fällen war er sehr selten. Bei genauer Betrachtung wirklich nur an diesen beiden Unglückstagen. Ein Zufall?

Jörg Wicherl, der Bruder des Polizisten, war Meteorologe und kannte sich bestens aus mit den hiesigen Wetterverhältnissen. Ihn befragte er, warum an diesen Tagen so dichter Nebel herrschen konnte.
Jörg recherchierte, doch er fand keine Hinweise auf besondere Luftmassen oder eine Erwärmung, die das hätte verursachen können. Das half dem Polizisten nicht weiter. Er glaubte dennoch nicht an Zufälle. Da, wie bereits erwähnt, in diesem Dorf sonst nichts passierte, kramte Wicherl weiter in der Vergangenheit dieses Örtchens. Und er wurde fündig. Fast genau zwanzig Jahre vor Sara war schon einmal ein Kind verschwunden. Ein kleines Mädchen, gerade mal sieben Jahre alt. Man hatte damals einen älteren Mann verhaftet und ihn angeklagt. Er hatte sich im Vorfeld des Öfteren dem Mädchen genähert und es einmal unsittlich berührt. Er wurde aber mangels Beweisen freigesprochen. Die Leiche des Mädchens wurde nie gefunden. Der vermeintliche Mörder zog weg. Der Fall ging zu den Akten. Nun lag auch diese Akte auf seinem Tisch.
Drei Fälle, und alle ähnelten sich. Drei Fälle in dreißig Jahren. Einer pro Jahrzehnt. Er suchte nach einem ähnlichen Ereignis vor vierzig Jahren, doch da wurde er diesmal nicht fündig. Um allerdings ganz sicher zu sein, weitete er seine Suche auf ganz Rheinland-Pfalz aus. Das brachte ihn weiter.
Vor vierzig Jahren war ein kleines Mädchen in der Gegend von Hornbach verschwunden, 180 km von Kampenberg entfernt. Am nächsten Wochenende fuhr Wicherl nach Hornbach.
Er war mit einem ehemaligen Kollegen verabredet, der den Fall damals geleitet hatte. Der Pensionär erinnerte sich noch gut an das Verschwinden des Mädchens. Der Fall hatte in dem kleinen Ort für großes Aufsehen gesorgt. Fast hätte die Bevölkerung jemanden gelyncht, wäre die Polizei nicht eingeschritten. Der Mann, ein Obdachloser, war unschuldig und hielt sich nur zufällig im Dorf auf.
Zwei Tassen Kaffee später, nach einer angeregten Unterhaltung über den Fall, bot ihm Herr Güssler an, ihn an den Ort des damaligen Geschehens zu begleiten. Sie fuhren an einen ähnlichen Teich wie den in Kampenberg.

Doch wo sich früher Wiesen und der Teich befunden hatten, standen nun Werkshallen und Gebäude.
»Vor mehr als dreißig Jahren wurde dieser Teich trockengelegt, und wie du sehen kannst, Kollege, eine Fabrik errichtet. Möbelbau. Es hat geheißen, beim Leerpumpen sei damals eine dichte, graue Nebelwolke aus dem Teich zum Himmel aufgestiegen. Du kennst das ja, wenn man nichts weiß, denkt man sich was. Im Teich selber hat man übrigens nichts gefunden. Also keine Leiche oder das, was sonst so übrigbleibt.«
Am Abend saßen sie noch immer zusammen, plauderten über die Unterschiede des Polizeidienstes damals und heute und ließen sich dabei ein paar Biere schmecken. Erst am nächsten Tag fuhr Richard Wicherl zurück nach Kampenberg in der Nähe von Prüm.
Am Montag, kurz nach Dienstbeginn, fuhr er mit dem Dienstfahrrad zum Unglücksteich. Es herrschte ausnahmsweise kein Nebel, und so konnte er schon am Morgen am Horizont einige der schönen Eifelberge betrachten. Am See angekommen, wunderte er sich, dass der Teich trotz klarem Wetter leicht mit Nebel bedeckt war. Er dachte nach.
»Warum ist Nebel auf dem Wasser, obwohl es sonst überall klar ist? In den Akten steht, dass es grauer Schlamm ist, der auf dem Boden des Teiches zu sehen ist. Grauer Schlamm? Nebelschlamm?«
Der Gedanke ängstigte ihn.
»Was wäre, wenn tatsächlich eine Nebelwolke aus dem Teich in Hornbach aufgestiegen ist? Der Grund des Teiches bestand auch aus grauem Schlamm. Auch in Hornbach hatte man keine Leiche gefunden. Erst viele Jahre später wurde er leergepumpt und abgetragen. Da könnte sich die Leiche schon längst aufgelöst haben.«
Er rief nochmal seinen Kollegen in Hornbach an und fragte nach dem genauen Zeitraum zwischen dem Verschwinden und der Stilllegung. Es waren genau zehn Jahre, teilte ihm Herr Güssler mit. Richard Wicherl fuhr zurück in seine Dienststelle und setzte ein Schreiben an seinen Dienststellenleiter auf, der seinen Sitz in Trier hatte. In diesem Schreiben bat er um die Genehmigung, den Teich absaugen zu lassen, um im Schlamm nach der oder den Leichen suchen zu können. Erst nach einigen Briefwechseln und Telefonaten hatte er die erwünschte Genehmigung. Die ortsansässige Feuerwehr wurde mit dieser Aufgabe betraut. Das war für Franz, den Vater Svens, nicht

einfach, denn er war als freiwilliger Feuerwehrmann an dieser Aktion beteiligt. In seiner Brust schlugen zwei Herzen. Einerseits wollte er Gewissheit, dass sein Sohn nicht unter dem Schlamm lag, denn dann wäre er vielleicht noch am Leben. Andererseits, wenn man ihn doch finden würde, so könnten sie Abschied nehmen und ihren Sohn begraben.

Am Tag, als die Feuerwehr anrückte, war es trübe. Wie üblich lag eine Schicht Nebel auf dem Teich. Mit zwei Pumpen und jeder Menge Schlauch sollte nun der Teich leergepumpt werden. Man hatte sich entschlossen, das Wasser des Teiches in die Ahle zu pumpen, einen nahegelegenen Bach. Das bedeutete allerdings, gute 300 Meter zu überbrücken. Der Bauer, dem der Teich gehörte, wohnte der Aktion ebenso bei wie Richard Wicherl, der Dorfpolizist. Auch Svens Mutter und weitere Dorfbewohner sahen zu.

Ein Seelsorger des Roten Kreuzes stand bereit, um Svens Eltern notfalls beistehen zu können. Um zehn Uhr gab der Leiter der Feuerwehr das Kommando für die Absaugung. Die Pumpen dröhnten und saugten das Wasser ab. Der Wasserspiegel sank nur sehr langsam. Aber es waren auch immerhin 800.000 Liter Wasser abzupumpen. Wicherl konzentrierte sich nur auf den Teich als Ganzes. Er schaute auf den Nebel, der über dem Wasser schwebte. Er stellte fest, dass sich der Nebel im gleichen Maße wie der Wasserspiegel senkte. Er lag förmlich auf der Oberfläche. Der Wasserspiegel hatte sich bereits fast um einen halben Meter abgesenkt, und die Pumpen arbeiteten weiter mit Höchstleistung.

Einige Schaulustige waren wieder gegangen, da es ihnen zu lange dauerte. Dafür kamen andere an den Ort der Ungewissheit.

Es ging auf Mittag zu, als sich der Nebel über dem Wasser zusammenzog und sich in der Mitte des Teiches bündelte. Ein Raunen ging durch die Menge. Alle verfolgten das Spektakel mit großen Augen. Dann bildete sich eine Windhose. Ihre Spirale wurde immer schneller. Sie zog den Nebel vom Wasser ab und schraubte sich nach oben. In großer Höhe breitete sie sich aus und schwebte als Wolke davon.

Obwohl Windstille herrschte, war diese Wolke rasch verschwunden. Richard Wicherl hatte das alles genau beobachtet und viele Fotos geschossen. Er wusste ja, was kommen konnte und hatte sich darauf eingestellt. Diese Bilder wollte er später seinem Bruder zeigen. Er behielt seine Erkenntnisse aus Hornbach und die Tatsache, dass die Ereignisse dort mit denen hier vergleichbar waren, zunächst noch für sich. Die umstehenden Menschen schauten noch immer der Wolke nach und staunten nicht schlecht. Die Feuerwehrleute nahmen das Phänomen ebenfalls wahr, konzentrierten sich aber auf ihre Arbeit. Sie mussten sie jedoch für fast eine Stunde unterbrechen, da die Ahle über die Ufer getreten war.

In der Geschwindigkeit konnte sie all das Wasser nicht aufnehmen. Sie gönnten dem Bach eine Pause. Dann wurden die Pumpen wieder angestellt, allerdings mit weniger Leistung. So holten sie auch das letzte Wasser aus dem Teich, bis dieser leer war. Erst am späten Nachmittag wurde der Grund sichtbar. Aber der Schlamm, der nun zum Vorschein kam, war überraschenderweise nicht grau, sondern braun.

Auch das nahm der Polizist zur Kenntnis und fotografierte ihn. Am Abend war die Aktion beendet und der Teich trockengelegt. Für den Fall, dass sich über Nacht wieder Grundwasser ansammeln würde, blieben Feuerwehrwagen und Pumpen vor Ort. Die Menschen machten sich auf den Heimweg. Von der Dienststelle aus rief Wicherl seinen Bruder an und teilte ihm seine Erlebnisse mit. Der wurde sofort hellhörig, und so trafen sich die beiden Brüder noch am selben Abend, um sich die Bilder anzusehen. Die hatte sich der Polizist schon auf seinen Rechner überspielt, da sie so besser gesichtet werden konnten. Der Meteorologe schaute sich die Bilder an und war fasziniert.

»Richard, so etwas ist naturwissenschaftlich nicht zu erklären. Die Entstehung kommt einer Windhose gleich. Doch die entstehen nicht am Boden, sondern meist unter einer Gewitterwolke. Außerdem ziehen sie nach unten und nicht nach oben. Ich habe keine Erklärung dafür.«

Richard berichtete seinem Bruder von den Ereignissen in Hornbach, als der dortige Teich abgepumpt wurde. An einem anderen Tag hätte Jörg Wicherl seinen Bruder gefragt, wie viel er schon getrunken habe, aber jetzt wusste er, dass dies keine Fantasiegeschichte war.

War hier wirklich Überirdisches am Werk? Mit der Erkenntnis, nichts zu wissen, schickte Richard seinen Bruder wieder heim. Beide einigten sich darauf, Stillschweigen zu bewahren. Am nächsten Morgen versammelte man sich wieder am Teich. Das Grundwasser, das sich über Nacht angesammelt hatte, wurde abgepumpt. Doch außer der braunen Schlammschicht war nichts zu sehen. Der eintreffende Bagger wurde in Stellung gebracht und

Stahlplatten auf der Wiese verlegt. Auf diesen Platten war es dem Bagger möglich, sich ganz nah an den Teich heranzutasten. Er grub sich selbst eine Fahrrinne nach unten zum See. Lastwagen wurden zuerst mit Wiese und Grund beladen, dann wurde der Schlamm abgetragen. Selbst für den erfahrenen Baggerführer stand notfalls ein Seelsorger bereit. Auch Svens Vater war anwesend. Diesmal privat und in Zivil, da die Feuerwehr nur noch mit einer kleinen Besatzung weitermachte. Der Schlamm wurde sehr behutsam abgetragen. Seine Schicht war gut einen halben Meter dick. Schaufel für Schaufel wurde sie herausgehoben und in die LKWs entsorgt. Bisher ohne Erfolg. Erst als der Bagger die Mitte des Teiches erreichte, sah man etwas Farbiges. Es handelte sich um eine Regenjacke, eine blaue Regenjacke. Es war die Jacke von Sven. Sofort wurde der Bagger abgestellt. Zwei Feuerwehrleute machten sich mit Schaufeln an die Stelle. Auch Franz war zur Fundstelle geeilt. Sofort erkannte er die Jacke und brach zusammen.

Sie brachten ihn zum Rettungswagen, in dem er sofort versorgt wurde. Ein Seelsorger kümmerte sich um ihn. Ein weiterer machte sich auf den schweren Weg zur Mutter des Kindes. Die anderen trugen mit ihren Schaufeln behutsam den Boden rund um die Jacke ab. Nach und nach kam der kleine Körper zum Vorschein. Spätere Untersuchungen ergaben keiner Anzeichen von Gewalt. Aber trotz des Grabes aus Schlamm zeigte das Gesicht erste Verwesungen. Die Leiche wurde sorgfältig eingepackt und abtransportiert. Der Teich wurde jedoch weiter abgetragen. Immerhin gab es eventuell noch die Leiche von Sara zu finden. Der Baggerführer war bereit, seine Arbeit fortzusetzen, aber bereits nach der vierten Schaufel unterbrach er erneut. Man fand einen Schuh, einen kleinen Mädchenschuh und eine kleine Puppe. Beides aus Kunststoff.

Richard Wicherl hatte die entsprechenden Angaben aus Saras Akte dabei und verglich sie mit den Fundsachen. Es waren tatsächlich die Sachen der kleinen Sara. Erneut wurde der Boden um den neuen Fundort nur mit Schaufeln ausgehoben. Doch diesmal kam nur noch der zweite Schuh, aber sonst nichts weiter zum Vorschein.

Man entschloss sich, den Schlamm und die Erde aus der unmittelbaren Umgebung des Fundortes zusammen mit den Schuhen und der Puppe ins Labor zu senden. Man erhoffte sich weitere Erkenntnisse über das Verschwinden von Sara. Aber die Untersuchungen brachten keine verwertbaren Ergebnisse.

Körper und Kleidung von Sara waren vollständig verschwunden. Selbst in den Schuhen waren keine Spuren von ehemaligem Leben zu finden. Der Pathologe erklärte in seinem Gutachten, dass die Verwesung bei dem Jungen ungewöhnlich weit fortgeschritten war.

Es seien normalerweise zwölf bis dreizehn Jahre erforderlich, bis ein Körper vollständig verwest. Der Verwesungsgrad des Jungen jedoch ließe darauf schließen, dass sein Körper bereits nach nur zehn Jahren vollständig aufgelöst worden wäre. Selbst die Knochen im Gesicht hatten bereits angefangen sich aufzulösen. Ein solch schneller Fortschritt sei ihm bisher noch nie untergekommen. Er fand auch keine Erklärung dafür.

Richard Wicherl machte es sich von da an zur Aufgabe, genau zu beobachten, ob in der Region oder im weiteren Umland Kinder verschwanden und wenn ja, ob dort ein Teich in der Nähe war.

419 Tage

Evelyn Kühne

Draußen auf der Treppe ertönten schlurfende Schritte. Angsterfüllt zuckte sie zusammen, ihr Atem beschleunigte sich und der Herzschlag dröhnte laut in den Ohren. So gut es ging, rutschte sie auf dem Bett nach oben, bis das kalte Metall des Kopfteiles sich hart in ihren Rücken drückte. Sie fixierte die massive hölzerne Tür und hielt den Atem an. Die Schritte kamen näher und näher und verharrten vor dem Eingang zu ihrem Raum. Lena presste die Hände auf ihre Ohren, krampfhaft versuchte sie, ruhig zu atmen, ein und aus. Eigentlich versuchte sie, überhaupt weiter zu atmen, denn instinktiv hatte sie die Luft angehalten, um besser lauschen zu können. Die Panik nahm Besitz von ihrem ganzen Körper, so sehr, dass sie das Gefühl hatte, sich übergeben zu müssen.

Nach einer gefühlten Ewigkeit schlurfte die Person vor der Tür weiter. Langsam entfernten sich die Geräusche, bis schließlich wieder absolute Stille herrschte. Ganz allmählich lockerte sie ihre verkrampfte Muskulatur und streckte die Beine langsam nach vorn aus. Immer noch sah sie Richtung Tür, doch draußen blieb alles ruhig. Diesmal hatte sie anscheinend Glück gehabt. Mit zitternden Beinen stand sie auf und wankte zum Waschbecken.

Der rostige Wasserhahn spuckte nur einen dünnen Strahl aus, sie fing ihn mit ihren Händen auf und benetzte ihr heißes Gesicht, so gut es ging. Automatisch ging ihr Blick auf die kahle graue Wand über dem Waschtisch, in ihrer kleinen Wohnung hatte dort ein Spiegel gehangen.

Morgens hatte sie immer ihr Gesicht betrachtet, nach Spuren gesucht, die getilgt werden mussten, nach Möglichkeiten, ihre natürliche Schönheit weiter zu betonen und zu unterstreichen. Früher, in ihrem alten Leben. All dies war jetzt gleichgültig, sie konnte nur erahnen, wie sie mittlerweile aussah. Manchmal gelang es ihr, in den oberen Räumen einen kurzen Blick auf ihr Bild zu werfen. Sie kam sich vor, als ob sie nicht ihr Spiegelbild, sondern eine fremde Frau betrachtete.

Ihr Aussehen, das war ihr wichtigstes Gut. Wie stolz war sie gewesen, wenn sie Komplimente bekam, sich Männer nach ihr umdrehten, sie ansprachen. Wie der dunkelhaarige Typ, der eines Abends in die Disko kam, in der sie mit einigen Freunden abhing. Er war nicht von hier, sie hatte ihn noch nie

gesehen. Er sprach englisch und ein ziemlich gebrochenes Rumänisch. Sein Auftreten beeindruckte sie, er gab sich weltmännisch, machte ihr Komplimente, roch nach einem teuren Parfüm und schien ziemlich viel Geld zu haben. Wie unendlich naiv war sie gewesen, jetzt konnte sie ihr damaliges Denken gar nicht mehr nachvollziehen. Er tanzte mit ihr, immer enger, sie spürte seine Erregung und hatte das Gefühl, ihn in der Hand zu haben. Es war irgendwie berauschend, wenn man nur mit seinem bloßen Aussehen die Männer derart verrückt machen konnte.
Hals über Kopf hatte sie damals alles hingeschmissen, modeln, in der Welt herumreisen. Davon hatte er gegen Morgen gesprochen. Die ganze Nacht hatte er sich nur um sie bemüht. Ihren Eltern legte sie einen lapidaren Zettel hin, sie würden sie sowieso nicht verstehen, eigentlich hatten sie sie noch nie verstanden. Hier in diesem Kaff, in dieser Welt bekam sie keine Luft, sie wollte fort, hinaus, fremde Länder sehen.
Selbst als noch drei andere Mädchen mit in seinem Auto saßen, die sich genau dasselbe erhofften, war sie nicht stutzig geworden. Sie fuhren ewig lange, an einsamen Raststätten hielt er an und spendierte kleine Snacks und Cola. Mitten in der Nacht kamen sie endlich zu einem großen Haus, ein Tor wurde geöffnet und der Wagen rollte auf den Hof. Zitternd vor Kälte und Schlafmangel standen sie in der Finsternis und wurden schließlich ins Innere gebracht. Als Erstes nahm man ihnen die Pässe ab, Lena wehrte sich nicht, ihr war mittlerweile alles egal. Eine Frau in einem dunklen Hosenanzug mit streng nach hinten frisierten Haaren brachte sie schließlich in einen Raum, in dessen Mitte ein großer Schreibtisch stand. Daran saß der dickste Mensch, den Lena je gesehen hatte. Er war etwa um die sechzig, trug einen Anzug und mehrere goldene Ringe an seinen wulstigen Fingern. Seine Glatze glänzte im Lichtschein der Deckenlampe. Mit aufreizender Langsamkeit musterte er die Mädchen, nickte kurz und machte eine knappe Handbewegung. Sie waren entlassen und durften endlich schlafen. Sie jedoch konnte kein Auge zumachen, immer klarer wurde ihr, dass es hier nicht um einen Model Job gehen würde. Am liebsten wäre sie davongelaufen, doch wo sollte sie hin, ganz allein.
Am nächsten Morgen kam die Frau mit dem Hosenanzug zu ihnen, sah eines der anderen Mädchen an und bedeutete ihr mitzukommen. Dann war das

andere dran und zum Schluss schließlich sie. Keines der Mädchen sah sie jemals wieder.
Man brachte sie in ein Zimmer, in dem ein großes Bett stand, eine Wand war mit Spiegeln verkleidet. An der anderen lehnte ein Mann mit verschränkten Armen. Abschätzend musterte er sie und öffnete dann seine Hose.
Nach einer gefühlten Ewigkeit brachte man sie ins Kellergeschoss. Unten war ein langer Gang und mehrere Türen gingen zu beiden Seiten von ihm ab. Der Raum war klein, es gab ein Bett, einen Tisch und einen Hocker.
Toilette und Waschbecken waren extra untergebracht. Sie fühlte sich beschmutzt, besudelt und versuchte sich notdürftig zu waschen. Auf dem Bett lag ein Jogginganzug, er war nicht gerade modern, schien aber sauber zu sein. Die Wände um sie herum, waren aus grauem Beton, rau verputzt. Es gab einen Lichtschacht, an dessen oberen Ende ein vergittertes Fenster zu sehen war. Wenn Lena sich streckte, sah sie ein winziges Stück Himmel, mal blau, mal dunkel, manchmal sah sie sogar einen Stern. Ansonsten gab es keine Farben um sie herum, nur Grau. Das Grau legte sich wie ein Schleier auf ihre Seele.
Und dennoch hielt sie durch, seit nun genau 419 Tagen. An einer der Wände hatte sie eine Strichliste angefangen, nur um nicht vollends verrückt zu werden. Ihre Aufpasser registrierten dies, ließen sie aber gewähren. Warum auch nicht, an ihrem Zustand änderte sich dadurch schließlich nichts. Sie war hier unten, wenn man sie brauchte, brachte man sie nach oben. Wie viele Männer es gewesen waren, sie entschied sich dagegen, es zu zählen. Wenn sie in den oberen Räumen war, kam sie sich vor, als ob der graue Schleier sich noch dicker und schützender über sie legte. Vieles nahm sie gar nicht wahr, die verschwitzten stöhnenden Gesichter, sie hätte sie nicht schildern können. Sie waren eine graue Masse. Auch was sie mit ihr machen, versuchte sie, zu verdrängen. Weinen konnte sie schon lange nicht mehr, es schien, als ob ihre Tränenquelle ausgetrocknet war.
Lena ließ sich auf ihr Bett fallen und musterte die Striche an der Wand. Sie waren akkurat ausgeführt, glichen einander wie ein Ei dem anderen. Wie die Tage, die sie hier verbrachte, sie unterschieden sich nicht. An manchen wurde sie mehrfach geholt, an anderen gar nicht, dennoch waren sie aus ihrer Sicht gleich.

Sie kuschelte sich auf ihr Bett und betrachtete die Betondecke über ihrem Kopf. Irgendwann schien sie eingeschlafen zu sein, denn eine Hand rüttelte an ihrem Arm. Der schlurfende Alte stand vor dem Bett und bedeutete ihr mitzukommen. Er sprach nie mit ihr, mittlerweile verstand sie ein paar Worte der fremden Sprache, doch er bedeutete ihr immer nur stumm, was sie tun sollte. Wie ein Roboter folgte sie ihm die steile Treppe nach oben. Sie zählte innerlich die Stufen mit, noch fünf, noch vier, noch drei, gleich waren sie im Gang angekommen, der zu den Zimmern mit den schwülstigen Betten führte.

Fast wäre sie auf den Alten gefallen. Sie war so in Gedanken gewesen, dass sie gar nicht bemerkt hatte, dass der Mann auf die Treppe gestürzt war. Unbeweglich lag er da, rührte sich nicht und schien nicht mehr zu atmen. Schon die letzten Male war er die Stufen nur noch ganz langsam nach oben gestiegen und nun lag er dort. Lena presste die Faust auf ihren Mund und sah den Alten genau an.

In ihrem Kopf herrschte Leere, doch plötzlich erwachte etwas in ihr. Ganz langsam schob sie sich an ihm vorbei die Treppe hinauf. Sie versuchte, flach zu atmen, und spähte vorsichtig um die Ecke. Der Gang war leer, kein Mensch zu sehen. Am anderen Ende war eine Tür nur angelehnt, ein schwacher Lichtschein fiel in den Gang hinaus. Alle anderen Räume waren verschlossen.

Sie streifte ihre klappernden Schuhe ab und schlich barfuß Richtung Eingangstür. Innerlich betete sie.

»Bitte, lass die Tür offen sein, bitte.«

Und anscheinend hatte sie doch noch irgendeinen Engel an ihrer Seite, denn immer noch war alles still. Ihre Hand umfasste das kühle Metall der Klinke und drückte es langsam, Millimeter um Millimeter nach unten. Es gab ein knarzendes Geräusch, welches überlaut durch das stille Haus dröhnte. Augenblicklich hielt sie inne, lauschte. Sie versuchte, sich nicht umzusehen. Jeden Moment würde hinter ihr eine Stimme ertönen oder sich eine Hand auf ihre Schulter legen.

Doch nichts geschah, alles war und blieb ruhig. Schließlich war die Klinke an ihrem tiefsten Punkt angelangt, sie zog behutsam die Tür nach innen auf. Doch nichts geschah, verschlossen, diese verdammte Tür war natürlich ver-

schlossen. Verzweifelt zog sie noch einmal und da gab die Tür nach, sie schien etwas zu klemmen, öffnete sich aber.
Draußen war es hell, ihr Blick fiel auf den Innenhof, den sie vor so langer Zeit das letzte Mal gesehen hatte. Nun endlich wagte sie es, sich umzudrehen. Der Gang lag verlassen, weder draußen noch drinnen war jemand zu sehen.
Unsicher sah sie sich um, wandte sich schließlich nach links und lief Richtung Garten. Das hohe schmiedeeiserne Tor ließ sie liegen, sie war sicher, dass es verschlossen war.
Der Garten war groß und ungepflegt, sie erkannte eine verwilderte Rasenfläche und einen leeren Pool. Das große Haus wirkte von hier aus gesehen vollkommen unbewohnt. Lena rettete sich in den Schatten der seitlichen Büsche und atmete tief durch. Es war köstlich, nach so langer Zeit wieder frische Luft zu atmen. Der Sauerstoff gab ihr Kraft und machte sie fast ein wenig schwindelig. Nach einigen Schritten erreichte sie einen Zaun, der teilweise umgestürzt war, ihn zu überwinden, war kein Problem.

Nervös knetete sie ihre Hände, sie waren schweißnass. Noch einmal stieg Panik in ihr auf und sie fühlte sich einen winzigen Moment wieder in ihren Kellerraum zurückversetzt. Die Anwältin an ihrer Seite nickte ihr aufmunternd zu. Genau gegenüber saß ein sehr dicker Mann, neben ihm ein zweiter, der sie abschätzend betrachtete. Bis jetzt hatte sie jeglichen Blickkontakt vermieden und fast krampfhaft auf ihren Schoß geblickt. Die Richterin richtete noch einmal ruhig das Wort an sie und bat sie nach vorn zu kommen, um ihre Aussage zu machen.
Vor ihrem inneren Auge tauchte die Kellerwand mit den akkuraten Strichen auf, 419 Stück, 419 Tage ihres Lebens, die man ihr genommen hatte. Lena straffte sich, sie fixierte fest den Mann mit der Glatze. Sie sah ihm direkt in die Augen, solange, bis er zu Boden blickte. Dann wischte sie die Hände an ihrem grauen Kostüm ab und ging mit festen Schritt zu dem Stuhl vor dem Richtertisch.

Die graue Mumie aus dem Moor

Erich Röthlisberger

Schwer und dicht lag der Nebel über der Moorlandschaft. Gedämpft war das Quaken der Moorfrösche zu hören. Ab und zu flackerte das grelle Licht eines der unzähligen Leuchtkäfer auf, welche sich emsig einen Weg durch die Grashalme suchten. Nicht zu überhören war auch das Blubbern der platzenden Gasblasen im Morast. Der unerträgliche Gestank nach faulen Eiern kam von den Gasen, die dem Moorboden entwichen.

Nur wer das Moor kannte, schaffte es problemlos, wieder einen Ausgang aus dieser unheimlichen Gegend zu finden. War man nicht vorsichtig genug, konnte es passieren, dass man im Morast versank und nie mehr gesehen wurde.

So war es auch nicht verwunderlich, dass in der letzten Zeit vermehrt unheimliche Schauermärchen über dieses abgelegene Gebiet verbreitet wurden. Im kleinen Gasthaus am Rande zum Moor saßen oft ein paar Dorfbewohner zusammen und erzählten einander, was sie Neues vernommen hatten. Jeder dichtete natürlich noch zusätzlich etwas Dramatisches dazu. Seine Erzählung sollte schließlich die schauerlichste sein. Bis eines Tages, spät abends, draußen war es schon finster und ein feiner Nieselregen nässte alles mit seinen feinen Tropfen, die alte Mirona Polmer das Gasthaus besuchte. Die schrullige, etwas merkwürdig scheinende Alte war rundherum als Kräuterhexe bekannt. Wer ein Leiden hatte, besuchte sie, um Rat zu holen. Natürlich nur im Geheimen. Schließlich sollte niemand wissen, dass er sie aufgesucht hatte.

Man glaubte, sie sei eine Hexe, da sie kleinwüchsig war.

Zudem trug sie einen Buckel auf dem Rücken herum, das Haar war zerzaust und ein schreckliches Muttermal mit drei langen, schwarzen Haaren auf der Nase verunstaltete ihr verrunzeltes Gesicht noch mehr.

Deshalb war sie nur unter dem Namen ›Polmer-Hexe‹ bekannt und ein wenig auch gefürchtet. Denn Groß und Klein wussten, dass sie sich oft im Moor aufhielt. Als sie das Lokal betrat, wurde es rasch mucksmäuschenstill und die Köpfe drehten sich zur Tür. Sie ließ sich nichts anmerken, setzte sich in einer Ecke an einen Tisch. Der Wirt stellte ihr einen Teller mit Esswaren und ein Glas Rotwein hin. Dasselbe Menü wie immer.

Eigentlich wollte sie ungestört sein, denn die Alte war eher menschenscheu und gerne allein. Die Lokalbesucher betrachteten sie mit Unbehagen. Denn von ihr wurde erzählt, seit sie dem Ungetüm aus dem Moor begegnet sei, sei dieses niemandem mehr gefährlich geworden.

Angeblich hätte sich die Polmer-Hexe einmal frühmorgens auf den Weg ins Moor gemacht, um für ihre Heilmittel Moormoos zu sammeln. Aufgeschreckt durch ein lautes Schnaufen, ungewöhnliches Knurren und stampfende Schritte erhob sie sich und schaute sich um. Schweren Schrittes und mit ausgestreckten Armen kam ein graues Ungetüm auf sie zu. Es handelte sich um die Mumie, über welche die verschiedensten Schauermärchen kursierten.

Viele Dorfbewohner hätten es bereits gesehen, seien aber anschließend so verwirrt gewesen, dass sie nie richtig Auskunft geben konnten, was tatsächlich im Moor geschehen war.

Die graue Mumie näherte sich Schritt für Schritt. Schnaubend war sie im Begriff die Alte zu packen und auch sie zu würgen. Leider gab es keinen weiteren Fluchtweg mehr. Denn der Weg war hier, umgeben von blubberndem Morast, zu Ende.

Erschrocken und nach Hilfe Ausschau haltend, schaute sich die alte Frau um. Natürlich war kein Mensch weit und breit, der ihr hätte zu Hilfe eilen können.

Als sie an einem der Arme der Mumie einen herunterhängenden Stofffetzen sah, hatte sie eine Idee. Sie fasste sich den grauen Stofffetzen und begann mit aller Kraft daran zu ziehen. Sie riss und riss so fest daran, wie es ihr nur möglich war. Die Mumie war so verdutzt, dass sie gar nicht wusste, wie ihr geschah. Immer schneller werdend begann sie sich im Kreis zu drehen. Die schmutzigen Binden lösten sich ab von ihrem Körper. Neben der angeblichen Hexe bildete sich ein größer werdender Haufen mit den Stofffetzen. Von der Mumie als solches war immer weniger zu sehen. Denn unter den Binden befand sich kein Körper.

Es schien, als bestünde die Schreckgestalt lediglich aus den grauen Stoffbahnen. Nach einiger Zeit hatte die Polmer-Hexe die Mumie ganz abgeleiert, so, dass von dem Monster nichts mehr übrig oder zu sehen war.

Sie packte die Stofffetzen in ihren Korb und brachte diese auf direktem Weg in das alte Lokal am Rande des Moores, wo sie den gesamten Inhalt mit einem höhnischen Lachen vor der Theke auf den Fußboden kippte.
Seit diesem Moment sprach die Moossammlerin nie mehr ein Wort mit jemandem. Aber auch die Mumie wurde seither nie mehr gesehen.

Wie das Leben

Der Schweinehund

Alexa Innocenti

Früh am Morgen, kalt ist´s draußen,
die Sonne strahlt vom Himmel fein.
Ich geh´ mit meinem Hund ne´ Runde,
kann denn ein Morgen schöner sein?

Mach mir Kaffee und setz mich dann,
frisch gestärkt vor den PC.
Fahr ihn hoch, fang an zu schreiben,
doch halt: lieber rasch ne´ Tasse Tee.

Endlich wieder vor dem Laptop,
fühl´ mich motiviert hierfür.
Muss nur noch bei Google schauen -
plötzlich klingelt´s an der Tür!

Draußen steht ein seltsam´ Wesen:
grau und klein, behaart und dick.
Drängt sich in die Wohnung rein
schließt den PC mit einem Klick.

»Was soll denn das?«, frag´ ich empört,
»Wer bist du, und was willst du hier?«
»Du hast mich doch eingeladen!«,
grunzt und schnauft das fette Tier.

»Wann soll denn das gewesen sein?«,
erwidre ich und starr´ ihn an.
»Sag mir endlich, wer du bist.
Ich höre, also los: fang an!«

»Ich bin die Unlust, der du nachgibst.
Stündlich, täglich, nur zu gern.
Das Gegenteil von Disziplin -
na, trifft das ungefähr den Kern?«

Kleinlaut setze ich mich nieder.
Stimmt, das Wesen hat ja recht.
Oft genug lass´ ich mich treiben,
arbeite mehr schlecht als recht.

Wie oft schon hat er mir geholfen,
graue Tage zu überstehn?
Ist halt viel schöner auf der Couch
als in den Sturm hinaus zu gehen.

»Lass die Bügelwäsche rufen«,
ist sein Ratschlag, »ruf zurück!«
Auch der Abwasch bleibt erhalten,
mach dich deshalb nicht verrückt.«

Aber halt! So muss es nicht bleiben.
ICH hab die Fäden in der Hand!
Ich werde es dem Wesen zeigen.
Jetzt bin ich außer Rand und Band.

»Nun, mein lieber Schweinehund,
das Gespräch war ja ganz nett.
Doch nun würd´ ich gern weiter machen -
die Disziplin rückt aufs Parkett!«

Ein Klingelton lässt mich verstummen,
der Schweinehund antwortet rasch.
Dann steckt er sein Handy in die Tasche.
»Muss zu ´nem andren«, meint er lasch.
»Bis bald«, sind seine letzten Worte.

Besser nicht, denk ich bei mir.
Schließ schnell die Tür, geh´ zum Computer -
mein Gott, es ist bereits halb vier!

Der Schweinehund versteht sein Handwerk,
das erkenn´ ich neidlos an.
Nimm mir jetzt an ihm ein Beispiel
und schreib drauflos, so lang ich kann.

Klarissa

Marianne Peternell

I.

Klarissa hatte kaum etwas zu sagen, war oft in Gedanken versunken. Sie saß in der Klasse und sah träumend auf den Baum vor dem Fenster. Er wirkte finster mit seinen vielen dunklen Blättern. Dahinter sah sie ein Haus. Ein Haus mit vielen Giebeln, Erkern, der Putz blätterte ab. Sie war sicher, dass es ein Geisterhaus war. Oder zumindest ein Haus, in dem merkwürdige Dinge vor sich gingen. Nie hatte sie jemanden hineingehen oder herauskommen sehen.

Heute hörte sie Geräusche von dort. Doch nur undeutlich. Sie stieß Fatma an und sagte es ihr flüsternd. Fatma war die Einzige, mit der sie darüber sprechen konnte.

»Es ist jemand da. Es klopft.«

Fatma schrak zusammen. Sie war dabei, zu rechnen. 35+27. Das war nicht einfach.

»Was?«

»Es klopft. Schau.«

Fatma schaute. Sie flogen aus dem Klassenzimmer in das Haus. Ein alter Raum war es, mit abgeschabten Möbeln. Ein elegantes geschwungenes Sofa mit Plüschbezug, ein riesiges Bild, das einen Offizier zeigte, Säbel an den Wänden, kleine Tischchen und Stühle. Niemand war zu sehen. Sie wandten sich nach links, stiegen die Treppe hinauf, irgendwo klopfte es.

Im oberen Stock begegnete ihnen niemand. Sie schlichen den Gang entlang, die Wände waren geschwärzt, seit langem nicht mehr gestrichen. Sie spürten die Anwesenheit von etwas Bedrohlichem, Ungeheuerlichem, etwas Grausames war hier.

Eine alte Frau kam, gestützt auf einen Stock, durch eine Tür gehumpelt. Sie hatte viele Runzeln und schaute sie nicht an. »Hannah!«, schrie sie schrill. »Hannah!«

Da kam eine Frau, sie war rüstig, doch nicht mehr jung, angelaufen.

»Ja, Mama? Du sollst doch nicht aufstehen, Mama! Brauchst du etwas?«

»Nie bist du da, wenn ich dich brauche!«, schrie die Alte und schlug der Jüngeren mit dem Stock auf den Kopf. »Ich habe schon lange gerufen! Ich kann nicht allein aufs Klo gehen, das weißt du. Wozu bist du überhaupt da?«
»Ja Mama, entschuldige Mama, ich habe mich nur kurz hingelegt. Ich war müde. Du weißt, letzte Nacht!«
Dann stütze sie die Alte und die beiden humpelten davon. Klarissa und Fatma wussten, dass in diesem Haus viele Geheimnisse lagen. Im Garten der Villa hatten Räuber einen Schatz vergraben, es gab einen hohen Zaun um das Grundstück. An der verborgenen Stelle ging es tief nach unten, dann eine Falltür. Ein eisernes Gitter fiel herab und sie hatten keinen Schlüssel. Niemand konnte herausfinden, wer den Schatz hier vergraben hatte, wem er gestohlen worden war. Die Räuber konnten jeden Moment wiederkommen, wie wilde Hunde umschlichen sie ihren Schatz. Fatma und Klarissa mussten fliehen. Klarissa half Fatma mit einer Räuberleiter aus dem Loch, Fatma zog Klarissa, dann rannten sie, sie waren hinter ihnen her. »Hannah!«, schrie es wieder aus dem Haus. Schwarze Hunde auf dem Grundstück. Da flogen Fatma und Klarissa zurück in ihre Klasse. Der Lehrer schimpfte.
»Ich werde mit euren Müttern sprechen. Vielleicht sollte ich euch auch zur Psychologin schicken. Ständig seid ihr mit den Gedanken irgendwo Ihr sollt in der Schule lernen! Rechnen, schreiben, lesen! Ich bemühe mich, ich bin geduldig, aber ich kann nicht Kinder unterrichten, die ständig mit offenen Augen träumen. Ich werde einen schwarzen Punkt machen bei dir, Fatma, und bei dir, Klarissa. Morgen machen wir Konzentrationsübungen. Danach geht es weiter. Ich hoffe, ihr werdet besser mittun, wer mittut und die Aufgaben erfolgreich löst, bekommt ein Zuckerl. Also, bis morgen!«
Fatma und Klarissa standen mit hochrotem Gesicht in der Klasse. Ein paar Kinder tanzten um sie herum, haha, ihr müsst zum Psychologen, ihr seid nicht ganz richtig im Kopf. Und Zuckerl bekommt ihr auch keins. Ihr habt ja gar nicht aufgepasst.
Ein Mädchen schlug Klarissa ins Gesicht, nur leicht, doch der Schlag wog schwer. Mit gesenktem Kopf liefen Fatma und Klarissa nach Hause.

II.

Herbert stand schon die dritte Stunde in der Klasse. Er sah Klarissa nur aus den Augenwinkeln und schon war er wütend. Er mochte sie und er mochte sie nicht.

Sie war nicht ganz real, die kleine Fee, Wesen zwischen Traumland und Hierland, wer sollte sie erden? Nie war sie, wo alle waren, stets war sie abwesend, spann sich ein, am liebsten würde er vor ihrem Gesicht klatschen, aber dann würde sie weinen. Und dann würde er sich schämen, so zart war sie und so stark, das auch. Sie stieß Fatma an. Fatma war ein nettes Mädchen, sie war immer so bemüht und wollte so gern verstehen, was ihr meist misslang, was ihn wiederum herausforderte, ihr so gut wie nur möglich zu helfen. Und nun stieß sie Fatma an.

»Klarissa!«, rief er mahnend durch die Klasse, doch sie hörte ihn nicht. Er wollte nicht, dass sie Fatmas Aufmerksamkeit abzog, Fatma lernte schwer, Klarissa tat sich leicht, das war es nicht. Da bat Tonio ihn, ihm zum wer weiß wievielten Mal zu helfen. Er verstand die Zehnerüberschreitung noch immer nicht. Georg hatte aus weiß Gott welchem Grund einen Wutanfall und warf einen Stuhl um. Dann schlug er Sebastian auf den Kopf. Herbert musste Entscheidungen treffen.

»Andrea«, sagte er, »bitte setz dich zu Tonio und erkläre ihm, wie du 35+27 rechnest!«

Dann ging er zu Georg, er hielt ihn fest. Das durfte er eigentlich nicht, körperliche Berührungen waren verboten, doch er empfand, Georg brauchte das, er hielt ihn fest, während Georg schrie, inzwischen blutete Sebastian aus der Nase. Die Kinder hatten aufgehört zu rechnen. Sie wollten wissen, wie er die Sache meistern würde. Er sprach mit Georg, beruhigend und freundlich. Georg schlug auf Herbert ein, Herbert bat ihn leise, aufzuhören, und hielt ihn wieder fest. Er wusste, Georgs Mutter war vor einem Jahr bei einem Autounfall verstorben, er wusste, Georg musste sein, wie er war und Freundlichkeit konnte er kaum ertragen. Herbert fühlte sich hilflos, denn einige Kinder forderten harte Strafen für Georg. Klarissa und Fatma träumten immer noch, Sebastians Mutter würde morgen dort stehen und sich beschweren, sie war aktive Elternvertreterin. Georg war ein Problem. Er bat die Kinder, sich in einen Sesselkreis zu setzen. Er zwang auch Klarissa und Fatma aus ihren Träumen, erwähnte die Psychologin, Zuckerln. Er bat die Kinder, alle Vorwürfe, die sich gegen Georg angesammelt hatten, vorzutragen. Und er bat Georg, sich alles ruhig anzuhören. Er dachte daran, dass er unbedingt irgendwann mit Klarissas Mutter sprechen musste. Anja erklärte, sie wollte nicht, dass Georg so wichtig war, sie musste auch brav sein. Die Rechenstunde entfiel. Ob sie das Pensum dieses Semester noch schaffen würden? Es war Vorschrift, doch er konnte nicht anders, er interessierte sich für die Kinder, wer sie waren. Er wollte ein guter Lehrer sein.

III

»Mama, in dem Haus vor der Schule wohnt eine alte Frau, die böse ist. Ich glaube, ihre Tochter passt auf sie auf. Die heißt Hannah. Es gibt dort einen vergrabenen Schatz und Hunde, die ihn bewachen. Ich habe alles genau gesehen und Fatma weiß es auch.« »Du meinst das Haus mit den Türmchen und den düsteren Tannen davor? Ja, es wirkt seltsam, aber ich denke, es steht da ganz verlassen. Ich weiß nicht, welche Geschichte es hat. Du träumst zu viel.« »Aber ich weiß es genau und Fatma auch.«

Klarissa weinte. Ihre Mutter streichelte sie und fühlte sich hilflos, denn sie wusste nichts zu erwidern. Waren Häuser nur außen? War etwas dahinter? Was wusste ihre Tochter wirklich? Was sollte sie tun? Sie erhielt eine Vorladung des Lehrers, Klarissa sollte beim Psychologen vorgestellt werden, da sie mit ihren Gedanken häufig abwesend sei. Der Lehrer hielt eine längere Rede. Er erklärte, dass Klarissa einen guten Kopf zum Lernen hätte, wenn sie nicht stets wegträumte. Sie lebte in phantastischen Räumen und, was er nicht dulden konnte, sie steckte schlechtere Schüler an.

»Fatma träumt nun auch mit offenen Augen. Die Kinder entwickeln eigene Welten. Wir dürfen sie nicht dort belassen. Sie werden verstehen, Frau Horten, dass ich etwas unternehmen muss.« »Ich weiß nicht«, antwortete Klarissas Mutter schwächlich, denn sie hatte keine Ahnung, wie sie widersprechen sollte, was sie erklären sollte von ihren eigenen Zweifeln an der realen Welt. Der Lehrer legte ihr ein Papier vor, zeigte ihr, wo sie unterschreiben musste und sie unterschrieb.

IV

Mama sitzt neben Klarissa mit ihrem schönen Kleid und der hübschen Frisur im Zug, der voll ist mit Leuten in schönen Kleidern und hübschen Frisu-

ren. Alle Leute in dem Zug haben Angst. Sie zittern. Manche beten, auch Klarissa faltet die Hände und Tränen der Angst rinnen aus ihren Augen.
»Nimm dich zusammen und bete!«, sagt eine Frau, als Klarissa sie bittet mit ihr wegzugehen.
»Komm mit mir, du kannst mit mir kommen!«, sagt der Lehrer.
Heftig schüttelt Klarissa den Kopf. »Wir müssen bleiben.«
Alle warten auf etwas. Alle sitzen da, ergeben in ihr Schicksal, haben Angst und warten. Ein Zug rast vorbei und alle sehen die Toten in dem Zug: Grausam verstümmelte Leichen in hübschen Kleidern und mit hübschen Frisuren. Klarissa bäumt sich auf und schreit, ganz laut, sie bebt am ganzen Körper und es tut gut zu schreien. Sie wacht auf, sie hat geträumt diese Nacht.

V

In dieser Nacht starb in dem Haus mit den Türmchen vor der Schule Hannahs Mutter. Hannah beschloss, das Haus zu verkaufen und aufs Land zu ziehen, zu flüchten.
Sie wollte nichts wissen von den Geheimnissen der Vergangenheit.
Ein Käufer interessierte sich für das Haus. Es gab einen kleinen Skandal, als sich herausstellte, dass es ein arisiertes Haus war. Doch niemand kümmerte sich darum, niemand forschte nach, wer Hannah war, wer die nun tote, alte Frau gewesen war und niemand fand den geraubten Schatz, der vielleicht wirklich auf dem Grundstück vergraben lag. Frau Horten, Klarissas Mutter, blieb die unsichere zweifelnde Frau, die tat, was man ihr sagte und nicht wagte, zu widersprechen.
Klarissa lernte beim Psychologen, die reale Welt anzunehmen und ihre Träume als Hirngespinste abzutun. Sie galt als ein bisschen verrückt. Das war eine Last, die sie ein Leben lang begleiten sollte. Ihre Welt war nun grau, ohne die Farben der Träume, die aus ihr drängten und die sie zurück zwang.

Was übrig bleibt

Beate Kidd

Ich saß in meinem orange-rot gemusterten Lieblingssessel und spürte, dass es gleich wieder passieren würde. Anfangs hatte ich versucht, mich dagegen zu wehren, aber das habe ich irgendwann aufgegeben. Man könnte auch sagen, ich habe mich ergeben. Nach und nach legte sich ein dichter, grauer Schleier um mich. Ich hatte dann immer das Gefühl, in einem Vakuum gefangen zu sein. Obwohl ich das spüren konnte und manchmal auch bewusst erlebte, konnte ich nichts dagegen unternehmen. Es passierte einfach mit mir und von Mal zu Mal wurde es schwieriger für mich, den Weg in die Realität wiederzufinden. Wenn ich diese Nebelwand vor mir hatte, passierten schreckliche Dinge. Es waren plötzlich Menschen mit mir im Raum, die ich noch nie zuvor gesehen hatte. Sie waren immer nett und freundlich, aber ihre Anwesenheit machte mir dennoch Angst. Vereinzelt habe ich in solchen Momenten auch schon richtig Panik bekommen, weil ich mich nicht auskannte und auch die Situationen überhaupt nicht einschätzen konnte. Ich reagierte mit hysterischen Schreien und schlug mit den Armen um mich. Auch konnte ich mir nie die Namen dieser Leute merken und manchmal konnte ich spüren, dass sie ungeduldig mit mir wurden. Ich wusste jedoch nicht warum, ich verstand nie, was da genau passierte.

Es kam aber auch durchaus vor, dass sich der graue Schleier von einer Minute zur anderen auflöste und ich dann total verwirrt meine Tochter Lisa vor mir sah. Manchmal weinte sie und es traf mich stechend mitten ins Herz, wenn ich sie so sehen musste.

»Mama? Weißt du, wer ich bin?«, fragte sie mich dann fast immer. Natürlich wusste ich, wer sie war! Wieso auch nicht? Lisa erklärte mir dann, dass ich wieder einen Aussetzer gehabt, sie gesiezt und immer wieder gefragt hatte, wer sie sei. Ich konnte mir das nicht vorstellen, das war geradezu absurd! Ich sah mich um. Wo war ich überhaupt?

»Mama, ich habe dich schon vor Monaten hier in diesem Betreuungsheim untergebracht, ich konnte dich nicht mehr alleine lassen.«

Ich spürte eine leichte Wut in mir aufsteigen.

»Wieso nicht?«

»Ach, Mama. Du bist immer vergesslicher geworden. Du hast manchmal nicht mehr gewusst, wo du wohnst, und bist durch die Straßen geirrt. Oft warst du nur leicht bekleidet, weil du vergessen hattest, dich richtig anzuziehen. Du hattest zwischendurch immer wieder vergessen, wo deine Toilette ist und du hast auch Essen in die Waschmaschine gesteckt, weil du dachtest, es sei der Backofen.« Lisa schluckte und schwieg einen Moment. »Es gibt Tage, an denen du mich nicht erkennst. Du hast dann Angst vor mir. Du schreist, dass ich weggehen und dir nichts tun soll«, sagte sie leise.
Wir weinten beide. Die Tränen liefen uns nur so über das Gesicht.
»Es tut mir so leid«, schluchzte ich. »Ich wollte dir nie zur Last fallen und dir auch nie Kummer bereiten!«
Innerlich hatte ich das Gefühl zu zerbrechen. Was passierte mit mir? Was musste mein Kind wegen mir aushalten und in Kauf nehmen? Lisa umarmte mich und ich drückte sie fest an mich. Sehr gerne hätte ich sie für immer festgehalten. Doch noch bevor ich ihr sagen konnte, wie sehr ich sie liebte und dass sie das Größte für mich war, kam der Grauschleier wieder und schickte mich zurück in eine Welt, in der es einfach nur Leere gab.
Das war es also, was von meinem Leben übrigblieb.

Graue Eminenz

Petra Weise

Sie trug immer ein mausgraues Kostüm, unauffällig, neutral, elegant. Dazu eine weiße Bluse und graue Schuhe, keine flachen, aber auch keine hohen Absätze, eher mittelhoch und breit. Kaum einer von uns bekam sie zu sehen, zumal sie die Gänge fast lautlos wie ein graues Mäuschen entlang huschte und so schnell wie möglich hinter ihrer Tür verschwand. Sie hieß Gundula, Gundula Westphal und war die Frau des Chefs.

Thomas Westphal präsentierte sich als das komplette Gegenstück zu seiner Frau. An ihm war nichts grau und neutral und schon gar nicht unauffällig. Am liebsten trug er grelle Farben, mit Vorliebe Rot, kombiniert mit Orange und Gelb. Wir nannten ihn Papagei hinter seinem Rücken. Er wusste das und schien sich darüber eher zu freuen als zu ärgern. Er wollte auffallen und bemerkt werden. Er war unberechenbar, ein Mensch, der schnell wütend und laut wurde. Dann beugten wir uns über unsere Arbeit und wagten nicht, aufzusehen.

Gundula begleitete ihren Mann zu keiner der vielen Veranstaltungen der Stadt, zu denen er eingeladen wurde. Von Thomas Westphal gab es in der regionalen Presse viele Fotos, von seiner Frau kein einziges. Bei Firmenfeiern hielt sie sich stets im Hintergrund und verschwand sofort nach dem offiziellen Teil. Im Grunde hätte sie getrost daheimbleiben können, das wäre keinem aufgefallen. Meine Kollegen nannten sie die ›Graue Eminenz‹, die im Hintergrund alle Fäden in der Hand hielt. Für mich war sie die langweilige graue Maus.

Ich mochte sie nicht und konnte nicht verstehen, was der Chef in ihr sah. Er groß und stattlich und sie klein und zierlich, das harmonierte nicht. Ich würde zum Chef besser passen mit meinen 1,80 Meter Größe und knapp 90 Kilogramm Gewicht. Ich fiel genauso auf wie Thomas Westphal – wir wären ein schönes Paar, das keiner übersehen könnte. So oft wie möglich lief ich ihm vor die Füße, was er kaum zu bemerken schien. Ich brachte ihm Kuchen, ließ mir grellrote Strähnchen in meine blonden Haare färben und trug sehr enge bunte Pullis zu meist roten Röcken oder Hosen.

Es half nichts, er verhielt sich mir gegenüber nicht anders als zu den anderen Kollegen. Sie lachten und tuschelten über mich. Mir war das nur recht.

»Man macht dem Chef keine schönen Augen. Das gehört sich nicht«, mischte sich die Sekretärin ein. Auf ihre Meinung musste ich nichts geben, sie war schon alt, mindestens 50 Jahre und gehörte wohl zum Inventar. Nach ihr drehte sich keiner mehr um, nach mir schon. Ich wusste, was den Männern gefällt und ich wollte unbedingt dem Chef gefallen. »Du machst einen großen Fehler, Mädchen«, warnte die Sekretärin.
Ich zuckte nur mit der Schulter. Was wusste diese Alte schon vom Leben? Ihres war vorbei, meines fing gerade an. Es sollte schön werden, in einem Penthouse stattfinden mit einem Sportwagen in der Garage. Thomas Westphal konnte mir all das bieten und ich ihm das, was ein Mann in einer Frau suchte.
Zwei Monate später kam meine Chance, denn ich sollte ihn zu einem Kundenbesuch nach Berlin begleiten. Normalerweise war das Katis Aufgabe, doch die hatte überraschend gekündigt. Ich wusste sofort, dass der Chef mich auswählen würde, ich hatte seinen prüfenden Blick sehr gut verstanden.
Schon lange vor der vereinbarten Zeit stand ich unten vor meiner Haustür. Eigentlich wollte ich warten, bis der Chef klingelte. Doch das war vermutlich unhöflich, wenn er extra aus seinem Auto steigen musste. Außerdem hätte ich es sowieso nicht mehr lange in der Wohnung ausgehalten.
Ich trug mein rotes Strickkleid und dazu eine kurze graue Jacke, die das Rot des Kleides noch betonte. Jeans wären praktischer gewesen, doch ich wusste nicht, ob wir sofort zum Kunden gehen und ich Zeit zum Umziehen hätte. Außerdem wollte ich, dass Thomas – was für ein schöner Name! - während der Fahrt meine Beine sieht, meine wunderbar kräftigen Schenkel, die nicht so spargeldünn wie die seiner Frau waren.
»Du bist so jung, da darf ich dich duzen!«, bestimmte mein Chef. Ich jubelte innerlich. »Selbstverständlich gern, Herr Westphal. Ich bin die Verena.«
»Verena also.«
Eigentlich hatte ich gehofft, dass er auch mir das ›Du‹ anbot, doch vermutlich setzte er dies ohnehin voraus. Ich zog meinen Spiegel aus der Tasche und prüfte mein Make-up. Alles war in Ordnung. Trotzdem zog ich langsam meine Lippen nach. Die Fahrt machte mir ein wenig Angst, wir fuhren meiner Meinung nach viel zu schnell und immer auf der linken Spur, der Chef betätigte oft die Lichthupe und schimpfte über die Ausbremser.

»Haben wir es eilig? Ich meine, kommen wir zum Termin zurecht?«, wollte ich wissen.
»Keine Sorge, wir haben Zeit.«
Wir haben Zeit. Warum raste er dann so?
»Du hast schöne Beine«, bemerkte er.
Also doch, frohlockte ich. Ich sah ihn an und drehte meine Knie nach links in seine Richtung. Thomas schaute zwischen meine Schenkel und schob mit seiner rechten Hand meine Beine etwas auseinander. Sofort durchzuckte es mich. Es würde einfach sein, ihn zu verführen. Ich drehte mich ganz zu ihm herum und lächelte ihn an, meine Beine ließ ich, wie sie waren.
Thomas hielt direkt vor dem Hotel, stieg aus, übergab den Autoschlüssel einem Burschen und winkte mir, ihm zu folgen. Erst an der Rezeption holte ich ihn ein. Er hielt den Schlüssel bereits in der Hand, EINEN Schlüssel.
Ich wusste sofort, dass ich ihm gefiel, er wollte es in der Firma nur nicht so offen zeigen. Mir imponierte, wie diskret er vorging. Wie selbstverständlich folgte ich ihm ins Zimmer, wo er mich sofort derb packte. Er hatte keine Zeit für ein sanftes Vorspiel, er war verrückt nach mir und ich genoss es. Mir machte es nichts aus, dass er fast grob in mich eindrang, im Gegenteil, ich spürte sein unbändiges Verlangen, was mich direkt ein wenig stolz machte.
Thomas bestellte Sekt und einen Imbiss. Wir blieben gleich im Bett und liebten uns immer und immer wieder. Er war unersättlich und hatte wie ich den Kunden ganz vergessen. Ich war überglücklich, dass er mich ebenso begehrte wie ich ihn und schwebte wie auf Wolken.
Ich hatte es geschafft und konnte es kaum erwarten, mein neues Leben zu beginnen. ›Thomas und Verena Westphal geben sich die Ehre‹ – das klang wie Musik. Sicher würde er das Haus seiner Frau überlassen. Zum Glück gab es keine Kinder, die immer mal bei Papa sein und mir auf die Nerven gehen würden.
Ich kuschelte mich an Thomas und schlang meinen Arm um seine Schulter.
»Ich liebe dich. Ich liebe dich vom ersten Augenblick an.« Thomas lachte. »Wirst du es deiner Frau sagen?«
»Was meinst du?« »Erzählst du deiner Frau von uns?« »Was geht dich meine Frau an?«
»Ich liebe dich. Willst du …? Ich dachte, du willst mit mir leben.«

»Bist du verrückt geworden?«, schrie er mich an, schob mich zur Seite und setzte sich auf. »Wir haben Sex. Punkt.« »Aber …« »Aber wenn dir das nicht passt, dann lassen wir´s. Kapiert?«
Ich zog die Beine an und die Decke bis hoch zum Kinn. Wie peinlich. Was hatte ich mir nur eingebildet? Was sollte ich jetzt tun? Mich anziehen und gehen? Dann müsste ich den Zug nehmen. Außerdem wirkte das kindisch. Ich musste Haltung bewahren und aufpassen, nicht hysterisch zu werden. Ich wollte ihn ansehen, aber das wagte ich nicht.
»Wenn du den Mund hältst, kann alles zwischen uns so bleiben. Wir fahren einmal im Monat nach Berlin und haben Spaß.«
»Warum denn Berlin?« Ich merkte sofort, dass das eine dumme Frage war.
»Hier kennt mich keiner.« Aha, ich war also ein Niemand und sollte ein Niemand bleiben. So hatte ich mir das nicht vorgestellt. Ich stand auf, nahm meine Sachen und ging ins Bad. Als ich wieder herauskam, lag Thomas noch immer im Bett, nackt. Das brachte mich gleich in eine viel bessere Position. Außerdem fühlte ich mich in meinen Kleidern wieder sicher.
»Und wenn ich es deiner Frau sage?«, wagte ich, leise zu drohen.
»Das kannst du dir sparen, meine Frau weiß, was ich hier treibe.«
Das konnte ich mir beim besten Willen nicht vorstellen. Er bluffte nur, er hatte Angst. Ich lächelte.
»Und wenn ich´s doch tue?«
Thomas Westphal zuckte leicht mit der Schulter. »Meine Frau mag keine Skandale und auch kein Gerede. Sie redet nicht, sie handelt. Hast du das verstanden? Sie handelt!«, sagte er völlig ruhig.
Was meinte er damit? Wollte er mir etwa drohen? Er verschränkte die Arme unter seinem Kopf und lächelte.
»Ihr gehört nicht nur die Firma, sondern der halbe Ort. Auch ich gehöre ihr. Sie bezahlt mich für alles, was ich tue. Wenn du den Mund aufmachst, bist du erledigt, du würdest nirgendwo in der Gegend mehr eine Wohnung oder Stelle finden und keine Zeitung würde deinen Unsinn drucken. Also: Du hast die Wahl.«
Irgendwie knickten meine Knie ein. Ich musste mich setzen.

Und hier sitze ich immer noch und überlege, was ich jetzt machen soll. Ich habe die Wahl, die Wahl zwischen zwei denkbar schlechten Alternativen.

Wenn der Bleistift tanzt

Asmodina Tear

Der Morgentau bedeckte sanft ihre schwarzen Lackschuhe, als die zwanzigjährige Rima durch das halbhohe Gras des städtischen Friedhofs schritt, um sich auf die kleine Bank zu setzen. Die Sonne streichelte ihr schmales Gesicht und ließ sie kurz lächeln, ehe Rima die schulterlangen, kirschrot gefärbten Haare hinters Ohr strich und ihren Zeichenblock sowie verschiedene Bleistifte aus der Tasche holte. Sie schlug die Beine übereinander, fixierte den Grabstein, welcher einige Meter von ihr entfernt stand mit ihren durchdringenden grauen Augen und begann mit ihrer Arbeit.

Strich für Strich ließ Rima den Bleistift über das makellos weiße Papier gleiten, kopierte Verzierung und Formen so genau wie möglich und es gelang ihr sogar, den alten, fast schon unleserlichen Schriftzug originalgetreu zu übertragen. Stunden vergingen, in denen die junge Frau in ihrem eigenen selbstgeschaffenen Universum versank und die reale Welt vollkommen vergaß. Einzig allein sie selbst, der Grabstein, ihr Zeichenblock und ihre Bleistifte existierten noch. Selbst ihr Herzschlag passte sich den Konturen des Werkes und den ungestümen Bewegungen des Stiftes an und erst, als alles bis ins kleinste Detail vollendet war, hob die junge Frau den Kopf, als würde sie aus einem langen, entspannten Schlaf erwachen und lachte befreit. Dicke Schweißperlen rannen über ihr Gesicht, als Rima ihr Bild kritisch betrachtete. Auf den ersten Blick fielen ihr zwei kleinere Fehler auf, welche man hätte vermeiden können und doch war die triste, nachdenkliche Aura des Grabsteins deutlich spürbar, auch wenn die Vorlage nicht bekannt war. Die junge Frau stand auf und berührte ehrfürchtig die glatte, kühle Oberfläche.

»Danke«, flüsterte sie.

Als Zeichnerin aus Leidenschaft wusste Rima, dass es nicht bloß auf einen haargenauen, detailgetreuen und sauberen Stil ankam, sondern auch darauf, die eigene Geschichte der Vorlage oder auch die eigene Vorstellung zu verstehen. Zeichnen und bildende Kunst im Allgemeinen gehörten, seit Rima denken konnte, zu ihrem Leben, schon im frühen Alter von zwei Jahren hatte sie begeistert den Asphalt mit Malkreide verschönert und schon wenig später kamen die ersten Versuche auf Papier dazu. Seither konnte die junge Frau sich nicht erinnern, einen Tag nicht gemalt zu haben, und ob Tusche oder Acrylfarben, Buntstifte oder der schlichte Bleistift. Nichts war vor ihr sicher, auch wenn Rimas besondere Vorliebe den Schwarzweißdarstellungen galt. Aus diesem Grund hatte sie sich im jugendlichen Alter sowie gegenwärtig im Studium auf Bleistiftzeichnungen spezialisiert.

Jenes befreiende Glücksgefühl, welches sie beim Zeichnen empfand, war durch nichts und niemanden zu ersetzen und trotzdem hatten die Nachteile sich schon früh bemerkbar gemacht.

Aufgrund ihres außergewöhnlichen Talents und der damit verbundenen Wissbegierde hatte die junge Frau von Kindesbeinen an wenig Freunde gehabt, war Außenseiter gewesen. Damals hatte es Rima wenig ausgemacht, denn das Malen hatte ihr Leben vollkommen ausgefüllt. Doch je älter sie wurde und je mehr ihr Stil sich ausprägte und sie ihn perfektionierte, desto mehr schlug die Ignoranz in blanken Neid um, welcher nicht selten in Hass, übler Nachrede oder auch bösartigen Intrigen mündete.

Als Künstlerin war die junge Frau gezwungen, ihre Werke öffentlich zu präsentieren, aber manchmal schmerzten die negativen Reaktionen, auch da man heutzutage niemals genau wusste, wer das alles mitbekam.

Rima strich ein letztes Mal zärtlich über den Grabstein, manchmal war die selige Ruhe des Todes eine willkommene Verlockung, doch sie schüttelte entschieden den Kopf, ließ ihre Hand über ihren dunkelblauen, in Falten gelegten Minirock gleiten und machte sich auf den Weg in die Innenstadt.

Eine reichhaltige Mahlzeit war genau das, was ihr hungriger Magen jetzt benötigte. Gesättigt kehrte Rima wenig später in wenig später in ihre Studenten-WG zurück, um sich dem ernsten Teil des Lebens zu widmen. In drei Wochen standen einige Klausuren auf dem Plan und gründliche, intensive Vorbereitung war unerlässlich. Achtlos warf Rima ihren Rucksack in die Ecke und schaute sich in ihrem Zimmer um. An den Wänden prangten sowohl Arbeiten der alten Meister, deren Lebensläufe und Interpretationen sie genau kannte, aber auch Hochglanzposter der sogenannten japanischen Musikszene, die seit zwei Jahren ein elementarer Punkt in Rimas Leben war.

Die Begegnung mit der asiatischen Kultur und insbesondere der Zeichenkunst hatte ihren Stil erneut verfeinert und außerdem für das Unkonventionelle geöffnet.

Im Unterschied zu vielen anderen ihres Jahrgangs wagte die junge Frau es, in ihrer Arbeit sowohl die Homosexualität als auch die Zweigeschlechtlichkeit zu thematisieren. Ersteres war insbesondere den Dozenten zuweilen ein Ärgernis, wenngleich sie eine gewisse Faszination nicht verhehlten. Die junge Frau seufzte, ergab sich ihrem Schicksal und verbrachte die nächsten vier Stunden damit, sich mit Kunstgeschichte, Epochen und Stilen zu beschäftigen.

Am nächsten Tag betrat Rima die Universität mit dem Gefühl, den Stoff sicher zu beherrschen, trotzdem zitterte ihre Hand merklich, als sie die Türklinke nach unten drückte und die Bibliothek betrat. Zu dieser frühen Stunde waren nicht viele Mitstudenten anwesend und die junge Frau verschwand eilig zwischen den Bücherregalen, um sich noch ein wenig leichte Lektüre zu suchen. Trotzdem spürte sie die verachtenden, vor Neid triefenden Blicke auf sich und beschleunigte ihr Tun, während eine namenlose Angst nach ihrem Herzen griff.

Kaum hatte Rima den Schutz der hohen Regale verlassen, flog ihr zuerst ein Ordner vor die Füße und als sie im Augenblick der Verblüffung stehen blieb, traf ein Buch ihren Kopf. Leichter Schwindel ließ die junge Frau kurzzeitig die Orientierung verlieren und wie durch eine Nebelwand drang hochmütiges Gelächter an ihr Ohr, was Rima innerlich die Augen verdrehen ließ.

Sie brauchte nicht zu überlegen oder zu schauen, wer hinter jener Attacke steckte, diese Stimmen hätte sie selbst in einem musikerfüllten Raum erkannt. Es war die Clique der sogenannten *Designer-Teilchen,* welche nur wenige Meter von ihr entfernt stand und spöttisch kichernd die Köpfe zusammensteckte.

Diese vier Rima namentlich unbekannten Frauen trugen ihren Spitznamen, weil sie allesamt aus wohlhabenden, gut situierten Elternhäusern stammten und sich stets nur mit dem Besten vom Besten zufriedengaben. Kleidung führender Marken, Luxuskosmetika, teure Autos und kostspielige Reisen waren in ihren Augen normal und geschlossen starrten sie pikiert - verachtend auf jeden herab, welcher sich solchen Luxus nicht erlauben konnte.

So auch auf Rima.

Doch die eigentliche Problematik bestand darin, dass jene Frauen außerdem glaubten, sich mit Geld auch den Erfolg im Studium erkaufen zu können, was jedoch nicht funktionierte. Im Gegenteil, während die junge Frau durch ausgezeichnete Noten glänzte und die Vier mühelos überholte, mussten sie um ihre Zulassung für das nächste Semester bangen. Doch, anstatt zu lernen,

verbrachten sie ihre Zeit mit zusätzlichen Vergnügungen und damit, Rima zu schikanieren.
Die junge Frau seufzte kaum hörbar, enthielt sich aber jeglichen Kommentars und wich gezielt dem Blickkontakt aus. Stattdessen verließ sie mit leicht schlurfenden Schritten die Bibliothek und machte sich auf den Heimweg, eine Aspirin und Musik würden ihr jetzt guttun. Kaum war die Haustür hinter ihr zugefallen, drehte die junge Frau ihre Stereoanlage fast zur Grenze und ein paar Sekunden später hallten die rauen Gitarren ihrer Lieblingsband *Brown Café* durch den Raum.
Kurz schloss sie die Augen und lauschte der unvergleichlichen Stimme des Leadsängers Mika, immer wieder gelang es ihm, sie aus der tiefen Melancholie zu ziehen und nebenbei ihr Herz zum Rasen zu bringen.
Nachdem Rima widerwillig eine Kopfschmerztablette geschluckt hatte, schaltete sie ihren Rechner an und warf einen Blick auf ihre Social Media Seite, im nächsten Moment gefror das Blut in den Adern. Jene Präsenz, welche die junge Frau mit viel Liebe und Sorgfalt pflegte, strotzte vor hasserfüllte Kommentaren, welche längst nichts mehr mit Kritik oder dem üblichen Nichtgefallen zu tun hatten.
Unter jedem einzelnen ihrer Bilder befanden sich mindestens zwanzig dieser öffentlichen Nachrichten von unterschiedlichen Nutzern und alle bestanden entweder aus groben einsilbigen Worten, welche destruktiv und nichtssagend waren, oder obszönen Beleidigungen, welche unter die Gürtellinie gingen.
Tränen schossen in Rimas Augen und ihre Hände krallten sich so sehr in die Schreibtischplatte, dass die Fingerknöchel weiß hervortraten und ihr Adrenalinspiegel ruckartig in die Höhe schoss.
Etwas Derartiges hatte sie noch nie erlebt, wer tat so etwas? Pfeilschnell gingen ihre Gedanken in alle Richtungen und wenige Minuten schlug das junge Mädchen sich gegen die Stirn, wahrscheinlich hatte die Gruppe der Designer-Teilchen sich über ihre nicht vorhandene Reaktion erbost und falsche, gekaufte Freunde gebeten, eine Hetzkampagne anzuzetteln.
Ein Wirbelsturm unterschiedlicher Gefühle brodelte in ihrem Innern, Zorn, Trauer, Schmerz und allen voran die eisige Furcht, konnte sie unter diesen Umständen überhaupt wagen, ihre Arbeiten weiterhin öffentlich zu zeigen? Oder sollte sie lieber alles hinwerfen und einen normalen Beruf ergreifen?

Diesbezügliche Anregungen hatte es in der Vergangenheit hinreichend gegeben und vielleicht war jener Zeitpunkt nun gekommen. Rimas Atem ging schwer, während das Herz in ihrer Brust zu bluten begann und wie in Trance stand sie auf, blickte sich in ihrem Zimmer um. Konnte sie dauerhaft ohne Phantasie, ohne die Zauberkraft leben?
Die junge Frau zweifelte daran, als ein lautes ›Pling‹ das Öffnen eines Chat-Fensters ankündigte. Ein Schauer jagte über ihren Rücken, würden die Neider nun auch ihr Postfach stürmen? Rimas Schultern bebten und sie keuchte überrascht, als sie leicht verschwommen japanische Zeichen auf dem Bildschirm erkannte, wer mochte das sein?
Wegen der angespannten Situation kostete es sie einige Mühe, das Geschriebene zu entziffern, und ein Aufschrei entwich ihrer Kehle. Das war doch nicht möglich.

»Guten Tag, Rima-san«, schrieb die Person, welche sich als Herr Mitamura vorstellte. *»Ich bin Manager der Band Brown Café und hatte die Ehre, beim Stöbern im Internet auf Ihre Zeichnungen gestoßen zu sein. Jene sind sehr schön, zeugen von Geschick und Professionalität trotz ihres jungen Alters. Mein Anliegen an Sie ist jetzt Folgendes: Die Jungs und ich haben das unschöne Problem, dass dem Designer bei der Gestaltung unserer Tourplakate ein gravierender Fehler unterlaufen ist, welcher seine Arbeiten unbrauchbar macht. Da die Plakate nächste Woche in den Druck gehen sollten, ist höchste Eile geboten und ich möchte fragen, ob Sie den Auftrag übernehmen würden. Von ihrer Internetseite weiß ich, dass Sie die Musik sehr gut kennen und genau wissen, welche Visualisierung dazu passt.*

Mit freundlichen Grüßen
Hochachtungsvoll Tetsu Mitamura
P.S: Wenn Sie einwilligen, hinterlassen Sie bitte Ihre Email-Adresse, damit ich Ihnen den Vertrag zusenden kann.«

Rima erhob sich so abrupt, dass ihr Schreibtischstuhl krachend zu Boden fiel und sie starrte wie hypnotisiert auf den Bildschirm, im ersten Moment schien das Ganze wie ein hinterhältiger Scherz, doch andererseits war das Japanisch fehlerfrei und stammte somit nicht von einem Online-Übersetzer, welcher die grammatikalischen Regeln stets ignorierte. Die junge Frau biss sich auf

die Lippe, es mutete zuerst wie ein wahnsinniger Traum, geboren aus unerfüllter Sehnsucht und gleichzeitig war es die Chance ihres Lebens. Ihre Finger glänzten vor Schweiß, als Rima die Antwort tippte und nur fünfzehn Minuten später lag der Vertrag mit einer kurzen Erklärung über die Vorstellungen in ihrem elektronischen Postfach. Immer noch leicht schwankend ging Rima in die Küche und brühte sich eine große Kanne Schwarztee auf, die nächsten Nächte würden sehr kurz werden. Im Nachhinein war die junge Frau erleichtert, dass sie den Stoff für die Klausuren bereits im Vorfeld gelernt hatte und sich somit einige Fehltage erlauben konnte, denn schnell stellte sich heraus, dass Nachtschichten nicht ausreichten, um die Plakate rechtzeitig fertigzustellen.
Nicht nur, dass die Arbeitsfläche groß und die gewünschten zeichnerischen Strukturen komplex waren, der Auftraggeber verlangte zusätzlich den Einsatz von Acrylfarben, deren Nuancen nicht so einfach zu beschaffen waren. Rima dankte im Stillen für ihre Verbindungen innerhalb der Künstlerszene, welche ihr tatkräftig zur Seite standen. Dennoch zerrte die Arbeit unerbittlich an den Kräften und mehrmals war die junge Frau versucht, alles hinzuwerfen. Aber ihr Pflichtbewusstsein und die tief empfundene Liebe zu *Brown Café* hielten sie davon ab. Zwei Tage vor Abgabetermin brachte Rima das wertvolle Plakat zur Post und verlangte eine Express-Sendung bevor sie sich zu Hause dem erlösenden, lang vermissten Schlaf überließ.
»Mika«, war der letzte Gedanke, ehe sie Traumnebel umfing.

Die junge Frau schlief drei Tage durch, nichts konnte sie dazu bringen, ihre Augen zu öffnen, zum ersten Mal seit langer Zeit fiel die traurige, melancholische Stimmung vor ihr ab und machte einer unschuldigen Hoffnung Platz.
Am vierten Tag verließ sie ihr Bett, setzte sich an den PC und stellte verwundert fest, dass der Lohn bereits auf ihrem Konto eingegangen war.
»Vielleicht sollte ich mal richtig essen gehen«, überlegte sie, doch plötzlich erklang das vertraute Geräusch, als sich das Chat Fenster öffnete.
Sie schaute sofort und erstarrte im nächsten Augenblick zur Salzsäule, konnte das wahr sein?

»Hallo Rima-chan (ich hoffe, ich darf dich so nennen.)

Ich wollte dir sagen, dass den Jungs und mir deine Plakate sehr gefallen haben, es ist unglaublich, welches Werk du innerhalb kürzester Zeit erschaffen hast und man spürt deine Leidenschaft, aber auch eine gewisse Trauer in jedem einzelnen Strich. Es ist nicht leicht, heutzutage mit einer überdurchschnittlichen Begabung gesegnet zu sein, das weiß ich. Mir ging es nicht anders, als ich die Musik für mich entdeckte. Doch du darfst niemals aufgeben, versprochen? Es wäre eine Schande, wenn dein Talent verloren ginge …
Deswegen möchte ich dich fragen, ob du uns, im Rahmen unserer Deutschlandtournee, treffen möchtest. Ich würde dich gerne kennenlernen.
Ich hoffe, du sagst ja.
Liebe Grüße Mika

Rima keuchte auf, zum ersten Mal schien es, als würde der Schleier aus Melancholie, Trauer und Stress von ihr abfallen und ihre Lippen verzogen sich zu einem Lächeln. Wer wusste schon, was die Zukunft brachte, doch eines stand fest, von nun an würde der Himmel nicht immer wolkenverhangen sein.

Lebensmelodien

Petra Kesse

Jennifer klopfte an die Badezimmertür ihrer Freundin.
»Fühlst du dich jetzt besser?«
Kristin antwortete nicht. Besorgt öffnete Jennifer die Tür. Feuchtwarme Luft schlug ihr entgegen und sofort roch sie den intensiven Kokosduft von Kristins Duschgel. Ihre Freundin stand am Waschbecken, ihr feuchtes langes Haar klebte an ihrem Rücken, sie trug nur ihre Jeans und starrte gedankenverloren auf den beschlagenen Spiegel, an dem hin und wieder Wassertropfen hinunterliefen und zickzackförmige Spuren hinterließen.
»Du kannst doch gar nichts sehen, Kristin.« Jennifer schüttelte den Kopf, kam ins Bad und wischte mit einem Handtuch über den Spiegel.
»Wer sagt, dass ich was sehen will? Hältst du diese Narbe etwa für sehenswert?«
Kristins verzweifelter Blick zerriss Jennifer das Herz.
»Du bist wieder gesund, das ist das Wichtigste«, versuchte Jennifer zu trösten während sie das feuchte Handtuch über den Heizkörper hängte und sich auf den Wannenrand setzte. Kristin lächelte bitter.
»Die Brust ist amputiert, der Krebs besiegt, alles ist wieder gut, stimmt´s?«
»Ist es das nicht?«
Mit hochgezogenen Brauen sah Jennifer ihre Freundin an.
»Nein, das ist es nicht! Es ist nur eine Frage der Zeit, bis sich Frank von mir trennen wird.« Angewidert blickte Kristin auf ihren BH, in dem die Brustprothese eingeschoben war, und legte ihn an. »Frank behauptet zwar, ihn stört das alles nicht, aber er macht sich was vor und irgendwann wird es ihm klarwerden. Seit der Diagnose waren wir nicht mehr zusammen … also so richtig, du weißt schon, was ich meine. Was ist, wenn er wieder mit mir schlafen will? Ich kann das nicht mehr. Ich fühle mich wie ein Monster.«
»Ein Monster?« Entsetzt riss Jennifer die Augen auf.
»Das ist nicht dein Ernst! Frank ist erleichtert und glücklich, dass du wieder gesund bist, auch wenn dir dazu eine Brust abgenommen werden musste.«
»DU hast ja auch nicht sein Gesicht gesehen, als der Arzt erklärte, dass eine brusterhaltende OP nicht möglich sei.«

Jennifer schüttelte den Kopf. »Du siehst Gespenster. Nehmt euch Zeit und du wirst sehen, dass …«
»Ich lasse mich scheiden!«
Jennifer sprang vom Wannenrand auf und sah ihre Freundin erschrocken an.
»Du – wirst – was?«
»Ich bin erst 32 und bereits total entstellt. Frank verdient etwas Besseres. Sobald er nächste Woche von seiner Dienstreise zurück ist, sage ich es ihm«, erklärte Kristin entschlossen, wickelte ihr Haar in ein Handtuch, schlüpfte in ihre Bluse und verließ wortlos das Bad.
»Ach, dein Mann weiß noch gar nichts von deinen wirren Gedanken. Das hat Madame alles ganz alleine entschieden«, schimpfte Jennifer und fuchtelte wild mit den Armen herum, während sie ihrer Freundin ins Wohnzimmer folgte. »Du spinnst doch! Die OP ist erst ein paar Wochen her. Nimm dir Zeit, hol dir psychologische Hilfe, schließ dich einer Selbsthilfegruppe an, egal was du tust, aber gib deine Ehe nicht auf. Oder liebst du Frank nicht mehr?«
Entsetzt sah Kristin ihre Freundin an.
»Was für eine blöde Frage. Natürlich liebe ich ihn, genau deshalb lasse ich ihn gehen.«
»Ach, wenn das so ist, dann verstehe ich natürlich«, erwiderte Jennifer ironisch und schlug sich mit der Hand vor die Stirn.
»Ich bin nun mal nicht mehr die Frau, die er geheiratet hat. Bist du blind? Schau mich doch an!«
Jennifer stemmte die Arme in ihre Hüften.
»Weißt du was, du hängst hier zu viel herum. Du solltest wieder arbeiten gehen, dann kommst du auf andere Gedanken. Eine Kamera wirst du wohl schon wieder halten dürfen.«
»Mag sein, dass ich das darf, aber ich habe zuverlässige Mitarbeiter, die schmeißen den Laden auch ohne mich.«
»Aber die Chefin bist du! Vielleicht wäre es nicht schlecht, dich in deinem Studio ab und zu mal blicken zu lassen?« Herausfordernd sah Jennifer ihre Freundin an. »Steig doch langsam wieder ein, vielleicht zweimal die Woche.«
Kristin ignorierte Jennifers Vorschlag und nahm das gerahmte Hochzeitsfoto vom Sideboard, das sie und ihren Mann beim Hochzeitstanz zeigte. »Wir

waren damals so glücklich«, sagte sie nachdenklich. »Alles war irgendwie perfekt.«
Jennifer legte den Arm um Kristins Schulter und zog sie sanft an sich heran.
»Es war nicht *irgendwie* perfekt, es war perfekt, und das ist es doch eigentlich immer noch. Frank hat einen guten Job, du hast dir deinen Traum von einem eigenen Fotostudio erfüllt, ihr habt diese super Eigentumswohnung, beide wünscht ihr euch Kinder. Was will man mehr?« Liebevoll sah Jennifer ihre Freundin an und streichelte über ihren Arm.
»Dann kam dieser verdammte Krebs, doch selbst das habt ihr gemeinsam überstanden. Auch wenn jetzt nicht mehr alles hundertprozentig perfekt ist. Egal! Gibt es denn für dich nur schwarz oder weiß? Gibt es gar nichts dazwischen?«
Kristin verdrehte die Augen.
»Bitte erspare mir diese abgedroschene Phrase, diesen ›es gibt nicht nur schwarz oder weiß, es gibt auch Grau. Blödsinn, okay?«
»Aber genauso ist es!«, widersprach Jennifer ernst. »Ich glaube sogar, dass das Leben meistens aus Grautönen besteht. Die wenigsten Situationen sind nur gut oder nur schlecht, es kommt darauf an, wie wir damit umgehen. Und soll ich dir noch etwas sagen, schwarz ist schwarz, weiß ist weiß, da kannst du nicht viel machen, doch wenn du beginnst, diese Farben zu mischen, dann wird es interessant. Grau kann wunderschön sein, mit all seinen unterschiedlichen Nuancen bietet es dir eine Vielfalt an Möglichkeiten, du musst sie nur erkennen!«
»Spricht da jetzt die Freundin in dir oder die Künstlerin?«
»Eine Mischung aus beidem«, erwiderte Jennifer augenzwinkernd. »Also, beschäftige dich trotz der dunklen Zeit, durch die du gerade gehst, mit schönen Dingen. Mit Dingen, die du liebst! Fang an zu mischen!«, forderte Jennifer ihre Freundin auf und boxte einmal leicht auf ihren Oberarm. »Geh zum Beispiel wieder in dein Studio«, schlug sie erneut vor und ihr Blick fiel auf das Foto in Kristins Hand. »Triff keine voreilige Entscheidung. Eine Brustamputation ist furchtbar, ich will das ganz sicher nicht herunterspielen, aber ich denke, es gibt Schlimmeres und …« Jennifer unterbrach sich selbst, während sie wie gebannt das Foto betrachtete.
»Was ist jetzt? Sind dir deine Lebensweisheiten ausgegangen?«
Jennifer schüttelte den Kopf.

»Ich muss telefonieren«, erklärte sie kurz, holte ihr Handy aus der Tasche, verschwand in den Flur und schloss die Tür hinter sich. Nach einigen Minuten kam sie mit einem breiten Grinsen zurück. »Wir zwei haben Samstag etwas vor! Du musst hier raus, wieder Spaß haben, etwas Schönes erleben. Vor einem viertel Jahr wurde ich von den Inhabern einer Tanzschule beauftragt, einer Wand in ihrer Lounge das gewisse Etwas zu verleihen. Jana und Dirk Nelsen, beide Tanzlehrer, baten mich darum, zwei Musiker zu malen, beide im Smoking. Einer von ihnen sollten am Flügel sitzen und der andere eine Trompete spielen, ein Hauch Louis Armstrong-Flair, sozusagen! Ich sage dir, ich habe mich selber übertroffen. Es ist toll geworden! Nächsten Samstag feiert die Schule ihr fünfjähriges Bestehen, man hat mich dazu eingeladen …«, Jennifer machte eine kurze Pause, »… und du bist jetzt auch dabei«, fügte sie entschlossen hinzu. »Jana und Dirk haben für den Abend ein buntes Programm geplant, sie werden sogar selber einige Tänze vorführen, und ganz nebenbei kannst du natürlich mein Kunstwerk bewundern.«
»Mir ist aber nicht nach Tanzen zumute.« Jennifer zuckte mit den Schultern.
»Wer hat gesagt, dass du tanzen musst? Aber die Musik wird dir guttun, du wirst neue Leute treffen und mal etwas Anderes sehen. Wie würdest du als Fotografin sagen: ›Mal die Perspektive wechseln‹!«
Erneut rollte Kristin mit den Augen und schüttelte demonstrativ den Kopf.
»Jenny, gib es auf, okay? Musik und Tanz werden rein gar nichts an meiner Entscheidung ändern.«
Jennifer kaute eine Weile nachdenklich auf ihrer Unterlippe, dann hob sie beide Hände.
»Hör´ zu! Folgender Vorschlag: Du begleitest mich, und wenn du dich nach diesem Abend immer noch scheiden lassen willst, dann akzeptiere ich es und halte meine Klappe. Kein Wort mehr von mir! Versprochen!«, lenkte sie ein und fuhr mit Daumen und Zeigefinger an ihren Lippen entlang, als schließe sie ihren Mund wie mit einem Reißverschluss.
»An diesen Tanzabend hast du dich jetzt festgebissen, stimmt´s?« Kristin schüttelte unverständlich den Kopf.
»Na, aber sowas von!«, erwiderte Jennifer augenzwinkernd und versetzte Kristin einen leichten Schubs in die Seite. »Also, bist du dabei?«
»Als könnte ich meiner besten Freundin einen Wunsch abschlagen«, erwiderte Kristin ironisch.

»Perfekt! Samstag um sechs hole ich dich ab. Und bis dahin kein Wort an Frank von deinen wirren Trennungsphantasien!« Jennifer warf einen Blick auf die Uhr. »Ich muss jetzt los. Wir sehen uns Samstag, ich freu´ mich.«

Als die beiden Freundinnen die Tanzschule betraten bewunderte Kristin schon im Eingang begeistert ein Foto von Jana und Dirk.

»Du strahlst ja noch eher, als ich dachte«, kommentierte Jennifer Kristins Gesichtsausdruck. »Das Foto entstand vor ungefähr neun Jahren, bei ihrem ersten Turnier. Sie haben den zweiten Platz gemacht.«

»Das Foto ist der Hammer, Jenny! Liegt sicher auch an diesem scharlachroten Kleid. Kräftige Farben bringen Leben in jedes Foto.«

»Ja, das ist ein Rot, was? Als wir das Motiv für die Wand besprachen, erwähnte Jana, dass sie eine Schwäche für knallige Farben hätte. Von Kopf bis Fuß ›Lady in red‹, nicht mal vor den Schuhen hat sie Halt gemacht, allerdings könnte ich auf den hohen Dingern keine zwei Meter laufen, geschweige denn tanzen.«

Kristin nickte zustimmend, während sie Janas Kleid bewunderte, dessen weitschwingender Rock aus mehreren Schichten bauschigem, kräftig schimmernden Organza bestand und einen interessanten Kontrast bildete zu der zarten Spitze des hochgeschlossenen Oberteils. Janas langes, dunkelbraunes Haar war im Nacken elegant zu einem Knoten zusammengefasst. Dirk, ganz in schwarz gekleidet, hielt sie sicher in seinen Armen.

Jennifer hakte sich bei ihrer Freundin unter und zog sie mit.

»Nun komm´, bis jetzt ist nicht viel los, noch hat Jana Zeit für dich. Sie möchte mit dir reden.«

»Mit mir? Worüber will sie mit mir reden?« Irritiert sah Kristin ihre Freundin an.

Mit einer Kopfbewegung deutete Jennifer zur Lounge hinüber.

»Wie findest du mein Bild? Ist das nicht total edel geworden?«

»Hallooo? Ich habe dich gefragt, worüber sie mit mir reden will.«

Jennifer zog eine Grimasse. »Versprich mir erst, dass du nicht ausflippst.«

Kristin zog eine Augenbraue hoch und sah Jennifer warnend an.

»Worüber – will – sie – mit – mir – reden? Raus mit der Sprache!«

Jennifer schluckte.

»Über Aufträge«, murmelte sie schuldbewusst und legte ihre Hände wie zu einem Gebet fest aneinander. »Hör es dir wenigstens an, bitte!«, flehte Jennifer. »In zwei Wochen findet ein Abtanzball statt und in den kommenden Monaten stehen etliche Veranstaltungen ins Haus. Jana und Dirk möchten für alle Events eine feste Fotografin buchen. Natürlich habe ich von dir erzählt, ist das so schlimm?«

»Ach, ich dachte, ich sollte Spaß haben. Und nun bin ich hier wegen irgendwelcher Aufträge?«

»Das eine schließt das andere ja nicht aus. Nein sagen kannst du immer noch, aber hör es dir doch zumindest einmal an. Bitte, mir zuliebe!« Jennifer deutete erneut zur Lounge hinüber. »Die junge Frau, die dort sitzt, das ist Jana Nelsen.«

Kristin sah Jennifer verwundert an.

»DAS ist sie? Sagtest du nicht, sie liebte knallige Farben? Das ist alles andere als knallig, Mausgrau würde ich mal sagen«, kommentierte Kristin gelangweilt Janas langen Rock.

»Hör auf zu lästern! Und ganz nebenbei, das ist platingrau«, protestierte Jennifer, während sie ihre Freundin quer über die noch leere Tanzfläche zog.

Jennifer machte die beiden Frauen miteinander bekannt und spürte schnell, dass sie sich sympathisch waren. Kristin musste sich insgeheim eingestehen, dass Janas Kleiderwahl, trotz der grauen Farbe, an Eleganz nichts einbüßte. Der lange schlichte Satinrock zusammen mit der Corsage, die besetzt war mit hell- und dunkelgrauen Pailletten, ließen sogar dieses triste Grau erstrahlen. Im Gegensatz zu der eher strengen Frisur auf dem Foto trug Jana nun ihr Haar locker hochgesteckt. Sie hatte einige Strähnen aus den silbernen Spangen gelöst, was der Frisur eine gewisse Romantik verlieh. Während sich Jennifer bewusst zurückhielt, kamen die beiden Frauen sofort ins Gespräch, und es dauerte nicht lange, bis sie sich geeinigt hatten und Kristin für sämtliche Veranstaltungen engagiert war. Jana goss allen ein Glas Sekt ein.

»Auf gute Zusammenarbeit«, sagte sie, erhob ihr Glas und prostete Kristin zu.

»Auf gute Zusammenarbeit«, wiederholte Kristin und nahm ebenfalls ihr Glas.

Für einen Moment schwiegen alle drei und genossen den prickelnden Sekt.

»Jennifer sagte, ihr Mann sei auf Dienstreise«, ergriff Jana schließlich das Wort, »aber seien Sie unbesorgt, wir finden schon einen tanzwütigen Herrn für Sie.«
»Ich halte das für keine gute Idee«, antwortete Kristin und lachte kurz auf. »Glauben Sie mir, ich habe zwei linke Füße.« Jana winkte ab.
»Vergessen Sie Ihre Füße! Die sind gar nicht so wichtig, wie Sie glauben. Seien Sie mit dem Herzen dabei, nicht zu viel denken, lassen Sie sich einfach von der Musik tragen! Sie werden sehen, das ist gar nicht so schwer.«
»Aber sicher auch nicht so leicht, wie es sich anhört«, widersprach Kristin und zog eine Grimasse.
»Da bin ich unbesorgt, wie ich von Ihrer Freundin hörte, sind Sie eine Kämpferin. Also, wo ist das Problem?«
»Wie Sie von meiner Freundin hörten?« Kristin warf Jennifer einen vernichtenden Blick zu. Dann wandte sie sich wieder an Jana. »Was genau haben Sie denn *gehört*?«
»Dass Sie den Krebs erfolgreich bekämpft haben«, antwortete Jana anerkennend. »Warum sollten Sie also nicht den Kampf mit zwei linken Füßen aufnehmen können?«
Kristin sah ihre Freundin mit zusammengekniffenen Augen an.
»Jennifer Thoben, du bist so eine Tratschtante!«
Bevor Jennifer etwas erwidern konnte, ergriff Jana das Wort.
»Fast hätte ich es vergessen, Jennifer, das Paar dort drüben, mit dem sich mein Mann gerade unterhält, besitzt in der Innenstadt ein italienisches Restaurant. Die beiden interessieren sich sehr für Ihre Kunstmalerei und haben in ihrem Restaurant noch eine Wand frei. Ich glaube, da winkt ein Auftrag!«
»Na, dann gehe ich doch mal rüber und stelle mich vor«, beschloss Jennifer sofort, warf Jana einen verschwörerischen Blick zu und verschwand. Jana sah ihr kurz nach, dann wandte sie sich an Kristin.
»Ihre Freundin macht sich große Sorgen um Sie, deswegen hat sie über Ihre Erkrankung gesprochen. Sie musste sich mal Luft machen und hat es ganz sicher nicht böse gemeint.« Jana sah sich kurz um und stellte fest, dass die beiden immer noch allein in der Lounge saßen. »Darf ich Ihnen eine persönliche Frage stellen?« Unsicher sah sie Kristin an, und freute sich, als diese zustimmend nickte.

»Sie haben doch den Krebs erfolgreich bekämpft, warum gönnen Sie ihm jetzt diesen Triumph?« »Welchen Triumph?« Kristin schüttelte etwas irritiert den Kopf und kräuselte die Stirn.

»Den Triumph, dass er hemmungslos weiter wuchern kann – nicht in Ihrem Körper, aber in Ihrer Seele. Es gibt Schicksalsschläge, die stellen unser ganzes Leben auf den Kopf, sie können alles zerstören, was uns wichtig ist. Und eine Krebserkrankung gehört ganz sicher dazu. Ihre Freundin erzählte, dass Sie sehr niedergeschlagen sind, am liebsten alles hinschmeißen würden, und glauben Sie mir, das verstehe ich besser, als Sie ahnen.«

Jana atmete tief durch und ließ kurz ihren Blick über die Tanzfläche schweifen, die sich langsam füllte. »Ich vergleiche das Leben gerne mit Melodien und natürlich, wie sollte es auch anders sein, mit einem Tanz«, fuhr sie schließlich fort und sah Kristin ernst an. »Im Leben gibt es manchmal Zeiten, die sind so schwungvoll und leicht wie die Melodie eines Wiener Walzers. Man hat das Gefühl, alles sei möglich, man schwebe auf Wolken und der Himmel stehe einem offen. Die Melodie der Rumba, das sind für mich eher die ruhigen Zeiten. Nichts Weltbewegendes geschieht, weder im positiven noch im negativen Sinne, irgendwie sind die aber auch langweilig.« Jana schüttelte leicht den Kopf und kräuselte die Nase. »Ruhige Zeiten sind nicht so mein Ding«, fügte sie leise hinzu, nahm einen Schluck Sekt und stellte das Glas wieder ab. »Dann gibt es natürlich auch noch die dramatischen Zeiten, so dramatisch wie die Melodie eines Paso Dobles«, fuhr sie fort und ihre Stimme hob sich wieder. »Es sind die Zeiten des Kampfes, die uns manchmal fast übermenschliche Tapferkeit und ein gehörige Portion Mut abverlangen. Ich bin wirklich ein Mensch, der das Leben liebt, mit all seinen Herausforderungen, doch wissen Sie, was ich dem Leben übelnehme?«

Kristin schüttelte den Kopf und sah Jana interessiert an.

»Ich nehme dem Leben übel, dass es oft völlig unerwartet die Melodie wechselt. Kein Warnsignal ertönt, bevor es passiert, nichts gibt uns die Chance, uns darauf vorzubereiten. Es geschieht, einfach so, ein Unfall, eine Diagnose …«, Jana schnippte mit den Fingern, »… einfach so, und nichts ist mehr, wie es vorher war, wir geraten aus dem Takt und verlieren unser Gleichgewicht. Es ist ein Segen, wenn wir dann einen Partner an unserer Seite wissen, der uns hält bis wir unseren Rhythmus wiedergefunden haben. Wie ich hörte,

haben Sie einen solchen Partner.« »Worauf wollen Sie eigentlich hinaus?«, fragte Kristin skeptisch und musterte Jana genau.
»Wenn Sie jetzt Ihre Ehe aufgeben, hat der Krebs doch noch sein Ziel erreicht und Ihr Leben zerstört.«
»Wenn ich meine Ehe aufgebe? Gibt es eigentlich irgendetwas, was Jennifer nicht ausgeplaudert hat?« Kristin schüttelte verständnislos den Kopf. »Ich möchte nicht weiter darüber reden. Bitte verstehen Sie mich nicht falsch, mag sein, Sie meinen es nur gut, aber ich habe mich entschieden. Sie wissen nicht, wie es ist, vor dem Spiegel zu stehen und plötzlich eine Frau darin zu sehen, die ihnen fast fremd ist. Auch Jennifer weiß nicht, wie das ist! Und trotzdem meint jeder, es besser zu wissen, und jeder …«
»Entschuldigung, wenn ich störe, aber bist du soweit, Jana?«, unterbrach Dirk die beiden Frauen, als er an den Tisch herantrat. »Lass uns eine flotte Sohle auf´s Parkett legen«, scherzte er und sah seine Frau liebevoll an. Dann nickte er Kristin freundlich zu und reichte ihr die Hand. »Dirk Nelsen, Janas Mann, mit dem sie leidenschaftlich durch´s Leben tanzt.«
»Genau, Kristin, die leidenschaftliche Melodie des Tangos gibt es ja auch noch. Sehr wichtig!«, sagte Jana und zwinkerte Kristin zu.
»Habe ich irgendwas verpasst?", fragte Dirk neugierig.
»Nein, gar nichts«, beruhigte Jana ihren Mann und grinste frech. »Also von mir aus kann es losgehen«, erklärte sie kurz, warf einen Blick zu den Gästen, die mittlerweile alle eingetroffen waren und gab einem Angestellten ein Handzeichen, der kurz darauf auf den Tisch zukam. Kristin erstarrte förmlich als sie ihn kommen sah. Vergeblich versuchte sie, ihren Blick von dem Rollstuhl abzuwenden, den er vor sich herschob und wie hypnotisiert beobachtete sie schließlich, wie Dirk sich zu seiner Frau hinunter beugte, Jana ihre Arme um seine Schulter legte und sich von ihm vorsichtig in den Rollstuhl setzen ließ.
»Sie … Sie sind …« Kristin schluckte schwer und sah Jana schockiert an. »Wieso sind Sie …«
» … querschnittsgelähmt?«, vollendete Jana Kristins Satz. »Sprechen Sie es ruhig aus!« Jana strich mit der Hand ihren Rock glatt und atmete tief durch. »Vor ungefähr vier Jahren hatte ich einen schweren Autounfall«, begann sie zu erzählen und ihre Stimme klang plötzlich zart und zerbrechlich. »Wir hatten gerade die Tanzschule eröffnet und sahen uns am Ziel unserer Träu-

me. Doch dann, von einem Tag auf den anderen, änderte sich alles. Mein Leben bestand plötzlich nur noch aus Arztterminen und Reha-Maßnahmen, obwohl bereits sicher war, dass ich nie wieder laufen konnte. Natürlich sah ich mich nur als Belastung für Dirk. Ich bestand darauf, dass er sein Leben ohne mich weiterführt und wollte mich von ihm trennen. Aber er ließ es nicht zu.« Jana lächelte leicht und sah ihren Mann liebevoll an, dann wandte sie sich wieder an Kristin. »Stattdessen überredete er mich zu einer Therapie. Fast zwei Jahre half mir eine Psychologin dabei, meine Ängste, meine Wut und Trauer zu verarbeiten. Können Sie sich vorstellen, dass ich knapp ein dreiviertel Jahr diese Tanzschule nicht betreten habe? Ich konnte es einfach nicht. Irgendwann brachte mein Mann mich unter einen Vorwand hierher, stellte mich einfach mitten auf der Tanzfläche ab und legte Musik auf. Dann bat er mich inständig darum, endlich wieder für das zu kämpfen, was mir wichtig ist und schlug vor, gemeinsam mit ihm eine Zusatzausbildung zum Rollstuhltanzlehrer zu absolvieren. Natürlich lehnte ich ab. Für mich gab es nur schwarz oder weiß: auf zwei gesunden Beinen tanzen oder gar nicht! Doch er ließ nicht locker, absolvierte alleine die Ausbildung und schaffte es nach und nach, auch mich dafür zu begeistern.« Ihre Stimme wurde kräftiger und sie schlug mit den Handflächen auf die Armlehnen ihres Rollstuhls. »Es ist Strafe genug, dass ich hier drinsitze. Meine Beine sind zerstört, aber davon lassen wir uns nicht auch noch unsere Träume kaputt machen. Heute arbeiten Dirk und ich erfolgreich mit Sport- und Rehabilitationsverbänden zusammen und wir wollen uns sogar für die Deutsche Meisterschaft im Rollstuhltanz qualifizieren«, erklärte sie stolz und streichelte zärtlich über Dirks Hand. »Natürlich gibt es auch heute noch die ganz schwarzen Tage, aber da muss man durch, sie gehören dazu. Ohne meinen Mann hätte ich das alles nicht geschafft. Es war übrigens seine Idee, Ihnen meine Behinderung zunächst zu verschweigen.«

Jana warf ihrem Mann einen auffordernden Blick zu.

»Negative Eindrücke versperren uns manchmal den Blick auf das Schöne, auf das Wesentliche«, ergriff Dirk das Wort. »Und das Wesentliche ist, dass meine Frau diesen Unfall überlebt hat, dass sie wieder lacht und das sie wieder tanzt, wenn auch anders als zuvor. Egal, für mich zählt nur, dass sie wieder bei mir ist. Wir dachten, vielleicht hilft es Ihnen, wenn Sie unsere Ge-

schichte kennen. Darum haben wir Ihnen all das erzählt. Ich hoffe, wir haben Sie nicht gelangweilt.«
Kristin schluckte, schaute zwischen Jana und Dirk hin und her und wischte sich eine Träne von der Wange.
»Was Ihnen passiert ist, tut mir unendlich leid, Jana, und ich danke Ihnen für Ihre Offenheit. Ich bin wirklich beeindruckt von Ihnen, von Ihnen beiden!«, sagte Kristin anerkennend und nickte beiden zu. »Nun aber genug von diesen ernsten Themen«, wandte Dirk ein. »Genießen Sie die Musik! Tanzen Sie!« Dann sah er seine Frau strahlend an. »Ab auf die Tanzfläche mit uns!«
Jana nickte zustimmend und wendete den Rollstuhl. Dann drehte sie sich noch einmal zu Kristin um.
»Es gibt Zeiten, in denen uns keine andere Wahl bleibt als nach der Melodie zu tanzen, die das Leben für uns spielt. Doch nun liegt es wieder in Ihrer Hand, Kristin! Vertreiben Sie den Blues, seien Sie wieder offen für die wichtigste Melodie des Lebens!«
»Und die wäre?«
Kristin sah Jana mit hochgezogenen Brauen an.
»Die lebensbejahende Melodie einer Samba!«, antwortete Jana augenzwinkernd und machte eine einladende Kopfbewegung.
»Und nun kommen Sie mit, schauen Sie uns zu.« Jana fuhr auf die Tanzfläche, Dirk nahm ihre Hand, die Musik setzte ein und die beiden tanzten. Kristin stellte sich zu den übrigen Gästen an den Rand und sah ihnen begeistert zu.
»Was für ein Glück, dass es für Jana nicht nur schwarz oder weiß gab«, sagte Jennifer, die plötzlich neben ihr stand.
»Dann wären die beiden niemals wieder so glücklich geworden. Was man alles erreichen kann, wenn man nicht aufgibt. Nicht schlecht, oder wie siehst du das?«
»Es ging von Anfang an nicht nur um irgendwelche Aufträge, stimmt´s?«
Kristin antwortete mit einer Gegenfrage und versetzte ihrer Freundin einen kräftigen Schubs in die Seite.
Jennifer grinste.
»Es bleibt dabei: Nach diesem Abend entscheidest du, wie es mit dir und Frank weitergeht.« Wieder fuhr Jennifer mit Daumen und Zeigefinger an ihren Lippen entlang. »Kein Wort mehr von mir!«

»Klar, wer´s glaubt, wird selig«, murmelte Kristin.
Dann schaute sie zu Jana hinüber, die sich ganz und gar der Musik hingab. Kurze, schnelle Bewegungen, nach rechts, nach links. Elegante Drehungen um ihren Mann herum und unter seinem Arm hindurch, der Oberkörper wippte im Takt der Samba. Bei jeder Bewegung schimmerte der platingraue Satin dezent und zurückhaltend, die hell- und dunkelgrauen Pailletten hingegen glitzerten wie der Lebenswille der Frau, die sie trug.
»Ich glaube, ich werde noch einmal über alles nachdenken. Schwarz oder weiß, irgendwie ist das doch langweilig«, sagte Kristin plötzlich und zwinkerte Jennifer zu, hakte sich bei ihr unter und sah noch einmal zu Jana hinüber. »Grau ist gar nicht so übel, vielleicht kommt es einfach darauf an, was man daraus macht.«

Gedankensplitter über die Bedeutung von Grau

Leopold Fröhlich

Grau wird von den meisten Menschen als unbeliebteste Farbe empfunden. Die Farbtönungen erstrecken sich vom schmutzigen Weiß bis zum abgeschwächten Schwarz. Es ist gemütsarm, nicht weiß oder schwarz, nicht ja oder nein.

Die Intensität der Graustufen lässt sich nicht genau beschreiben. Die Helligkeit des Graus ist sehr von den Umgebungsfarben abhängig.

Grau ist die Farbe ohne Eigentümlichkeit. Die Unfreundlichkeit der Farbe Grau erleben wir bei schlechtem, trüben Wetter, wenn Wiesen, Bäume und Berge uns in allen Grautönen erscheinen. Das heißt, ohne Sonne fristen wir unser Dasein in einer von Grautönen beherrschten Welt.

Ihre Lustlosigkeit unterstreichen Menschen bei trübem Wetter und tragen graue Kleidung. Sommergarderobe in Grau steht im Widerspruch zu dieser Farbe.

Auch in unserem Sprachgebrauch hat sich grau als negativ etabliert. Spricht man oft von grauslichem Essen oder von einer gräulichen Kreatur, meint man nicht gerade angenehme Dinge.

Verdorbene Lebensmittel bilden einen grauen Schimmel.

Unvorstellbar ist es auch, dass wir edlen Gegenständen eine graue Farbe geben. Wie würde unsere festlich gedeckte Tafel mit grauem Porzellan erscheinen? Sogar Verpackungen in Grau wirken billig und schäbig.

Sprichwörtlich sollte man sich keine grauen Haare wachsen lassen, auch wenn man in der Grauzone schon mehr beim Unerlaubten als beim Erlaubten sich befindet.

Eine gewisse Unsicherheit spiegelt sich wider, wenn wir meinen, dass alle Theorie grau ist. Auch wenn bei Nacht alle Katzen grau sind, sollte man darauf achten, dass man den grauen Alltag unbeschadet übersteht.

Das bunte Faschingstreiben endet am Aschermittwoch, an dem sich Gläubige in der Kirche die graue Asche als Symbol der Buße auf die Stirn zeichnen lassen.

Bei grauer Eminenz spricht man von einer Person, die zwar ohne Verantwortung aus dem Hintergrund die Fäden zieht und somit die Kontrolle eines Geschehens übernimmt.

Sorgen oder Bestürzung verleihen einem ein aschfahles Gesicht. Grau wird oft mit alt und abgenutzt in Verbindung gebracht. Dabei denke man nur an Staub, Spinnweben und Schmutz. Der Grauschleier an Gardinen und Wänden verleiht einem Raum ein grauenhaftes Aussehen.
Ungeziefer und Tiere wie Mäuse und Fledermäuse tragen als Tarnfarbe grau. In unseren Städten und Wohnlandschaften dominiert das unattraktive Grau der Mauern. Beton-, Asphalt- und Zementgrau runden das Aussehen mancher Stadtviertel ab.
Nach den trübseligen Gedankensplittern über Grau möchte ich nicht unerwähnt lassen, dass aus der Asche der prächtige Phönix entspringt.

Wir sind keine Kinder mehr

Bernadette Maria Kaufmann

Golden die Zukunft,
Silbern die Vergangenheit,
Gestern wird Heute.
Das Morgen ist viel zu weit.

Kalt beginnt ein grauer Tag.
Mir fehlt jede Geborgenheit.
Selbst das Vertrauen ins Morgen.
Zurück bleibt nur die Bitterkeit.

Das Wissen, wir sind keine Kinder mehr,
und niemand wird uns Fehler verzeih´n,
macht mein Leben nicht besser.
So grau, wächst der Verzweiflung Keim.

Die graue Seite eines inneren Verlangens

Veronika M. Dutz

Eigentlich war es ein Tag wie jeder andere, wenn nicht dieses ständig präsente Gefühl wäre, das einen wie ein räudiges Tier umhertreibt. Es verursachte eine innere Unruhe, die allmählich, Stück für Stück, alles aus dem Gleichgewicht brachte. Eine Empfindung, die sich psychisch und physisch auf den ganzen Organismus ausbreitete, die jeden weiteren Tag eine Nuance grauer werden ließ. Diese Emotionen stiegen unaufhörlich und kontinuierlich an, je länger der Zeitabschnitt dazwischen andauerte.

Hanna war eigentlich mit sich und der Welt zufrieden. Sie hatte einen guten Job als kaufmännische Angestellte, kam gut mit den Kollegen aus. Bald hatte sie Urlaub, dann konnte sie wieder ihrem größten und tiefsten Verlangen nachgeben. Die Vorfreude auf das, was kommen würde, machte das Warten für sie um einiges erträglicher.

Ihr Bedürfnis danach war mittlerweile so groß, dass es ein Balanceakt war. In ihrem Kopf verselbstständigten sich die Gedanken an das Bevorstehende. Dies beeinflusste ihren Tagesablauf extrem, was ihn massiv erschwerte. Dieses Sehnen nahm unaufhörlich zu, jetzt wo feststand, dass es bald zur Erfüllung ihres Begehrens kam. Hanna hielt es eine gewisse Zeitspanne aus. Um nicht im grauen Sumpf ihrer Seele zu versinken, musste sie ihrem inneren Ruf folgen. Koste es, was es wolle! Dieses Bedürfnis saß unheimlich tief in ihr. Zum Glück konnte sie dem jetzt endlich in ihrem bevorstehenden Urlaub Abhilfe schaffen.

Allein der Gedanke daran löste eine gewisse Art Glückseligkeit in ihr aus. Jedoch die Sehnsucht war ungebrochen, bis sich das Begehrte erfüllte. Hanna hatte alles gepackt, morgen sollte es endlich losgehen. In dieser Nacht fand sie keinen richtigen Schlaf. Das Verlangen nach ihrer inneren Befriedigung war mittlerweile dermaßen groß, dass sie völlig unruhig war. Ihre Seele schwankte wie bei hohem Seegang und ihr Körper wälzte sich hin und her. Hanna wachte schweißgebadet auf, sie fühlte sich wie auf Drogenentzug. An Schlaf war nicht mehr zu denken. Sie stand auf, um eine kalte Dusche zu nehmen.

Vielleicht würde ihr das ein wenig helfen. Sie wollte lieber früh aufbrechen, so würde sie eher an ihrem Ziel sein, um endlich ihr Verlangen zu stillen und

aus der grauen Wolke, die sie mittlerweile umfing, auszubrechen. Diese unermessliche Sehnsucht war kaum weiter auszuhalten!
Hanna stieg in ihr Auto und fuhr los. Sie wählte die kürzeste Strecke, konnte es kaum mehr abwarten. Es war eine gefühlte Ewigkeit her und umso größer war diesmal ihre Vorfreude. Sie schaltete das Radio ein und summte mit. In ihren Gedanken sah sie den Ort vor sich, den sie ansteuerte. Sie liebte ihn und war viele unzählige Male dort gewesen. Es war immer aufs Neue wie ein Nachhausekommen. Hanna gab die Hoffnung nicht auf, irgendwann dort leben zu können. Nicht mehr diese Qualen der Sehnsucht und des Verlangens zu durchleben. Die Hoffnung stirbt sprichwörtlich zuletzt! Niemals aufgeben trotz aller Widrigkeiten. Auch wenn du denkst, die Welt hätte sich gegen dich verschworen! Es wird immer ein Licht am Ende des Tunnels geben, und wenn du erst losgelaufen bist, merkst du schnell, dass es näherkommt! Egal, wie weit der Weg ist, es beginnt alles mit dem ersten Schritt!
Hanna hatte ihr Ziel erreicht, war überglücklich. Sie parkte den Wagen, die Taschen würde Hanna später ins Haus bringen, das hatte Zeit. Sie stieg aus und als Erstes atmete sie ganz tief ein. Oh … es tat so gut! Man spürte direkt das Salz in der Luft bei jedem Atemzug. Hanna war angekommen, doch zur totalen innerlichen Erfüllung fehlte eine Kleinigkeit. Sie lief los, wurde fortwährend schneller! Es war wie eine Sucht und sie konnte es kaum erwarten. Als ihre Füße den weichen hellgrauen Sand erreichten, stiegen ihr die Tränen in die Augen. Ihr Blick war augenblicklich verschleiert, trotzdem konnte diesen nichts schmälern. Es gab eine regelrechte Explosion in ihr, sie fühle sich frei, als wäre ein Knoten geplatzt. Hanna fiel auf die Knie, vergrub ihre Hände in den warmen gräulichen Sand. Sie genoss jeden Augenblick, als wäre es ihr letzter. Ihr Blick schweifte über den Horizont, sie vereinnahmte dabei den herrlichen Anblick. Ihr liefen dabei die Tränen über die heißen Wangen. Sie weinte vor Glück jetzt endlich hier zu sein, ihr lang ersehntes Meer wiederzusehen! Hanna genoss es mit allen Sinnen, sie fühlte den feinen Sand zwischen ihren Fingern, sah das Brechen der Wellen, hörte das wunderschön klingende Rauschen des Wassers und schmeckte die salzhaltige Luft. Hanna fühlte sich wie ein Junkie nach seinem Schuss! Für den Moment gab es nichts mehr, sie war total befriedigt! Nach einer sehr langen Zeit des Genießens ging Hanna zurück zum Ferienhaus. Sie bereitete sich ihren ostfriesischen Lieblingstee zu, setzte sich auf die Bank ans Fenster. Von dort

aus hatte Hanna einen wunderbaren Blick auf das, was ihr im Leben am meisten bedeutete und in ihr die schlimmsten Sehnsüchte auslöste, das graue ostfriesische Meer!

Viel zu früh ergraut

Waltraut Lang

Es war kalt an diesem Septembermorgen, als der ältere Herr zielstrebig auf den Teich inmitten des Bürgerparks zuging. In der Hand hielt er eine Tüte voller Brotkrumen.
Es war erst sechs Uhr und gewöhnlich war um die Zeit niemand im Park. Herr Montau liebte diese Einsamkeit und kam gerade deshalb so früh morgens hierher.
Jedoch diesmal ließ ihn das Gefühl nicht los, dass etwas anders war als sonst. Er lauschte angespannt. Aber nichts als Stille war um ihn herum. Nur das leise Rascheln der Blätter war zu vernehmen. Doch als er näherkam und den Teich schon erkennen konnte, da sah er, dass dort, auf seiner Bank, jemand saß. Also hatte sein Gefühl ihn nicht getrogen. Schnellen Schrittes ging er auf die Bank zu. Die Neugier ließ ihm keine Ruhe. Wer außer ihm war wohl so verrückt, so früh am Morgen hierher zu kommen?
»Hallo«, sprach er den Fremden an, der zwischen fünfzig und sechzig Jahre alt sein mochte. Was ihm sofort auffiel, war, dass der Unbekannte wohl ziemlich früh ergraut war. Aufgrund seines hellgrauen Haarschopfes könnte man ihn bestimmt leicht in jeder Menschenmenge herausfinden.
»Ist das heute nicht schon wieder ein wunderbarer Morgen? Ich komme jeden Morgen hierher, um die Vögel zu füttern.«
Der Mann sah aus, als plagten ihn Sorgen. Gramvoll blickte er auf den See hinaus und tat, als ob er nichts gehört hätte. Was mochte ihn wohl bewegen? Welchen Kummer mochte er mit sich herumtragen? Was hatte dazu geführt, dass er so früh ergraut war?
»Ich kann verstehen, wenn Sie lieber allein sein möchten. Aber meistens hilft es, mit jemand Unbeteiligtem zu sprechen, wenn man Sorgen hat. Jemand, der Abstand von allem hat und der alles objektiv sieht. Und ich könnte wetten, wenn jemand Sorgen hat, dann sind Sie es. Das sieht man doch schon von Weitem. Sie sehen so traurig aus. Was meinen Sie, können Sie nicht ein offenes Ohr gebrauchen?« Der Mann sah ihn lange an.
»Sie haben Recht, ich bin hierhergekommen, um alleine zu sein und mein ganzes Leben noch einmal zu überdenken. Es erscheint mir alles so sinnlos. Ein Leben lang habe ich für meine Familie gearbeitet. Ich habe geschuftet,

damit aus meinem Sohn einmal etwas wird und es ihm bessergeht, als es mir damals gegangen ist.«

»Das ist doch nur natürlich, denn würde sich nicht jeder wünschen, dass seine Kinder es mal besser hätten und dafür alles tun? Aber was soll denn daran sinnlos sein?«

»Ja, wissen Sie, zwanzig Jahre lang habe ich meinen Sohn wie meinen Augapfel gehütet. Und jetzt kommt so ein betrunkener Autofahrer daher, der kaum noch stehen kann, steigt in sein Auto, kommt von der Straße ab, und mein Junge ist tot. Wo bleibt denn da die Gerechtigkeit?«

»Ich kann Ihre Verzweiflung gut verstehen. Aber Sie müssen vernünftig sein. Das Leben geht weiter, und das Andenken an Ihren Sohn wird Ihnen erhalten bleiben. Das kann man Ihnen nicht nehmen.«

»Sie verstehen nicht. Ich war mein Leben lang religiös. So bin ich erzogen worden. Aber was ist das für ein Gott, der die jungen Menschen abberuft und mich alten Mann am Leben lässt? Ich würde viel darum geben, wenn ich an seiner Stelle hätte sterben können.«

»Wissen Sie, es gab Zeiten, da habe ich genauso gedacht wie Sie. Aber glücklicherweise habe ich immer wieder Freunde gefunden, die mir über meinen Kummer hinweggeholfen haben. Ich bin während des Ersten Weltkriegs aufgewachsen und eigentlich war es mir nie vergönnt, Kind zu sein. Mein Vater zog in den Krieg und ich musste als Ältester für meine Familie sorgen. Das war nicht immer leicht, und auch ich neigte zu Schwermut. Dann kam die Nachricht, dass mein Vater in Frankreich gefallen war. Meine Mutter konnte das nicht verkraften und starb kurz nach Beendigung des Ersten Weltkriegs an gebrochenem Herzen. Sie wollte einfach nicht leben.«

»Das tut mir leid für Sie: Aber sie können doch nicht den Tod Ihrer Eltern mit dem Tod meines Sohnes vergleichen. Ihre Eltern haben doch wahrscheinlich ein sehr ausgefülltes Leben gehabt. Aber was hatte mein Sohn vom Leben? Er hat noch nicht einmal seine Ausbildung zum Mechaniker beenden können!«

»Sie haben Recht, dass meine Eltern ein schönes Leben gehabt haben. Sie waren stets glücklich, denn sie waren zusammen. Aber wenn der Krieg nicht gewesen wäre, dann hätten sie noch viele Jahre leben können. Und ich war doch erst fünfzehn, als beide starben. Was meinen Sie, wie mein Leben danach ausgesehen hat? Eigentlich wollte uns, meine Schwester und mich, niemand so recht haben. Eine Tante hat uns dann aufgenommen, aber sie hat uns täglich spüren lassen, dass wir ihr auf Gedeih und Verderb ausgeliefert waren, wenn wir nicht ins Heim kommen wollten. Dort wären wir dann sicherlich getrennt worden und meine Schwester brauchte mich doch. Sie war gerade erst vier Jahre alt. Ich kann Ihnen sagen, das waren harte Zeiten. Wir mussten für unser Essen schwer schuften. Aber ich habe durchgehalten. Ich war erst zufrieden, nachdem meine Schwester ihre Ausbildung abgeschlossen hatte. Für sie habe ich die Strapazen gerne auf mich genommen, auch wenn ich unzählige schlaflose Nächte hinter mir hatte. Wir bekamen nur sehr wenig zu essen, und so habe ich oft noch auf einen Teil meines Essens verzichtet, damit sie genug hatte, um die für den Schulalltag nötigen Kräfte zu sammeln. So etwas vergisst man nicht. Damals habe ich auch das Lachen verlernt und nicht mehr an den Sinn des Lebens glauben können. Da trat Elly in mein Leben. Sie war der treue Freund, den ich brauchte. Sie half mir, zu vergessen, und gab mir auch das Vertrauen in meine Mitmenschen wieder. Sie war wirklich ein guter Mensch. Für jeden hatte sie ein gutes Wort. Es war einfach unmöglich, sich mit ihr zu streiten. Sie war die Ruhe selbst und diese Ruhe gab sie auch an mich weiter. Davor war es für mich unmöglich gewesen, auch nur das geringste Problem mit jemandem zu besprechen. Ich hatte alles in mich ›hineingefressen‹. Aber Elly war einfach wundervoll, ließ nie locker und teilte meine Sorgen. Und sie hatte Recht! Es gibt kein Problem, das nicht zu lösen wäre, wenn man nicht alleine ist.«

»Ich freue mich für Sie. Aber ich habe niemanden mehr, mit dem ich meine Schmerzen teilen könnte. Meine Frau ist schon vor Jahren gestorben und ich bin nie damit fertig geworden. Schon damals, als meine Frau starb, wollte ich meinem Leben am liebsten ein Ende setzen, aber da war ja noch mein Sohn, und ich wusste, dass ich für ihn weiterleben musste. Er brauchte mich nun mal. Doch wer braucht mich denn jetzt noch? Ich bin ein alter, gebrochener Mann!«

»Lassen Sie mich doch erst einmal meine Geschichte zu Ende erzählen.

Ich war sehr glücklich mit meiner Frau, und eigentlich war ich sogar immer der Meinung, dass ich der glücklichste Mensch auf der Welt war. Meine Frau wurde schwanger, und dann brach der Zweite Weltkrieg aus. Ich wurde eingezogen und war noch nicht einmal zuhause, als mein Sohn auf die Welt kam. Ich habe die Hölle in Russland durchlebt und dann bekam ich die

schlimme Nachricht, dass das Haus, in dem wir jahrelang so glücklich miteinander gelebt hatten, bombardiert worden war und dass meine Frau und unser sechs Monate alter Sohn darin umgekommen waren. Ich war wie von Sinnen und wollte nicht mehr leben. Aber seltsamerweise hatte ich einen Schutzengel und es war mir nicht vergönnt, im Krieg zu fallen, obwohl ich mich auch zu sogenannten Himmelfahrtskommandos gemeldet hatte. Als ich wieder nach Hause kam, trug ich mich mit dem Gedanken, meinem Leben durch Freitod ein Ende zu setzen.
Doch ein Freund hinderte mich daran. Er öffnet mir die Augen für all das Elend, das um uns herum herrschte. Vielen Kindern war es so ergangen wie mir und meiner Schwester. Ihre Eltern waren tot, und wohin sollten sie nun gehen? Also zeigte mein Freund mir, dass all diese Kinder mich brauchen würden. Mein Freund war Hermann Gmeiner, der Gründer der SOS-Kinderdörfer. Er brachte all die Geldmittel auf, um überall auf der ganzen Welt das Leid der Kinder zu mindern und ihnen wieder eine Familie zu geben. Seine Grundidee war es, Dörfer aufzubauen, in denen viele Kinder mit einer Berufsmutter pro Haus und einem Berufsvater pro Dorf zusammen in Frieden und glücklich aufwachsen können.
So wird es den Kindern ermöglicht, ganz normal im Familienverband aufzuwachsen, was für ihre weitere Entwicklung sehr wichtig ist. Das hat mir über mein eigenes Leid hinweggeholfen, und ich habe vielen Kindern helfen können und ihnen zum richtigen Start in ihr eigenes Leben verholfen.
Wie wär's? Wollen Sie nicht mal mitkommen und sich bei uns umsehen? Ich bin überzeugt davon, dass Sie dadurch, dass Sie diesen Kindern helfen, auch Ihr eigenes Leid überwinden können. Es geht doch nichts darüber, sich nützlich zu fühlen. Und das Gefühl der Dankbarkeit, das diese Kinder ihr ganzes weitere Leben für Sie empfinden werden, es gibt einfach nichts Schöneres!«
»Ich kann Ihnen zwar immer noch nicht mit vollem Herzen zustimmen, aber Ihre Worte haben mir zu denken gegeben. Ich glaube, ich werde mir Ihr Dorf mal ansehen. Mehr kann ich aber jetzt noch nicht versprechen.«

Für ein paar Stunden grau

Markus Kohler

Mit dreizehn Jahren schlüpfte Michael das erste Mal heimlich in die hochhackigen Pumps seiner Mutter. Es war keiner im Hause und er betrachtete sich mit einem wohligen Schauer in dem großen Wandspiegel im Schlafzimmer seiner Eltern. Die ersten Schritte waren noch etwas unsicher und wackelig und er musste sich an den Bettpfosten festhalten. Nachdem er aber ein wenig hin und her gegangen war, wurde er sicherer und es fühlte sich für ihn so verdammt richtig und gut an.

Michael ist heute 36 Jahre alt, arbeitet in einem renommierten Bankhaus und gestaltet sein Leben von Montagmorgen bis Freitagnachmittag in unterschiedlichen Grautönen. Nie dürfen seine Kollegen oder gar sein Chef erfahren, dass Michael am Wochenende Madame Michelle heißt und in einem Varieté auftritt, wo er große Erfolge als Chansonette und Alleinunterhalterin hat.

Für den Bankalltag verwandelt er sich in eine graue Maus. Er trägt nur graue Anzüge mit passender grauer Krawatte und achtet sehr darauf, maskulin zu wirken. Zwar haben schon einige die Frage an ihn gerichtet, ob er denn inzwischen liiert sei, doch darauf hatte er nur immer milde gelächelt oder einfach abgewunken. Es war ihm bislang immer gelungen, seine Kollegen von diesem Thema abzulenken. Soeben trat Sabine neben ihn, sie hatte einige Unterlagen in der Hand und hielt sie Michael entgegen.

»Kannst du dir das mal anschauen? Es geht da um eine Kreditanfrage von Herrn Marsler.«

Er erschrak und schluckte erst einmal. Doch seine Kollegin hatte nichts bemerkt. Michael nahm ihr die Papiere ab und setzte sich damit an seinen Schreibtisch. Ausgerechnet ihn musste Sabine fragen, aber sie konnte ja auch nicht wissen, dass dieser Herr Marsler der Betreiber des Varietés war, in dem Michael/Michelle auftrat. Gut, er würde den Antrag prüfen und ihn mit einem entsprechenden Vermerk an Sabine zurückgeben. Keinesfalls wollte er hier einen privaten Kontakt mit dem Lokalbesitzer. Das wäre einfach zu riskant.

Der Feierabend rückte näher und Michael legte die Unterlagen mit seiner schriftlichen Einschätzung auf Sabines Schreibtisch, die gerade einen Bankkunden am Schalter bediente. Er nickte ihr kurz zu und machte sich auf den Weg zur Toilette, um sich die Hände zu waschen. Sein Blick fiel in den Spiegel und was er sah, gefiel ihm nicht sonderlich. Er hatte das Gefühl, als würde das Grau seiner Kleidung langsam auch seine Gesichtsfarbe beeinflussen. Er war froh darüber nun nach Hause gehen zu können und sich in seinen eigenen vier Wänden keine Beschränkungen mehr auferlegen zu müssen. Heute war Donnerstag und es gab an diesen Tagen in der Woche ein Ritual für Michael, das er schon seit Jahren so einhielt.

Auf dem Fußweg nach Hause besorgte er sich noch etwas Salat und Obst für den Abend und legte den Rest des Weges in etwas heiterer Stimmung zurück. Michael wohnte in einem Mehrfamilienhaus und pflegte keinerlei Kontakt zu seinen direkten Nachbarn. Höchstens ein genuscheltes »Hallo« kam über seine Lippen, wenn er doch jemandem im Treppenhaus begegnete. Erleichtert schloss er seine Wohnungstür auf und warf sie gleich wieder hinter sich zu. Den Einkauf brachte er in die Küche, bevor er sich in das Badezimmer begab. Eilig entledigte er sich seines Anzuges und hängte ihn über den dort stehenden Herrendiener. Morgen würde er jedoch den dunkelgrauen Zwirn tragen, weil dieser aus einem weicheren Stoff war und nicht so sehr an seinen Beinen reiben würde.

Jeden Donnerstagabend rasierte sich Michael die Beine. Zu Beginn seiner Karriere als Travestiestar erledigte er dies immer kurz vor seinem Auftritt, doch die Haut war nach dem Rasieren sehr empfindlich und die Nylonstrümpfe verursachten ein unangenehmes Gefühl. Außerdem verlieh ihm diese Tätigkeit eine gewisse Vorfreude auf das Wochenende. Michael setzte sich auf den Rand der Badewanne und schäumte seine Beine ein, die er dann sehr vorsichtig mit einem Nassrasierer bearbeitete. Als er die Prozedur zu seiner Zufriedenheit erledigt, sich geduscht und mit einer Körperlotion eingecremt hatte, schlüpfte er in den seidenen Kimono. Dieser war ein Geschenk eines männlichen Verehrers, aber es war nie zu einem intimen Treffen gekommen. Michael wollte das nicht und der Andere gab nach mehreren erfolglosen Versuchen auf. Er betrachtete sich im Spiegel und war der Meinung, mit der Dusche auch das Grau in seinem Gesicht abgewaschen zu haben.

Freitag – noch bis 14 Uhr in der Bank, dann begann sein eigentliches, buntes Leben.

Vor zwei Wochen hatte er im Internet ein Paillettenkleid in kräftigem Dunkelrot erstanden. Genau dieses wollte er heute Abend zusammen mit den schwarzen High-Heels tragen. Es würde zu seiner Performance mit Liedern von Marlene Dietrich passen. Proben musste er dafür nicht mehr, schon viel zu oft hatte er dieses Programm vorgetragen und jedes Mal war es ein Erfolg gewesen. Warum also sollte es heute anders sein? Als er seine Arbeitsstätte betrat, kam ihm Sabine entgegen.

»Michael, warum hast du dem Kreditantrag Marsler zugestimmt?«

Sie stemmte beide Arme in die Hüften und sah ihn neugierig an. Er schaute sie etwas verwirrt an, bevor er zögerlich entgegnete:

»Weshalb sollte ich nicht?«

Sabine deutete mit dem Kopf Richtung Schreibtisch, um ihn aufzufordern, mit ihr dahin zu gehen. Michael folgte unsicher. Sie lehnte sich gegen die Tischplatte und sah ihn mit großen Augen an.

»Nun«, begann sie ihre Argumentation, »das ist doch mehr oder weniger ein Puff, oder nicht? Das hat so einen unseriösen Touch und ich glaube kaum, dass unserem Herrn Direktor diese Kundenklientel gefällt.«

Michael schüttelte den Kopf, bevor er antwortete.

»Sabine, das ist kein Puff, wie du das nennst. Das ist ein Varieté mit Gesangsdarbietungen, Artistik und Zauberei.«

»Ach«, unterbrach sie ihn unwirsch, »warst du schon mal da?«

Über Michaels Wangen flog eine leichte Röte. Er ließ den Kopf sinken und flüsterte: »Ja.«

Sabine ließ nicht locker. »Gut, wenn das so ist, dann mache ich mir mal selbst ein Bild davon. Ich habe heute Abend eh noch nichts vor, da werde ich diesem Etablissement mal einen Besuch abstatten. Was ist? Kommst du mit?«

»N… nein«, stotterte Michael, »heute kann ich nicht.«

»Ach, auch egal. Dann gehe ich allein dahin.«

Sabine lenkte ihre Schritte Richtung Schalterhalle und ließ einen ziemlich verunsicherten Michael zurück.

Auch dieser Arbeitstag fand ein Ende und auf dem Weg nach Hause hatte sich Michael schon wieder etwas gefangen.
»Nun gut«, sagte er sich, »dann muss ich eben mit dem Auftragen des Make-ups heute noch sorgfältiger sein als sonst. Sie wird mich mit Perücke und der Kleidung schon nicht erkennen.«
Er verbrachte Stunden im Badezimmer und besah sich lange und ausgiebig im Spiegel. Was er schließlich erblickte, stimmte ihn zufrieden und er rief sich über Handy ein Taxi, welches ihn zu seiner Wirkungsstätte bringen sollte. Thomas, der Türsteher, stieß einen leisen Pfiff aus, als er Michael-Michelle erblickte.
»Wow! So gut hast du schon lange nicht mehr ausgesehen.«
Er nickte anerkennend und hielt dem ›Star des Abends‹ die Tür auf. Beim Betreten des Theaters war die Verwandlung komplett – ab jetzt war er für diesen Abend Michelle. Mit verstohlenen Blicken suchte er die Besucherreihen ab, um zu sehen, ob sich Sabine schon eingefunden hatte. Richtig, da saß sie an einem Tisch in der zweiten Reihe und schaute sich neugierig um. Michelle nahm ihren ganzen Mut zusammen und ging direkt an dem Tisch vorbei, wobei sie Sabine freundlich zunickte. Diese grüßte mit einem Lächeln zurück. Ken Marsler stand bereits auf der Bühne und gab den Conférencier an diesem wie an jedem anderen Abend. Zuerst hatte Mr Miracle, der Zauberer, seinen Auftritt, dann sollte Madame Michelle mit den ersten Liedbeiträgen folgen. Klopfenden Herzens beobachtete Michelle Sabine. Sie schien jedoch keinen Argwohn zu haben.

Nach dem vierten Song ›Lilli Marleen‹ verbeugte sich Michelle tief vor dem Publikum und genoss den lauten Applaus. Jetzt hatte sie eine kleine Pause während auf der Bühne das Tanz-Duo ›Flamencos‹ auftrat. Michelle blieb für das Publikum unsichtbar seitlich am Aufgang stehen und beobachtete weiterhin Sabine. Nein – er war sich sicher – sie hatte nichts bemerkt.

Viel zu schnell waren die paar Stunden des Wochenendes vergangen, in denen Michael seine wahre und bunte Seite ausleben konnte. Viel zu schnell

musste er sich wieder in einen seiner grauen Anzüge quälen und viel zu schnell würde er sich das nächste Wochenende herbeisehnen. Sabine erwartet ihn bereits an seinen Schreibtisch gelehnt.
»Guten Morgen, Michael. Du, ich war am Freitag in diesem Varieté und was soll ich dir sagen, es hat mir sehr gut gefallen. Dieser Travestiekünstler mit seinem Dietrich-Programm hat es mir besonders angetan. Obwohl…« Sie unterbrach sich und schaute sinnierend in die Ferne. Dann fuhr sie fort. »Ich hätte schwören können, dass ich ihn von irgendwoher kenne. Doch es will mir einfach nicht einfallen, wo ich den schon mal gesehen habe.«
Schnell senkte Michael den Blick auf die Papiere vor ihm.

Graue Stadt am Meer

Elfride Stehle

Eva tastet mit geschlossenen Augen nach dem Wecker. Sein lautes Rasseln raubt ihr den letzten Nerv. Wieder und wieder greift sie ins Leere, öffnet die Augen zu schmalen Schlitzen und erwischt endlich diesen Störenfried. Polternd fällt der Wecker um, dann ist es still. Erleichtert atmet sie auf. ›Endlich Ruhe‹, denkt Eva und schließt ihre Augen wieder, um sie im nächsten Moment erneut zu öffnen, das Deckbett wegzustrampeln und zum Fenster zu laufen.

»Muss dieser Kerl immer im Morgengrauen Krach machen?«, schimpft sie vor sich hin und will schon das Fenster aufreißen, als sie den trostlosen grauen Himmel sieht. Dann wandert Evas Blick auf die gegenüberliegende Straßenseite und sie erschrickt.

»Auch das noch«, stöhnt sie, weil die fünfzehn Meter hohe Linde kaum noch Äste hat. »Was hat dieser alte Baum dem Nachbarn eigentlich getan«, fragt sie sich noch, als es laut klopft.

»Jaaa … komm rein«, ruft Eva und wendet sich zur Tür um. Mit verschlafenem Blick und einem zum heutigen Himmel passenden Pyjama bleibt ihr Mitbewohner im Türrahmen stehen.

»Wann müssen wir heute los?«, fragt Markus und betrachtet Eva ungeniert von oben bis unten. Statt sofort zu antworten, schließt sie hastig den Bademantel über ihrem Negligé. »Was willst du?«, fragt sie leicht irritiert.

»Na, um welche Uhrzeit wir losfahren müssen? Ich will vorher noch duschen.«

»Ach so, ich weiß noch gar nicht richtig, wohin wir überhaupt wollen.«

»Na entweder ins Haus der Geschichte nach Berlin, oder … in meine Heimatstadt Husum, der grauen Stadt am Meer«, schlägt Markus vor.

»Graue Stadt? Nee – dann lieber Berlin.«

»Okay. Aber lass mich vor dir ins Bad, sonst muss ich wieder eine Stunde auf Madame warten«, meint Markus grinsend, bevor er die Badezimmertür schließt.

Als er dann zum Frühstück erscheint, fragt ihn Eva verblüfft: »Seit wann trägst du graue Klamotten?«

Achselzuckend greift er nach einem Marmeladenbrötchen und nuschelt mit vollem Mund: »Weiß ich auch nicht, fand nichts Anderes im Schrank.«

Punkt neun Uhr steigen beide in Markus Lancia. Er lenkt das Auto geschickt aus der Parklücke und nach zwanzig Minuten erreichen sie die Autobahn. Auf halber Strecke stößt Eva unerwartet einen spitzen Schrei aus, sodass Markus vor Schreck fast auf den Vordermann auffährt. Er kann gerade noch bremsen und wirft seiner Beifahrerin einen wütenden Blick zu.

Den ignoriert Eva gekonnt und murmelt: »Heut ist doch Sonntag. Da hat die Dauerausstellung ›Alltag in der DDR‹ erst ab Nachmittag geöffnet!«

»Also doch zuerst nach Husum«, ruft Markus vergnügt, wechselt die Spur und gibt wieder Gas.

Eva lehnt sich mit geschlossenen Augen zurück und ist mit ihren Gedanken schon an der Nordsee. Unerwartet stellt sie mit monotoner Stimme fest: »Da bist du also in Nordfriesland geboren und aufgewachsen.«

»Mmmm«, macht Markus, wechselt auf die linke Spur und überholt mehrere Autos. Eva spricht unbeirrt weiter: »Und warum wird Husum die graue Stadt am Meer genannt?«

»Ja, ich bin ein echter Nordfriese – das hast du richtig erkannt«, sagt Markus und bleibt konstant auf der Überholspur. »Und Theodor Storm kennst du doch, oder?«, fragt er jetzt und blickt zu Eva hinüber, die ihn ebenfalls aufmerksam ansieht.

»Ja, aber was hat der mit der grauen Stadt zu tun?«, will Eva von ihm wissen.

»Dieser Dichter ist der bekannteste Sohn Husums. In der Schule haben wir ihn rauf und runter gelesen. Und sein Gedicht ›Die Stadt‹ kenne ich noch heute auswendig – höre mal zu:

Die Stadt *

Am grauen Strand, am grauen Meer
und seitab liegt die Stadt;
der Nebel drückt die Dächer schwer,
und durch die Stille braust das Meer
eintönig um die Stadt.
Es rauscht kein Wald, es schlägt im Mai
kein Vogel ohn´ Unterlass;

die Wandergans mit hartem Schrei
nur fliegt in Herbstesnacht vorbei,
am Strande weht das Gras.
Doch hängt mein ganzes Herz an dir,
du graue Stadt am Meer;
der Jugend Zauber für und für
ruht lächelnd doch auf dir, auf dir,
du graue Stadt am Meer.

Und? Was sagst du?«, fragt Markus, der schon wieder einige Autos überholt.
Eva klatscht Beifall.
»Ich wusste gar nicht, dass du Gedichte kennst und sie dann auch noch so gut aufsagen kannst.«
»Du weißt vieles nicht von mir, liebste Eva«, meint er nun und sieht sie dabei augenzwinkernd an.
»Markus, pass doch auf, gleich kommt unsere Ausfahrt!«, ruft Eva entsetzt.
»Upps, die hätte ich fast verpasst, danke – musst mich trotzdem nicht so anschreien.«
Markus knufft Eva freundschaftlich in die Seite.
»Schon gut«, sagt sie kichernd.
Mit etwas Glück ergattert Markus zehn Minuten später gleich in der Nähe des Museums einen Parkplatz. Als sie aussteigen, sieht sich Eva um und bemerkt: »So grau sieht die Stadt gar nicht aus, nicht einmal jetzt im Herbst.«
»Eine schöne Stadt, ich weiß«, sagt Markus stolz, »und wo hast du schon Ebbe und Flut gleich vor der Haustür?«
»Stimmt. Aber sag mal, wie viel Einwohner zählt Husum überhaupt?«, fragt Eva interessiert, als sie am Museum angelangt sind.
»Ich glaube, knapp 23.000. Das las ich jedenfalls erst neulich in der Nordsee-Zeitung, bin mir aber nicht sicher. Am besten, wir gehen rein ins Museum und machen die Führung mit, die gleich beginnt.« Markus zeigt auf ein Schild. Jetzt sieht auch Eva das große aufgestellte Schild mit dem Hinweis auf die Museumsführung um elf Uhr.
»Dann aber schnell, bevor wir den Anschluss verpassen«, sagt sie und zieht Markus hinter sich her.

Anderthalb Stunden später spazieren die Zwei am Wattenmeer entlang, welches zum Weltkulturerbe zählt. Das und noch vieles mehr erfahren sie bei der Führung durch das Museum. Während ihres Spazierganges am Meer erreichen sie das Fischrestaurant ›Bistro La Mer‹. Bei einem guten Essen erfährt Eva von Markus noch mehr über Husum und die Zeit, die er hier als Kind verbrachte. Markus ist so in seinem Element, dass er gar nicht merkt, wie die Zeit vergeht. Selbst auf dem Weg zum Parkplatz kann er seinen Erzähldrang nicht bremsen.

»Auch ich, als alter Husumer, habe bei der heutigen Museumsführung noch einiges dazugelernt«, meint Markus lachend, als sie schon wieder auf der Rückfahrt sind. Inzwischen haben sich sogar ein paar Sonnenstrahlen ihren Weg durch die grauen Wolken gebahnt.

»Willst du nun noch nach Berlin?«, fragt Markus in die plötzliche Stille hinein. Doch Eva schüttelt nur müde den Kopf. Kurze Zeit später ist sie eingeschlafen.

Munter wird sie erst wieder, als sie das Ortseingangsschild ihrer Heimatstadt passieren. Noch leicht verschlafen zeigt sie nach rechts aus dem Fenster und sagt: »Schau mal, das graue Haus dort gehört meiner Freundin Azura. Morgen treffen wir uns, um über die nächste Fahrt ins BL…«

»Super, dann schlage ihr doch eine Fahrt nach Berlin vor, in die Kulturbrauerei.

Ich würde auch gerne mehr über Trabi mit Zeltdach, Mangelware und kollektive Seligkeit der DDR erfahren.«

»Gute Idee. Nur, ob wir dich wieder mitnehmen werden, mein Lieber, bleibt im Nebel.«

»Schau'n wir mal«, antwortet Markus grinsend und lässt sein Auto langsam ausrollen.

Eva gähnt und streckt sich. Endlich daheim, denkt sie, steigt aus und geht auf das Wohnhaus zu. Ruckartig bleibt sie stehen. Was ist das? Hilflos sieht sie sich um, doch Markus ist weitergefahren. Er hält Ausschau nach einer Parkmöglichkeit.

Langsam nähert sich Eva ihrer Haustür. Nicht, dass sie Angst vor Hunden hätte, aber der ist so gewaltig … vorsichtig streckt sie den linken Arm nach dem großen Hund aus, der regungslos sitzen bleibt.

»Wer bist du denn?«, fragt sie leise, als ob ihr dieses Tier antworten könnte. Freundlich schaut ihr der Hund entgegen, streckt den Kopf vor und schnüffelt an Evas Hand. Erschrocken zieht sie die zurück. Da ist auch schon Markus neben ihr. »Das ist ein Irish Wolfhound, eine ruhige und liebe Rasse. Brauchst keine Angst zu haben. Wo aber ist sein Besitzer?«, fragt er und blickt sich suchend um.

»Keine Ahnung Markus, aber Moment – mein Handy …«

Während Eva telefoniert, streichelt Markus diesen grauen und überaus schönen Hund. Dem scheint das zu gefallen, jedenfalls hält er ganz still.

»Du glaubst es nicht, Markus, das war Azura.«

»Ja und, gehört ihr dieses Tier?«

»Nicht ihr, aber ihrem Bruder. Gerolf ist für ein paar Tage zu Besuch bei meiner Freundin.« »Gerolf!«

Markus betrachtet Eva skeptisch von der Seite. In ihren Augen erkennt er ein leichtes Funkeln. Das hat sie bei mir noch nie gehabt, denkt er, und sein Gesicht wird aschgrau. Bevor Eva das bemerkt, fragt er schnell:

»Und weshalb ist der Hund hier und nicht bei diesem Gerolf?«

»Das werden wir gleich erfahren. Sie sind schon auf dem Weg hierher. Ach, er heißt übrigens Lucky«, sagt Eva noch und öffnet die Haustür.

»Lucky komm«, ruft sie, und der Hund folgt ihr anstandslos, als ob er Eva schon ewig kennen würde. Markus schüttelt verwundert den Kopf, geht hinterher und schließt die Tür von innen.

Quellen: Wikipedia

www.husum-tourismus.de

http://www.einfachtierisch.de

*«Die schönsten Gedichte und Balladen deutscher Klassiker« Andrea Verlag

Graue Einsamkeit

Michaela Kaiser

Alle im Haus halten die alte Frau aus dem fünften Stock für verrückt. Ich bin letztes Jahr hier eingezogen und Frau Schneider aus dem dritten Stock sagte, sie wohne schon seit acht Jahren hier. Da wäre die verrückte Alte aus dem Fünften schon hier gewesen. Niemand weiß, wie alt sie ist oder wie lange sie schon hier wohnt.

Auf ihrem Namensschild steht einfach nur: »Brinkmann«. Niemand, den ich gesprochen habe, kennt ihren Vornamen. Niemand kann mir sagen, warum man sie für verrückt hält. Sie heißt einfach nur die Verrückte aus dem Fünften.

Ich wohne in der Wohnung direkt über Frau Brinkmann. Wenn ich morgens zur Arbeit gehe, treffe ich selten jemanden im Treppenhaus. Und wenn ich gegen 17 Uhr zurückkomme, ist es genauso leer wie am Morgen.

Manchmal habe ich das Gefühl, dass mich, wenn ich den fünften Stock durchquere, jemand beobachtet. Einmal traf ich Frau Brinkmann im Supermarkt, das war im letzten Sommer, kurz nachdem ich eingezogen war.

Das heißt, ich dachte, sie wäre es, weil ich sie zwei Tage davor kurz von hinten gesehen hatte, als sie in ihrer Wohnung verschwand. Ich meinte, den abgetragenen, grauen Mantel mit dem etwas dürftigen Pelzbesatz am Kragen wiederzuerkennen. Da grüßte ich sie freundlich, aber sie brummte nur und schaute weg. Deswegen bin ich mir nicht ganz sicher, ob sie es wirklich gewesen war. Aber eigentlich sind ihr gebückter Gang, der graue Mantel und ihr ebenso graues Haar nicht zu übersehen.

Gestern las ich in der Zeitung von einem schrecklichen Vorfall. Das passierte nur ein paar Straßen weiter, in so einem Hochhaus wie diesem hier.

Ein Rentner lag schon ein halbes Jahr tot in seiner Wohnung. Niemand vermisste ihn und in dem Haus erinnerte man sich erst an ihn, als es Frühling wurde und unangenehme Gerüche aus der Wohnung kamen. Davon träumte ich die ganze Nacht. Aber es war immer die Frau Brinkmann, die ich in halbverwestem Zustand in ihrer Wohnung liegen sah.

Heute denke ich ununterbrochen daran.

Wie alt mag sie sein? Hat sie keine Verwandten mehr? Wo sind all ihre Freunde, Bekannte, da muss es doch noch jemanden geben, dem sie wichtig war, wichtig ist? Wie kann es sein, dass da jemand stirbt und niemand vermisst ihn? Sind wir, die Lebenden, die Gesunden, die Jungen, da nicht in der Pflicht?

In der nun beginnenden Vorweihnachtszeit lässt mich der Gedanke an die einsame, alte Frau in der Wohnung unter mir nicht mehr los. Einmal stehe ich sogar vor ihrer Tür und überlege, ob ich einfach mal anklopfen soll, sie fragen, wie es ihr geht, ob sie etwas braucht. Aber dann verlässt mich der Mut und ich mache es doch nicht. Die Woche vor Heiligabend beginnt recht hektisch. Wie jedes Jahr habe ich Urlaub und kann mich um Geschenke kümmern. Eine kleine Aufmerksamkeit für die eine und andere Arbeitskollegin, mit etlichen anderen habe ich mich zu einem feudalen Weihnachtsessen verabredet, das in diesem Jahr bei mir stattfinden soll. Dann liebe ich es, die Wohnung festlich zu schmücken, wenn auch kein Baum geplant ist. Aber duftende Kerzen, ein paar Tannenzweige und bunte Glaskugeln sind ein Muss, besonders, wenn Gäste kommen. Ich liebe es auch, in dieser Zeit durch die hell erleuchteten Straßen zu bummeln, wenn der Atem in der Dezemberluft erstarrt und aus allen Lautsprechern weihnachtliche Klänge ertönen. Dicke Weihnachtsmänner, die sich vor den Kaufhäusern die Füße warm stampfen und der herrliche Glühwein auf dem Markt, o ja, Weihnachten ist die fünfte Jahreszeit, die mir noch mehr gefällt als Karneval.

Bei so einem Bummel durch die belebte Innenstadt kommt mir der Gedanke, ein kleines Geschenk für Frau Brinkmann zu besorgen. Aber was nur? Was soll ich einer alten Frau schenken, von der ich so gar nichts weiß? Die Idee von einem Strauß Blumen verwerfe ich wieder, das erscheint mir irgendwie unpassend. Parfüm oder Seife? Nein, zu intim.

Einen Schal? Das könnte sie vielleicht missverstehen. Dies und jenes verwerfend und auf der Suche nach einer Eingebung bleibe ich am Fenster einer Buchhandlung stehen.

Ein Buch, ja, das wäre doch etwas. Aber da ich nichts von ihr weiß, ist die Auswahl schwierig. Da fällt mir ein Titel ins Auge: »Auf der Suche nach der verlorenen Zeit«, ein Roman in mehreren Bänden. Da fällt mir das perfekte Geschenk für Frau Brinkmann ein: Ich werde ihr eine Stunde meiner Zeit schenken!

Heiligabend treffen wir, die Familienlosen, die Singles, uns in meiner Wohnung. Wir bereiten gemeinsam das Weihnachtsessen zu und sitzen in trauter Runde zusammen. Dann schleiche ich mich leise aus der Wohnung und überlasse meine Gäste sich selber. Leise gehe ich ein Stockwerk tiefer und klopfe an Frau Brinkmanns Tür. Auf einem Tablett habe ich mehrere Tannenzweige arrangiert, eine Kerze, zwei Gläser und eine halbe Flasche Rotwein. An der Flasche lehnt, und so, dass sie es beim Öffnen der Tür als erstes sehen muss, eine Weihnachtskarte mit den Worten: »Gesegnetes Fest, liebe Frau Brinkmann!«

Dann stehe ich vor ihrer Tür und klopfe. Erst höre ich keinen Laut und denke schon, dass sie vielleicht gar nicht zu Hause ist. Aber wo soll sie denn sonst sein? Dann bewegt sich etwas hinter dem Spion, gleich darauf öffnet sich die Wohnungstür.

»Guten Abend, ich möchte Ihnen frohe Feiertage wünschen, Frau Brinkmann!«

»Danke«, sagt sie nur leise und schaut ein wenig befremdet auf mein Tablett.

»Darf ich hereinkommen? Ich wohne direkt über …«

»Ich weiß, ich weiß!« Sie zögert einen unmerklichen Moment, dann gibt sie die Tür frei und ich trete in den dunklen Flur.

In ihrem Wohnzimmer, welches genau unter dem meinen liegt, wie ich nach einem Blick aus dem Fenster feststelle, befindet sich keinerlei Weihnachtsdekoration. Ein altmodischer Ohrensessel steht unter einer Stehlampe und ein aufgeschlagenes Buch liegt auf dem Beistelltischchen. Radio und Fernsehen sind ausgeschaltet, der Raum atmet Einsamkeit aus. In diesem Moment denke ich über das Phänomen Zeit nach. Was bedeutet Zeit für mich? Hier in dieser Wohnung scheint sie eine völlig andere Bedeutung zu haben. Sie scheint still zu stehen, als wüsste sie nicht, wohin. Bei mir oben, da gibt es nie genug davon, immer muss ich sie aufteilen, stehlen, die Zeit. Nie ist davon etwas übrig. Hier scheint sie untätig herum zu stehen und niemand braucht sie, niemand teilt sie. Ich stelle das Tablett auf den Wohnzimmertisch und zünde die Kerze an.

»Trinken Sie ein Glas Wein mit mir?«, frage ich, während ich mich auf das Sofa setze. Frau Brinkmann lässt sich mir gegenüber nieder, mustert erst das Arrangement auf dem Tisch, dann mich. Sie nickt und ich schenke ein.

»Wissen Sie, Sie sind der erste Mensch, der mich in dieser Wohnung besucht!«
»Das gibt es doch nicht! Wie lange wohnen Sie denn schon hier?«
»Nun, im Frühjahr werden es zehn Jahre!«
Zehn Jahre Einsamkeit, zehn Jahre Einzelhaft, ich kann es nicht fassen.
Schon so manches Mal habe ich mir vorgestellt, wie es hier aussieht, aber nun ist doch einiges ziemlich anders. Ich hatte gedacht, dass diese Wohnung genauso grau wäre wie die Bewohnerin, graue Wände, graue Teppiche, aber dem ist nicht so.
Da sind Fotos an den Wänden, auf der Kommode, viele Fotos, die von einem bewegten Leben sprechen. Lachende Kinder, ein Pferd hinter einem Koppelzaun, ein Schäferhund. Zwei junge Mädchen in eleganten Kleidern, ein älteres Ehepaar, offensichtlich eine Studioaufnahme. Eine Wand ist völlig von einem Bücherregal verdeckt, in der anderen Ecke am Fenster steht ein Flügel. Rechts und links vom Fenster halten schwere Gardinen den Tag und die Nacht draußen, verwehren den Eintritt, hängen Stiche von Städten, die ich im Halbdunkel nicht genau erkennen kann. Ich blicke auf die Bilder, auf das Klavier, es gibt so viel, das ich fragen möchte und kann doch keinen Anfang finden. Spielt sie Klavier, vielleicht nur, wenn ich nicht da bin? Denn ich habe sie noch nie gehört, so wie ich noch nie etwas aus der Wohnung unter mir gehört habe. Ich nehme mein Glas und Frau Brinkmann tut es mir gleich. Wir prosten einander zu und mit dem Abstellen des Glases auf dem Tisch beginnt die alte Frau zu sprechen.
»Als mein Artur, Gott hab ihn selig, noch lebte, da hatten wir ein Häuschen, weiter draußen vor der Stadt. Zwei Töchter wuchsen dort heran, hübsche Mädchen …«, und sie schaut wehmütig auf die Fotogalerie.
»Ja, aber … Sie haben Kinder, warum besuchen die Sie nicht einmal, das gibt es doch nicht …!«, werfe ich ein und schäme mich sogleich dafür.
Die alte Frau seufzt.
»Ach, wissen Sie, nach dem Tod von meinem Artur hat es viel Streit gegeben, er war recht vermögend, von seinen Eltern gab es einiges zu vererben. Darüber haben sich meine Mädchen zerstritten. Das ist eine lange und traurige Geschichte, die gehört nicht hierher. Jedenfalls möchte ich diesen Streit nicht noch mehr anheizen, indem ich eines der beiden Mädchen zuerst besuche. Dann würde es heißen, ich gebe dieser oder jener den Vorzug. Ich habe

mich zurückgezogen. Manchmal schreiben sie mir. Das da drüben …«, sie zeigt auf eine, etwas entfernt stehende, Bilderreihe, »das da sind meine Enkel, ein Junge und ein Mädchen von der Ältesten, der Karin. Die Silvia hat keine Kinder, das ist auch so ein Streitpunkt. Neid und Missgunst, womit habe ich das verdient?«

Ich sage nichts. Was kann ich auch sagen?

»Ich habe beiden geschrieben, dass sie mich zusammen besuchen kommen sollen. Nur zusammen. Wenn sie sich versöhnt haben.«

Zwei große, schwere Tränen laufen über ihre faltigen Wangen. Der graue Kopf mit dem männlich anmutenden Haarschnitt senkt sich, und sie schaut unbeholfen in ihr Weinglas.

»Ob ich es noch erleben werde? Ich weiß es nicht.«

»Frau Brinkmann, wenn ich gewusst hätte, dass Sie niemals jemand besucht …!« Etwas linkisch nehme ich ihre Hand.

»Ach, was hätten Sie dann getan? Ihre Zeit mit einer alten Frau verplempert? So eine junge Frau wie Sie, Sie haben doch sicherlich genug andere, interessante Freunde und Bekannte. Dass Sie nicht verheiratet sind, das weiß ich wohl, aber es gibt doch sicherlich jemanden …!« »Nein, da ist niemand …!« Meine Stimme ist leise, wehmütig denke ich an den Grund meines Einzuges hier in diesem Wohnblock, aber dann bin ich auch wieder froh. Sie hat Recht. Ich habe einige gute Freunde und Bekannte, wenn ich mehr haben wollte, dann wäre das auch gut, aber Frau Brinkmann sitzt hier alleine in ihrer zeitlosen Wohnung und wartet darauf, dass sich ihre Töchter versöhnen, dass sie endlich jemand besuchen kommt.

»Ich habe einige meiner Freunde oben in der Wohnung, kommen Sie doch auch mit hinauf, dann können wir zusammen …!«

»Nein, danke, das möchte ich nicht, aber gehen Sie nur, gehen Sie, feiern Sie nur mit Ihren Freunden. Ich komme zurecht, ich danke Ihnen für den Wein und die schöne Kerze. Ich werde sie brennen lassen, es ist ein schönes Licht, ein weihnachtliches Licht. Und vielleicht …?«

Sie bricht ab, doch ich ahne, was sie sagen will und komme ihr zuvor.

»Frau Brinkmann, darf ich wiederkommen? Vielleicht am Sonntagnachmittag? Ich bringe uns ein Stück Kuchen mit und Sie machen einen Kaffee? Dann können wir uns noch ein wenig unterhalten, natürlich nur, wenn Sie möchten?!«

Ich sehe, wie ein Funke in ihren Augen aufspringt, ein Funke der Hoffnung.
»Gerne! Und jetzt gehen Sie, gehen Sie, Ihre Bekannten warten sicher schon auf Sie!«
Sanft schiebt sie mich zur Tür und ich verstehe, dass sie nun allein sein möchte. Ein tiefes Gefühl der Rührung überkommt mich und fast hätte ich geweint. Doch ich verabschiede mich und stolpere die Treppe zu meiner Wohnung hinauf. Dort empfängt mich Musik, Licht, zwei Pärchen tanzen im Wohnzimmer und Klaus ruft: »Hallo, da bist du ja, hast du noch Sekt?«
Ich hole die kalten Sektflaschen aus der Küche.
»Du, mir ist nicht gut, ich habe rasende Kopfschmerzen, ich gehe ein paar Schritte spazieren. Wenn ihr geht, dann zieht einfach die Tür hinter euch zu.«
Klaus will mich noch halten, aber ich eile rasch zur Tür, ziehe mir Mantel, Schal und Mütze aus dem Schrank und ziehe sie noch im Hinuntergehen an. Vor der Haustür ist es kalt. Eisig weht mir ein Wind ins Gesicht und winzig kleine Schneeflocken tanzen in der klaren Luft. Mit spitzen Nadeln beißen sie sich in meine Haut. Ich schaue zum Firmament und sehe die ganze Pracht des nächtlichen, wolkenlosen Himmels. Und ich verspreche mir eines in dieser Heiligen Nacht. Ich werde Karin und Silvia Brinkmann dazu bringen, sich zu versöhnen und ihre Mutter zu besuchen. Denn niemand hat es verdient, einsam unter Menschen zu leben oder zu sterben. Schon gar nicht eine Mutter.

Lebensabenteuer

Marion Krüger

Meine kleine Kinderseele musste schon sehr früh mit so vielem fertig werden. Mein Leben war trist und grau. Nur wenn meine Oma da war oder ich bei ihr, war mein Leben für wenige Stunden bunt.

Lange, viel zu lange Jahre habe ich funktioniert, habe keine eigenen Bedürfnisse gespürt. Angesehen habe ich meinen Körper nach Möglichkeit schon gar nicht.

Schmerzen kannte ich mein Leben lang, also waren die auch nicht wirkliche Warnsignale.

Für teures Geld ging ich in meiner Not zum Homöopathen. Dachte, das hilft. Dem war nicht so, im Gegenteil.

Im Herbst 1997 rebellierte mein Körper dann total. Zu hoher Situationsblutdruck, Schwindel usw. brachten mich ins Krankenhaus.

Im Frühjahr 1998 Überweisung in die Endokrinologie Uniklinik. Dort stellte man mich auf den Kopf. Als man mittels Sonographie die Schilddrüse untersuchte, fragte man mich, ob ich daran schon einmal operiert worden sei. Nein!

Die Vernarbungen innerlich in diesem Bereich stammten aus einer Zeit, als ich noch sehr klein war. Als Kind lag ich ein Vierteljahr lang in der Kinderklinik.

»Das Kind könnte etwas mit den Drüsen haben«, waren immer die Aussagen der Ärzte.

Vierjähriges kleines Mädchen, jeden zweiten Morgen im Behandlungszimmer auf einer Trage, die Arme breit ausgestreckt und fixiert. Der Kopf hing in einem Ausschnitt am Kopfende herunter, so dass der Zugang zu den Halsseiten frei war. Dann bekam ich in den Halsbereich rechts und links Spritzen, drei Monate lang. Damals war das nur schrecklich! Wie eine Folter.

Immer, wenn ich geholt wurde, wusste ich, jetzt geht es wieder los. Ich musste es über mich ergehen lassen, war klein, konnte mich nicht wehren. Mir wurde später erzählt, man hätte dort meine Drüsen untersucht. Ob und was sie rausgefunden hatten? Keine Ahnung.

Meiner Familie wurde immer nur gesagt, warten Sie mal ab, wenn das Kind älter wird, verliert sich das! Ich wurde älter, aber es verlor sich nicht.

Ach, wenn das Kind in die Pubertät kommt, verliert sich das! Ich kam in die Pubertät, aber es verlor sich nicht.
Ach, warten Sie, wenn sie ihr erstes Kind bekommt, verliert sich das! Auf diesen Versuch habe ich mich nicht erst eingelassen.
Heute, als Erwachsene, würde ich sehr gern mit den Verantwortlichen von damals reden. Würde sie gern fragen, was es gebracht, das kleine Kind so zu foltern.
Aber das Ganze ist 57 Jahre her und keine Unterlagen darüber mehr vorhanden.
Mir hat es gebracht, dass ich heute vor keinen Spritzen mehr Angst habe.
Ist doch auch schon was, könnte ich ironisch sagen. Ich kann mir nicht helfen, denke ich an diese Torturen, fühle ich mich auch auf eine gewisse Art und Weise benutzt und ausgenutzt.
Konnte ich mich wehren? Nein!
Hat es etwas gebracht? Nein!

Der Regenbogen

Christine Erdiç

Die Farbe meiner Traurigkeit hat einen Namen: Grau!
Alles ist grau, der Himmel, die Häuser, die Straßen, ja sogar die Gesichter der Menschen.
Auch in mir ist alles grau. Das Grau meiner Umgebung dringt in meine Seele. Mir ist, als würde nie wieder ein Sonnenstrahl den Weg zu ihr schaffen.
Mir ist so kalt. So kalt wie die Menschen um mich herum. Ein schweres, klammes Grau hat sich auf mich gelegt und drückt mich nieder, versucht, mich zu ersticken.
Ich bin schon zu sehr darin verstrickt, um noch nach Hilfe zu rufen. Und es hat ja auch keinen Sinn. Ich weiß, dass niemand kommen wird. Ich bin ihnen egal. Ich bin allein … ich kenne es nicht anders.
Doch ich bin noch ein Kind! Das darf ich nicht zulassen! Ich horche in mich hinein. Da ist etwas, ein kleiner Funke nur. Man nennt ihn Hoffnung, und er kann ein Feuer entfachen.
Ich nehme einen Pinsel und male mir eine Welt voller Licht und Farben. Ich male auf Papier mit Stiften und Worten. Ich fange die Sonne hinter den Wolken und hole sie vom Himmel. Nie wieder soll das Grau sie besiegen. Ich male Gelb, Orange, Rot, Grün, Blau, Braun, Schwarz auf weißes Papier. Selten nur Rosa oder Violett. Grau ist nicht dabei.
Die Farben hüllen mich ein, sind Balsam für meine Seele. Eine neue Welt entsteht, eine Welt der Farben und der Hoffnung. Ich gehe auf dem Regenbogen.

Im Zwielicht - Einbruch bei Omma

Christiane Bienemann

Jana wundert sich. Oma hat heute Abend noch gar nicht angerufen. Nicht, dass sie sich jeden Tag melden würde, aber sie war mindestens ebenso gespannt darauf wie Jana zu erfahren, wie die Abi-Prüfung in Bio gelaufen war. Gut, bevor sie ihr Handy noch hypnotisiert, wählt sie jetzt rasch Omas Nummer, denn anschließend möchte sie mit ihrem Freund Tobi noch ein paar Leute im Strandcafé treffen. Es tutet, scheinbar ewig lang.

»Ach Omma, haste wieder deine Ohren nicht reingetan«, überlegt Jana. Mit ›Ohren‹ bezeichnen sie und ihre Ahnin liebevoll die Hörgeräte, die vor einiger Zeit nun doch notwendig wurden. Sie probiert es weiter - ohne Erfolg. Auch auf dem Weg zum Café am See lässt sie es noch mehrmals läuten.

Tobi merkt, dass Jana unruhig ist. Sie kann sich kaum auf die Unterhaltung mit der Gruppe fröhlicher Abiturienten und Studenten von der nahegelegenen Hochschule konzentrieren. Die milde Frühlingsluft trägt nicht zu ihrer Entspannung bei und auch der bunte Cocktail in ihrer Hand wirkt seltsam deplatziert. Tobi stößt sie unvermittelt an.

»Komm, wir fahren hin. Schauen schnell nach, ob alles in Ordnung ist. Berichten von der Prüfung und sind in einer Stunde wieder hier. Was meinst du?«

Jana schaut ihn liebevoll an. So oft weiß er genau, was sie gerade denkt.

»Ist gut«, murmelt sie, schnappt sich den Autoschlüssel und wirft ein rasches »Ciao« in die Runde. Sie fahren durch dunkle Straßen, das Blaulicht eines passierenden Rettungswagens mutet wie ein schlechtes Omen an.

»Hey, mach dir keine Sorgen, du wirst sehen, alles ist gut«, beruhigt Tobi seine angespannte Freundin. Endlich biegen sie in die kleine Seitenstraße ab. Sie halten vor dem Haus mit der Nummer 18, der Blauregen über der Haustür wird von der Straßenlaterne und dem Mond in ein geheimnisvolles Licht getaucht.

Sie klingeln, einmal, zweimal, dann Sturm. Nichts. Entsetzt schauen sich Jana und Tobi an - dass Oma um diese Tageszeit noch unterwegs ist, ausgeschlossen. Sie beschließen, bei der Nachbarin zu läuten.

»Nein, die Frau Baumgarten hab ich heute den ganzen Tag noch nicht gesehen. Und gestern? Ich kann es wirklich nicht genau sagen, seltsam, sonst laufen wir uns mindestens zweimal am Tag über den Weg …«
Sie bekommt mit einem Mal ganz große Augen und murmelt etwas davon, von ihrem Garten aus nachschauen zu wollen, ob im Nachbarhaus denn wohl das Licht brennt.
Jana wird übel und sie beginnt zu zittern. Sie weiß, dass irgendwann der Tag des Abschieds naht, aber nein, nicht heute, bitte nicht heute. Tobi legt beruhigend den Arm um sie. Die Nachbarin kehrt zurück von ihrer Exkursion.
»Im Wohnzimmer, da ist die kleine Fernsehlampe an«, sagt sie leise. Und dann fällt es ihr ein: Seit dem letzten Urlaub hat sie doch den Ersatzschlüssel zu Omas Wohnung! Alle drei hasten hinüber zur Nummer 18. Tobi schließt die Tür auf, doch weit kommt er nicht.
»Die Kette liegt davor!«
Doch nun kommt Janas große Stunde, schließlich wäre ihre Oma nicht ihre Oma, hätte diese nicht schon öfter ihren Schlüssel verlegt und Jana um Hilfe angerufen. Sie holt ihr Taschenmesser aus dem Rucksack und beginnt geschickt, den Nippel vom Kettenschloss hochzuschieben. Fast hätte sie es geschafft, als plötzlich die Küchentür aufgeht und Oma erscheint. Fassungslos schaut sie auf die drei Einbrecher und verlangt vehement Auskunft, was denn hier wohl los sei.
»Oma!!«, hallt es ihr mehrstimmig entgegen. Alle reden durcheinander, Jana hat Tränen in den Augen, Tobi schließt die alte Frau in die Arme. »Wir haben uns solche Sorgen gemacht! Wir dachten schon, du wärest tot!«, bringt er die Aufregungen der letzten halben Stunde auf den Punkt.
»Ist dein Telefon kaputt? Oder deine Klingel?«, fängt Jana nun an nachzubohren. Denn Oma sieht … bemerkenswert munter aus.
Als würde ihr jetzt erst klar, was sie für ein Chaos ausgelöst hat, gelingt es Oma, ein kleines bisschen schuldbewusst dreinzublicken. Doch sie und Mist gebaut haben? Die Grande Dame des Seeviertels? Nein, niemals! Sie strafft sich, nimmt Haltung an, holt tief Luft und wettert los:
»Der Paul, wenn ihr wüsstet, was der sich geleistet hat! Kein Wort spreche ich mehr mit dem Hallodri, der wird sich noch umgucken!« Und etwas kleinlauter kommt es hinterher: »Da kann ich doch nicht ans Telefon gehen oder die Tür aufmachen …«

Jana wähnt sich im falschen Film. Eine Achterbahn der Gefühle ist nichts gegen die letzte Stunde ihres Lebens. Und dann alles wegen einer Lappalie mit Omas neuestem … Verehrer?
Gerade will sie ihrerseits loslegen und einen leidenschaftlichen Vortrag über Verantwortungsbewusstsein, gesunden Menschenverstand im Allgemeinen und spätpubertäres Verhalten älterer Leute im Besonderen halten. Doch etwas ist da noch stärker als ihre Wut - ihre Erleichterung und ein riesengroßer Lachflash, der sich seinen Weg nach draußen bahnt. Sie prustet, gestikuliert wie wild und krümmt sich vor Lachen. Nach und nach stimmen alle ein.
Was mögen sich nur der Mann mit seinem kleinen Dackel und die beiden Fahrradfahrer auf ihrem Nachhauseweg gedacht haben, als sie an den vier glücklichen Menschen vorbeikamen, die sich in den Armen lagen und hemmungslos lachten?

Trübe Nebel lichten sich

Sandra Pulletz

Es war bereits Nachmittag und Lisa verkroch sich wieder einmal auf ihrer Couch. Natürlich hatte sie ihren Pyjama noch immer an. Sie hatte sich nicht aufraffen können, etwas Anständiges anzuziehen.

Wozu auch? Sie war ohnehin den ganzen Tag alleine zuhause und so richtig bequem fand sie derzeit nur ihr Schlafoutfit.

Lisa war müde, sie konnte schon seit einiger Zeit nicht mehr richtig schlafen, nicht erst seit ihrem Krankenstandsbeginn vor einigen Wochen.

Es kam ihr vor, als würde eine dichte Nebelschicht um sie herumwabern. Undurchdringlich.

Seit sie nicht mehr arbeiten ging, verlief beinahe jeder Tag gleich: Morgens lange schlafen, sich irgendwann aus dem Bett zu quälen, mehrere Kaffee trinken, ohne davon richtig wach zu werden, ein wenig in der Zeitung lesen, und sich danach von der Glotze berieseln zu lassen.

Mittags kochte sie nur manchmal, meist Nudeln mit geriebenem Käse, zu mehr hatte sie weder Kraft noch Lust. Danach saß sie wieder vor dem Fernseher und zappte sich von einer Serie zur nächsten. Meist fiel sie am späten Nachmittag wieder in den Schlaf, bevor sie abends erneut vor dem Fernseher saß. Ein nicht sehr erfüllendes Leben, das musste sie sich eingestehen. Aber ändern konnte sie es derzeit auch nicht.

Daran war nur ihr Chef schuld mit seinen Mobbingattacken. Früher oder später musste sie wieder zurück ins Büro und das Mobbing würde bestimmt weitergehen. Eine ausweglose Situation. Lisa stöhnte und zog sich die Decke über dem Kopf. Am liebsten würde sie aus ihrer Haut fahren und sich einen anderen Körper suchen, einen, der ein schönes Leben hatte.

Das Telefon klingelte und Lisa ignorierte es, wie so oft in letzter Zeit. Es war bestimmt Renata, ihre beste Freundin, die ihr ein schlechtes Gewissen machen wollte, weil sie sich angeblich aufgegeben hatte. So ein Blödsinn! Sie musste sich einfach ein bisschen erholen, dann käme die Energie von alleine zurück. *Bestimmt*, dachte sie sich und schloss die Augen.

Kurz darauf dröhnte die Türklingel in ihren Ohren. *Verdammt, musste das denn sein?* Lisa wollte den ungebetenen Gast ignorieren und hielt sich die Ohren zu, doch das Läuten blieb unerbittlich. Als sie noch immer nicht reagierte,

hämmerte der blöde Besucher an ihrer Eingangstür. Lisa beschloss, aufzustehen und einen Blick durch den Türspion zu werfen und gegebenenfalls die Person vor ihrer Tür zu verscheuchen. Während sie zur Tür schlurfte, vernahm sie eine Stimme von draußen. Sie gehörte Renata. Auch das noch! Auf ein persönliches Gespräch hatte Lisa noch weniger Lust, als auf ein Telefonat. Zögerlich öffnete sie die Tür und Renate stürmte hinein.
»Sag mal, bist du noch ganz dicht?«, schnauzte diese los. »Meldest dich nicht, reagierst auf keinen meiner Anrufe, tust so, als würde es dich nicht geben!« Renata blickte Lisa entsetzt von oben nach unten an. »Wie siehst du denn aus? Wann warst du das letzte Mal draußen?«
»Draußen?« Lisa schloss die Tür. »Mhm, vor ein paar Tagen oder so. Musste mal was einkaufen, der Kühlschrank war leer.«
Renata ging kopfschüttelnd in die Küche, setzte Teewasser auf und befahl Lisa, sich hinzusetzen. Dann hielt sie ihr wieder einmal eine Standpauke, dass Lisa sich aufgegeben hatte und ihr Leben wegwerfen würde. Lisa senkte den Blick. Jetzt bloß nichts entgegnen, sonst findet Renata nie mehr ein Ende. Renata knallte ihr die Teetasse auf den Tisch.
»Was meinst du denn, Lisa? Sag doch mal was!«
Lisa stützte ihre Arme auf den Tisch und hielt sich den Kopf, der sich tonnenschwer anfühlte.
»Es hat doch alles keinen Sinn«, stöhnte sie.
»Papperlapapp, du musst nur endlich was tun! Hast du ein Mobbing-Tagebuch?«
Renata hielt Lisas Augen fest im Griff. Lisa schüttelte den Kopf. Renata packte aus ihrer Tasche ein dünnes Heft, suchte einen Stift und legte beides dann vor sich auf den Tisch.
»Erzähl mir alles von den Mobbingattacken. Womit hat es angefangen?«, fragte sie und nahm den Stift in ihre Hand.
Lisa erzählte zögerlich, wie die ganze Mobbing-Geschichte angefangen hatte. Dass ihr Chef sie zum Geschäftsessen eingeladen und aufdringlich geworden war. Als sie ihn abblockte, begann er sie zu mobben.
Renata hob staunend die Augenbrauen, schrieb aber alles kommentarlos mit. Je mehr Lisa von den Geschehnissen erzählte, umso freier fühlte sie sich. Sie setzte sich gerade hin und sprudelte weitere Fakten hervor.

»Meine Liebe, damit gehen wir zusammen zum Betriebsrat! Da hast du ganz schön was in der Hand gegen deinen Chef, du wirst schon sehen, der wird fliegen und nicht du!«

Sie verabredeten sich für den nächsten Tag, um gemeinsam die Liste vorzulegen. Als Renata gegangen war, verspürte Lisa eine aufkeimende innere Unruhe. Sie stand auf und räumte das Geschirr der letzten Tage in den Geschirrspüler. Sie ekelte sich vor der eingetrockneten Pampe darauf und beschloss, solche Aufgaben nicht mehr aufzuschieben. Lisas Gesicht hellte sich auf, sie fasste neuen Mut. Nein, sie würde auf keinen Fall aufgeben! Wie hatte sie sich nur so gehenlassen können! Sie war doch immer eine Kämpferin gewesen. Dann ging sie unter die Dusche und fühlte sich, als würde sie alle Lasten von sich spülen. Frischen Mutes schaltete sie ihren PC an und googelte nach dem Thema »Mobbing«. In ihrer näheren Umgebung gab es sogar Selbsthilfegruppen. Sie beschloss, beim nächsten Treffen dabei zu sein. Nun lächelte sie zum ersten Mal seit einer Ewigkeit.

Die graue Maus

Wilhelm Maria Lipp

Täglich kochen, putzen, waschen,
einkaufen mit schweren Taschen.
Nie geht sie alleine aus:
Das ist eine graue Maus.

Auch die Maus hat ihre Träume,
ganz geheime Wunsches- Bäume
tief im Innersten versteckt.
Selten werden sie geweckt.

Aber plötzlich, wohlgesonnen
ist das Glück zu ihr gekommen,
weckte durch die Leidenschaft
völlig ungeahnte Kraft.

Tag und Nacht sie darauf schuftet,
dass der Schatz ihr nicht verduftet.
Sie versorgt Mann, Kind und Haus
und wird wieder - graue Maus!

Das Dorf der grauen Eminenzen

Katja Neumann

Bis vor etwa einem Jahr dachte ich noch, mein Leben wäre schrecklich und mir ginge es so schlecht. Aber seit elf Monaten weiß ich, wie gut es mir wirklich geht. Ihr fragt euch warum? Dann lest einfach einmal diesen kleinen Bericht.

Es war Anfang des Jahres. Ich war wütend auf das Jobcenter, weil sie mich zu einem dieser Ein-Euro-Jobs verdonnert hatten. Was soll ich, so mein Gedankengang, in einem Altenheim? Ich war Schlosser vom Beruf und hatte von Arbeit mit Menschen so gar keine Ahnung. Aber was macht man nicht alles der lieben Knete willen.

Ich ging also an meinem ersten Arbeitstag in das Altenheim und wurde zur Station drei geschickt, erster Stock links. Dort waren die leichten Fälle untergebracht, so erklärte man mir. Als ich die Tür zur Station öffnete, blieb mir der Atem weg.

Ein breiter Gang wie in einem Krankenhaus, unpersönlich und kalt. Hier sah es nicht aus wie auf einer Pflegestation, sondern wie im Knast. Wie sollen sich die alten Menschen hier wohlfühlen? Ich für meinen Teil wäre am liebsten davongelaufen. Hier würde ich mich niemals wohlfühlen, das stand für mich fest.

Ich wurde von der Stationsschwester in Empfang genommen und man erklärte mir meinen Aufgabenbereich. Beschäftigungstherapie mit den alten Leuten.

Ich sollte mit ihnen Singen, Malen, Spielen und ihnen die Zeitung vorlesen. Also alles Dinge, die selbst ich auf die Reihe bekommen würde. So begann meine Tätigkeit im Altenheim und ich hätte niemals gedacht, dass ich diese für mich damals lästige Pflicht einmal vermissen würde. Ich schaute mir die ganze Sache erst einmal eine Weile an. Man lobte mich für mein Engagement und zog mich zu immer mehr Tätigkeiten heran. Es machte mir dann Spaß, mich mit den alten Herrschaften zu beschäftigen. Solch einen Dank hatte ich noch nie für meine Arbeit erhalten. Klar passierten da mal einige Unglücke und ich musste auch ab und an einmal Sachen machen, die mir nicht so zusagten, aber zu fünfundneunzig Prozent machte mir meine Tätigkeit Freude.

Nach zwei Monaten sprach ich nach der Dienstbesprechung die Stationsleiterin an und bat sie um eine Aussprache. Es ging darum, was die Station für einen Eindruck auf mich machte, wenn ich sie betrat. Auch sie empfand es ähnlich. Sie hatte aber keine Möglichkeiten, diese Dinge zu ändern. Es fehlte die nötigen finanziellen Mittel und auch die Zeit, um aus dem kahlen Gang etwas zu machen. Wir unterhielten uns eine Weile und ich bekam den Auftrag, etwas zu ändern. Man gab mir freie Hand, nur kosten durfte es nichts und auch nicht während der regulären Arbeitszeit geschehen. Es machte Spaß, diese ganzen Dinge zu organisieren. Mit den Angehörigen setzte ich mich zusammen und wir entwarfen einen Schlachtplan. Es war schwierig, unser Vorhaben in den normalen Tagesablauf zu integrieren. Uns standen am Anfang der Aktion ein Tischler, ein Maler, ein Fliesenleger und drei Hausfrauen zur Verfügung. Also genügend Leute, um Schritt für Schritt eine Änderung vorzunehmen. Immer in der Mittagszeit, wenn die Bewohner Mittagsschlaf hielten, wollten wir die kleinen Veränderungen vornehmen. Zimmerwand für Zimmerwand veränderte sich das Aussehen des wirklich breiten Ganges.

Wir brachten über den Türen kleine Vordächer an, klebten an die linke Seite die Hausnummer des Zimmers und am Ende jedes Ganges einen Straßennamen. Die Löcher wurden nach der Mittagsruhe gebohrt und so konnten diese farblich unterschiedlich gestalteten Vordächer gut angebracht werden.

Wir Frauen strichen die ›Fassaden der Häuser‹ in unterschiedlichen Farben. Auch malten wir neben jede Tür ein Fenster mit einer Gestalt. Der Kopf wurde als Kreis dargestellt, in den das Bild des Bewohners kam. Nach und nach verwandelte sich der kahle Krankenhausflur in eine bunte Ansammlung von kleinen Einfamilienhäusern. Je mehr Zimmerwände wir fertig hatten, umso mehr Helfer bekamen wir. Plötzlich bekam eines der Fenster einen Blumenkasten mit Pflanzen. Ein anderes Haus einen kleinen Zaun, der an die Wände geschraubt wurde. Man malte vor ein Haus Blumen, vor einem anderen einen Baum. Katzen und Hunde kamen dazu. Die kalten und unpersönlichen Aufenthaltsnischen wurden in kleine ›Gärten‹ umgestaltet, mit vielen bunten Pflanzkästen, die von den noch rüstigen Bewohnern nun liebevoll gepflegt werden konnten. Selbst der Speisesaal, das schwierigste Unterfangen, wurde umgestaltet. Am Eingang hing nun ein Schild ›Gaststätte zum Grauen Panther‹. Innen wurden ein paar Balken an die Wände gemalt und erzeugten so das Gefühl, in einem alten Fachwerkhaus zu sitzen. Die Tische wurden nun liebevoll gedeckt wie in einer Gastwirtschaft und erzeugten dadurch den Eindruck, man wäre ausgegangen. An meinem letzten Arbeitstag bekam sogar die Stationstür, als Krönung, einen großen Torbogen, um unser ›Dorf der grauen Eminenzen‹ zu vollenden. Unser Einsatz hatte sich gelohnt, nicht nur die Bewohner hatten jetzt mehr Lust hier zu wohnen. Auch die Pflegekräfte waren begeistert von der Veränderung.

Ja es war viel Arbeit, die Kosten allerdings hielten sich in Grenzen. Das Geld legten wir zusammen und jeder brachte etwas ›Fassadenfarbe‹ mit. Das Holz holten wir uns von Abrisshäusern und alten Scheunen. So sah es ›gebraucht‹ aus und erweckte den Eindruck, schon immer hier gewesen zu sein.

Am letzten Tag meiner Arbeit hier auf Station, war ich traurig und glücklich zugleich. Mein Ein-Euro-Job war beendet, leider hatte das Jobcenter nicht verlängert. Aber ich bin glücklich, dass wir aus der öden Aufbewahrungsstation für alte Menschen ein Zuhause machen konnten. Den Bewohnern und Besuchern gefällt die Idee des Dorfes gut und andere Stationen haben sich von unserer Idee inspirieren lassen. So verändern sich auch die anderen Stationen nach und nach zu einem Zuhause.

Ich bin jetzt froh darüber, im Altenheim angefangen zu haben. Mir wurde in all den Monaten eines bewusst, dass auch wir eines Tages in solch einer Einrichtung landen. Einfach weil wir niemanden haben, der sich um uns kümmern kann. Oder nur deshalb, weil wir hier abgestellt werden. Viele der Bewohner unseres Dorfes waren bedrückt und traurig, als ich hier ankam. Durch die Entstehung unseres Dorfes allerdings hat sich auch das Leben der Bewohner geändert. Sie liegen nicht mehr hier, sondern sind in das Dorf gezogen. Sie wohnen, leben und ›arbeiten‹ hier, um ihr Dorf schön zu halten. Auch die Pfleger kommen jetzt lieber zur Arbeit. Die Tätigkeit ist noch genauso hart und schwer, aber die Stimmung ist eine andere geworden. Die Bewohner sind glücklicher und strahlen das jetzt aus, genau wie die Pflegekräfte.

Ein Apfel jeden Tag

Marieluise Draxler

Es ist nicht leicht für sie gewesen und ob es die richtige Entscheidung war, weiß sie auch nicht, aber das weiß vermutlich niemand. Erika wippt rhythmisch in ihrem Schaukelstuhl, im Hintergrund ist das Musikstück ›Morgenstimmung‹ aus der Peer Gynt Suite zu hören, und sie beißt genussvoll in einen Apfel. Dabei erinnert sie sich an die Worte ihrer Mutter.
»An apple every day keeps the doctor away!«
Erikas Mama isst nach wie vor täglich einen und wenn ihr jemand dabei begegnet, erklärt sie ihm lächelnd ihre Philosophie und beißt genussvoll von der Frucht ab. Die Erinnerung lässt Erika schmunzeln. Danach schaut sie auf den Apfel in ihrer Hand und seufzt, leider hielten die Äpfel den Arzt bei ihrer Mama nicht fern.
»Ein Heim ist das Beste für sie, da wird sie rundum versorgt.«
Sagen alle. Aber ist dieser Satz letztendlich nicht eine Ausrede, um sein eigenes Gewissen zu beruhigen? Müsste der Satz nicht heißen: »Das Heim ist das Beste für MICH, denn dann muss ICH mich nicht mehr um sie kümmern?«
Wehmütig dreht die Frau den Apfel und betrachtet ihn von jeder Seite. Ihre Mutter mag nur die knackigen, die mit einer rauen Schale. Hoffentlich bekommt sie im Heim einen solchen. Die kalte Schnauze ihres Hundes Aiko holt Erika aus ihren Erinnerungen. Ein Blick in dessen Augen verrät, dass es Zeit für einen Spaziergang ist.
Während sie aufsteht, erinnert sie sich an den Blick ihrer Mutter, als sie diese ins Heim gebracht hat. Erika bildet sich ein, er zeigte Verständnis. Nachdem sie sich die Schuhe angezogen hat, hängt sie den Hund an die Leine und gemeinsam verlassen sie das Haus. Immer wieder muss die Frau an die Erzählungen ihres Arbeitskollegen denken.
»Als meine Schwiegermutter ins Heim kam, ging es mit ihr bergab. Die haben sie mit irgendwelchen Tabletten vollgestopft, damit sie Ruhe gibt, und nach wenigen Wochen konnte man kein normales Gespräch mehr mit ihr führen, schrecklich! Keine Ahnung, was die dort mit ihr gemacht haben, aber bereits ein Jahr später ist sie gestorben. War wohl das Beste für sie. Außerdem war es dort kalt und diese grauen Wände überall! Furchtbar!«

Wie ein Parasit frisst sich diese Erzählung immer weiter in Erikas Kopf. Bilder kommen dazu. Bilder von einem grauen, alten Haus mit traurigen Menschen. Der Magen krampft sich zusammen.

»Du darfst solchen Schauermärchen keinen Glauben schenken!«, sagt ihre Schwester Elfi.

Diese versucht, sie oft mit gegenteiligen Erfahrungsberichten zu beruhigen. Erika schüttelt den Kopf und beschließt Elfi anzurufen. Die Frau greift nach ihrem Handy und wählt die Nummer ihrer Schwester. Ein Signalton nach dem anderen folgt, keiner hebt ab. Dann, ein leises Klacken, doch es ist nur die Mailbox. Enttäuscht legt Erika auf. In diesem Moment zieht Aiko ganz aufgeregt an der Leine. Er möchte der Katze folgen, die soeben erhobenen Hauptes an ihm vorbeispaziert ist. Schon ist sie hinter der Hecke eines wunderschönen Hauses verschwunden und Aiko bellt ihr zornig hinterher. Erika versucht, ihn zu beruhigen, und möchte schnell weitergehen, da sieht sie eine alte Frau in einem Rollstuhl auf der Terrasse des Hauses sitzen.

Die Katze hat es sich auf dem Schoß der Alten bequem gemacht und genießt die Streicheleinheiten. Man hört regelrecht das Schnurren des Tieres. Aiko knurrt und bellt unverändert. Der Anblick gibt Erika einen Stich im Herzen. Hätte sie ihre Mutter auch zu sich holen sollen? Man hätte das Haus umbauen können, sie hätte jeden Tag für sie kochen können, ihr die Wäsche waschen, ihr beim Duschen helfen, ihr Zimmer nicht grau ausmalen. Irgendwie hätte sie das alles schon geschafft … neben dem Job und den Kindern. Unbeschreibliche Schuldgefühle breiten sich in ihrem Körper aus. Erikas Schritte werden immer schneller, sie will hier weg. Aiko passt sich freudig ihrem Tempo an und schaut immer wieder zu seinem Frauchen. Da vibriert es in der Hosentasche. Schnell greift Erika nach dem Handy und hebt ab, es ist Elfi.

»Hallo, Erika, ich habe gesehen, du hast mich angerufen?«

»Ja, ich habe mich wieder gefragt, ob es tatsächlich das Richtige war, Mama in das Heim zu geben.« Am anderen Ende der Leitung ist ein tiefes Einatmen zu hören.

»Erika, wir haben das doch so oft und lange besprochen! Mama wollte es so! Es ist das Beste für sie, glaube mir! Du denkst doch nicht schon wieder an diese Schauermärchen?«

Erika fühlt sich ertappt und antwortet.

»Ich habe mich an die Erzählung meines Arbeitskollegen erinnert und …« Elfi fällt ihr ins Wort.
»Hör auf damit! Ich fahre seit zehn Jahren bei der Rettung und die wenigen Heime, in denen sich solche Vorfälle leider wirklich ereigneten, sind längst geschlossen! Mama hat ein tolles Heim, sie hat sich das selber schon vor Jahren ausgesucht!« Schweigen. »Soll ich kommen?«, fragt Elfi liebevoll ihre ältere Schwester.
»Nein, danke, es geht schon wieder. Ich habe nur so ein schlechtes Gewissen! Mama hat so viele Jahre für uns gesorgt, auf so viel verzichtet, um uns ein schönes Leben bieten zu können, und wir? Wir schieben sie einfach ab.« Erika schluckt den Kloß in ihrem Hals hinunter und lässt Aiko von der Leine. Hier, auf der großen Wiese neben dem Wald darf er sich auslaufen und mit anderen Hunden, sofern welche vor Ort sind, spielen. Heute ist Aiko allerdings alleine, was ihn jedoch nicht daran hindert, über die gesamte Wiese zu hetzen.
Nach einer kurzen Pause verabschiedet sich Erika wieder von ihrer Schwester. »Danke für den Rückruf, ich werde jetzt auflegen. Aiko hat keine Spielgefährten, also werde ich ihm ein paar Bälle werfen.«
»Ist gut, und wenn du was brauchst … du weißt, ich bin für dich da!« Mit diesen Worten verabschiedet sich Elfi und legt auf. Bevor Erika das Handy wieder in ihre Hosentasche steckt, wählt sie die Nummer ihrer Mutter. Doch diese hebt nicht ab. Ein Blick auf die Uhr verrät, dass sie wahrscheinlich im Speisesaal sitzt. Hoffentlich kochen die dort nicht zu scharf, Mama verträgt scharf nicht gut. Um auf andere Gedanken zu kommen, wirft die Frau ihrem Hund den Ball, so weit wie sie kann. Ironischerweise ist der Ball grau. Dieser stürmt los und bringt ihn seinem Frauchen schwanzwedelnd zurück. Noch einmal wirft Erika den Ball, das Grau, mit voller Kraft weit weg, Aiko hetzt ihm sofort hinter her. Immer kräftiger und immer weiter wirft sie den Ball, als würde sie so die bösen, grauen Bilder in den Wald verdammen. Die beiden führen dieses Spiel noch etliche Male aus, dann tritt das Frauchen den Heimweg an.
Zu Hause angekommen, nimmt sich Erika einen Kaffee und setzt sich mit dem Handy in der Hand auf einen Küchensessel. Erneut wählt sie die Nummer ihrer Mutter. Doch auch dieses Mal hat sie kein Glück. Nervös

saugt sie an ihrer Unterlippe. Wieso erreicht sie ihre Mama nicht? Sie hat ihr doch eingebläut, das Telefon immer bei sich zu tragen … falls etwas passiert. »Was soll mir denn im Heim passieren? Ich bin umgeben von liebevollen Helfern, da brauch ich kein Handy!«, waren die letzten Worte ihrer Mutter gewesen.

Die letzten Worte vor dem schrecklichen Streit. Erika hätte nicht einfach gehen dürfen. Es war stets höchste Priorität in der Familie, nie im Streit auseinanderzugehen! Das schlechte Gewissen plagt Erika erbarmungslos. Wieder ein Krampf im Magen. Wieder graue Bilder. Mit verzerrtem Gesicht stellt sie die Kaffeetasse beiseite. Sie wird sich später besser einen Tee machen.

Vielleicht hat Elfi ja Recht und Erika macht sich wirklich zu viele Sorgen. Aber schließlich geht es hier um ihre Mama! Nervös starrt die Frau auf ihr Handy und klopft dabei mit ihrer rechten Hand nervös auf den Oberschenkel. Wieso meldet sie sich nicht? Wieder tauchen schreckliche Bilder in ihrem Kopf auf. Die Frau erhebt sich und geht ein paar Schritte in der Küche auf und ab. Vielleicht sollte sie im Heim anrufen? Vielleicht ist etwas passiert? Nein, dann hätte sich jemand gemeldet. Der Gong der Pendeluhr im Wohnzimmer verrät Erika, dass es Zeit ist, Essen zu kochen. Die Kinder werden bald nach Hause kommen.

Ein Blick in den Kühlschrank mahnt sie, einkaufen zu fahren, denn außer Gemüse, Butter und Marmelade ist nicht mehr viel zu finden. Sie möchte sich schon die Schuhe anziehen, da fällt ihr etwas ein. Ein Lächeln breitet sich auf ihrem Gesicht aus und ihr Herz schlägt freudig schneller. Mamas Gemüsesuppe! Aufgeregt nimmt sie die teilweise schon etwas verwelkten Karotten, das kleine Stück Sellerie, die verrunzelte Petersilienwurzel, die letzten drei Kartoffeln, den beinahe vergessenen Lauch und die restlichen Bohnenschoten heraus.

Aufgeregt legt Erika alles auf die Arbeitsfläche neben dem Waschbecken. Sie erinnert sich daran, dass ihre Mutter öfters aus Gemüseresten die beste Suppe aller Zeiten zauberte. Als Erika noch ein Kind war, sah sie ihrer Mutter gerne beim Kochen zu. Sie versuchte, sich alles zu merken, denn sie wollte eines Tages auch so gut kochen können. Ob sie das heute tut, weiß die Frau nicht genau. Ihrer Familie schmeckt es zumindest meistens. Schnell beginnt sie die Zutaten zu waschen und zu schneiden, und wirft danach alles in einen großen Topf. In Erinnerungen schwelgend bereitet Erika die Suppe zu. Dabei muss sie immerzu lächeln.

» Je länger sie vor sich hin köchelt, umso besser schmeckt sie!«, verriet ihre Mutter stets.

Erika dreht den Herd eine Stufe zurück. Zufrieden fügt sie noch ein paar Kräuter und Suppenwürze hinzu und deckt den Topf zu. Sie will gerade alles wegräumen, da läutet das Handy. Erika lässt beinahe alles fallen und läuft zum Telefon, das am Küchentisch liegt. Als sie auf das Display schaut, bleibt ihr Herz stehen. Eine unbekannte Festnetznummer!

Das Heim? Nein, diese Nummer hat sie eingespeichert … oder doch nicht? Erikas Puls wird immer schneller. Verzweifelt versucht sie, zumindest die Vorwahl zuordnen zu können. Sie starrt weiter auf das Display.

Plötzlich wird sie kreidebleich. Sie erinnert sich an die Nummer. Es ist das Krankenhaus. So heb doch endlich ab! Doch sie kann nicht. Wie versteinert starrt sie auf die Nummer und hat das Gefühl, nicht mehr atmen zu können. Mama! Wieder graue Bilder. In letzter Sekunde besinnt sie sich und hebt endlich mit zitternden Händen ab.

»Ja, hallo?«

»Spreche ich mit Frau Erika Schaller?«

Die Stimme am anderen Ende der Leitung ist fast nicht zu hören, die Geräuschkulisse im Hintergrund ist beträchtlich. Es ist ein Wirrwarr aus aufgebrachten Stimmen, Türen, die auf und zu gemacht werden, Telefonen, die läuten, und hektischen Schritten.

Erikas Mund ist so trocken, dass sie beinahe nicht antworten kann. Die Zunge klebt auf dem Gaumen. Mit gebrochener Stimme antwortet sie.

»Ja, das bin ich. Ist etwas passiert?«

Bis Erika eine Antwort erhält, vergehen gefühlte Stunden. Endlich meldet sich wieder jemand zu Wort. »Ah, sehr gut! Hier spricht Frau Spieß, internistische Abteilung. LKH Graz …«

Erika wird schwarz vor Augen. Der Adrenalinspiegel verhindert jedoch einen Kollaps.

Mit rasendem Herzschlag versucht sie, der Stimme am Telefon zu folgen.

»… ich wollte nur nachfragen, ob wir den Befund von Ihrer jährlichen Kontrolluntersuchung an den Hausarzt oder an Sie persönlich schicken sollen?«

Erika atmet erleichtert aus. Das hat sie ganz vergessen! Beinahe erschöpft tastet sie nach einem Sessel und setzt sich hin. Ihr Puls beruhigt sich wieder und sie bittet die Dame, den Befund zu dem Hausarzt zu schicken. Mit schweißigen Händen legt Erika auf. Danach atmet sie noch ein paar Mal tief ein und aus. Wieder gefasst steht sie auf, um sich ein Glas Wasser zu holen, und muss über ihre Reaktion lachen. Als Erika wieder auf das Handy blickt, überkommt sie erneut der unstillbare Drang, ihre Mutter anzurufen. Keine Sekunde später hält sie das Telefon an ihr Ohr und lauscht dem wohl bekannten Piepen. Nach wenigen Augenblicken legt sie wieder verärgert auf. Ob ihre Mutter absichtlich nicht abhebt, weil sie bei ihrem letzten Zusammentreffen gestritten haben? Nein, so kindisch ist sie nicht. Oder doch? Wieder überschwemmt Erika eine Flut von schlechtem Gewissen. Sie wollte ihrer Mutter nicht vorhalten, dass sie zu wenig isst, sie macht sich einfach nur Sorgen, da sie immer dünner wird. Oder ist Erika einfach nur eifersüchtig? Ist sie eifersüchtig, dass ihre Mutter eine bessere Figur hat, als sie selbst? Verlegen schaut sie auf ihren Bauch, weiter auf ihre Schenkel, greift sich auf den viel zu großen Busen. Sie weiß, ein paar Kilo weniger würden nicht schaden, aber seit der letzten Schwangerschaft will der Speck einfach nicht mehr weg. Die Frau zwickt sich ganz leicht in den Bauch, der sich tatsächlich ein wenig über den Hosenbund wölbt. Auch wenn ihr Mann meint, er sehe keinen Unterschied zu früher, weiß sie, dass dort früher keine Speckrolle zu tasten war. Die Waage bestätigt es ihr ja auch jeden Tag.
Erika erinnert sich weiter an das letzte Gespräch mit ihrer Mutter: Sie hat Mutter vorgeworfen, sich überall einzumischen und alles besser zu wissen, man könne mit ihr nicht diskutieren. Aber letztendlich nimmt Erika den Rat ihrer Mama immer dankend an und erkennt auch sehr oft die Wahrheit hinter ihren Worten. Beschämt schaut die Frau aus dem Fenster. Sie hätte ihre Mutter nicht so anfauchen dürfen, denn die Tatsache, dass die beiden Frauen unterschiedlicher Meinung sind, ist ja nicht ihre Schuld. Das schlechte Gewissen wächst weiter und wird beinahe unerträglich. Aus, es reicht! Erika beschließt, sobald die Buben zu Hause sind, in das Heim zu fahren. Keine Minute später hört sie lebendige Kinderstimmen aus dem Garten und Aiko stürmt schwanzwedelnd zur Türe. Kurz darauf wird die Türe aufgerissen und zwei freche Jungs betreten das Haus.

Aufgeregt schleckt der Hund abwechselnd die Hände der Kinder, welche lachend das Tier umarmen.
»Hallo, ihr zwei!«, begrüßt Erika ihre Kinder. »Bekommt eure Mutter auch so eine Begrüßung, oder habt ihr den Hund schon lieber als mich?«
»Neeeeiiiin!«, brüllen die Buben und laufen ihrer Mutter entgegen.
Unendlich glücklich nimmt sie die Kinder in die Arme und drückt sie ganz leicht an sich. Nachdem alle herzlich begrüßt wurden, laufen die Jungs in die Küche und setzen sich zu Tisch.
»Was gibt es zu essen, Mama?«, fragt Anton, der ältere Sohn, und späht neugierig zu dem Herd hinüber. Als Erika die Teller serviert, ruft Johann freudig: »Gemüsesuppe!!«
Wie kleine Raubtiere stürzen sich die zwei über das Essen. Gierig verschwindet ein Löffel nach dem anderen in den kleinen Mäulern. Nachdem der erste Hunger gestillt ist, fragt Erika:
»Ich fahre heute zu Oma, wollt ihr mitkommen?« »Jaaaaaa!«
Ein erneuter Ansturm von Freude beantwortet eindeutig die Frage.
»Gut, dann macht schnell eure Schulaufgaben, damit wir bald starten können!«
Als auch der letzte Rest der Suppe aufgegessen ist, stehen die Kinder auf, schnappen sich ihre Schultaschen und bevor sie in den Zimmern verschwinden, fragt Anton:
»Darf ich einen Apfel? Oma sagt immer, wenn ich jeden Tag einen esse, bleibe ich gesund und brauche nie zum Arzt!«
Dabei strahlt er seine Mutter mit leuchtenden Augen an. Erika nickt und gibt ihrem Sohn einen. Sie sieht zu, wie er genussvoll hineinbeißt. Kauend schaut er zu seiner Mutter und lächelt. Sie verspürt einen Stich in ihrem Herzen. Der Kleine ähnelt seiner Oma bis ins kleinste Detail. Wieder graue Bilder. Die beiden wollten unbedingt, dass sie bei ihnen lebt. Anton hätte sogar auf sein eigenes Zimmer verzichtet und es Oma überlassen.
Erika hält es nicht mehr aus, sie muss zu ihrer Mutter. Sie wird ihr heute noch einmal den Vorschlag machen, bei ihnen zu wohnen. Irgendwie werden sie das Geld für den Umbau schon aufbringen und ob sie jetzt für vier oder fünf Leute den Haushalt schmeißt, macht keinen Unterschied.
»Kommt Kinder, wir fahren. Papa hilft euch am Abend bei der Hausaufgabe.«

Mit Gegröle ziehen sich die Buben die Schuhe an und stürmen aus dem Haus. Dicht gefolgt von Aiko, der ebenfalls aufgeregt hechelt und mit seinem Quietschball im Maul durch den Garten flitzt. Während der Autofahrt überlegt Erika kurz, ob sie vorher nicht vielleicht doch noch einmal mit Thomas sprechen sollte, erinnert sich aber an seine Worte aus dem letzten Gespräch: »Wenn du dir sicher bist, dass du das alles schaffst, ist sie herzlich willkommen.« Also holen wir Oma nach Hause!

Als Erika eine halbe Stunde später das Auto vor dem Seniorenheim parkt, wird sie nervös. Mit je einem Sohn an einer Hand betritt sie den Eingangsbereich und muss verwundert gestehen, dass der typische Geruch nach Urin und Krankenhaus fehlt. Ganz im Gegenteil, es riecht erfrischend nach einem Mix aus Lavendel und Rosenblüten. Wahrscheinlich das Öl in der Duftlampe, welche beim Empfangsbereich steht. Entschlossen geht sie über die sauberen Stufen in den ersten Stock. Auch dort riecht es weder nach Krankenhaus, noch nach Urin oder Unrat. Der helle Gang ist mit Bildern geschmückt, auf denen diverse Tiermotive zu sehen sind. Keine grauen Wände. Von dem großen, sehr gepflegten Käfig am Ende des Ganges tönt ein lustiges Gezwitscher. Anton und Johan kennen die Wellensittiche schon und laufen zu ihnen, um sie zu begrüßen.

Erika nimmt Aiko kürzer an die Leine, denn dieser findet ebenfalls großes Interesse an den Vögeln. Vor dem letzten Zimmer bleibt Erika stehen und atmet tief ein. Auf dem Schild neben dem Türstock steht der Name ihrer Mutter, verziert mit den Blumen von Johann und Anton. Vorsichtig klopft Erika an die Türe. Aufmerksam lauscht sie den Geräuschen. Doch hinter der Türe ist nichts zu hören. Sogar die Wellensittiche haben ihr Lied beendet und schauen verschreckt in die zwei Kindergesichter vor dem Käfig. Noch einmal klopft sie. Keine Antwort. Langsam öffnet sie die Türe und steckt vorsichtig den Kopf hinein. Das Zimmer ist leer. Erika tritt ein und ruft nach ihrer Mutter, doch sie erhält keine Antwort. Nervös schaut sie in das Bad, doch auch dort ist niemand. Da erblickt Erika das Handy am Tisch. Sie nimmt es in die Hand und liest auf dem Display: drei versäumte Anrufe.

»Kommt, wir suchen im Garten, Oma ist nicht hier«, erklärt sie ihren Kindern und verlässt das Zimmer. Gemeinsam gehen sie die Stufen hinunter und weiter in den Garten. »Ich weiß, wo Oma ist! Sie ist sicher bei den Rosen!«, ruft Anton und stürmt los.

Stimmt, wie konnte Erika annehmen, dass ihre Mama bei so einem herrlichen Wetter im Zimmer ist? Kopfschüttelnd folgt sie ihren Buben und muss Aiko wieder daran hindern, ebenfalls loszustürmen. Erikas Herz schlägt immer schneller. Sie wird das schon schaffen! Mama hat es verdient, bei ihnen zu leben. Sie sucht in ihrem Geiste nach den richtigen Worten, da sieht sie ihre Mutter auf einer Bank sitzen, die unter einem Rosenbogen steht. Erika bleibt stehen. Aufmerksam beobachtet sie die Szene, die ihr gerade den Atem raubt. Johann und Anton sitzen links und rechts von ihrer Oma und erzählen dieser aufgeregt von der Schule. Die alte Frau hört ihnen zu und wirkt glücklich. Erika will gerade zu ihr gehen, da sieht sie den behandelnden Arzt, Dr. Bauer. Auch er bemerkt sie und kommt winkend auf sie zu.
»Grüß Gott, Frau Seiler! Schön, dass ich Sie treffe. Ich wollte Ihnen sagen, ihre Mutter erholt sich blendend, die Blutwerte sind nun beinahe unauffällig, und die Testergebnisse der neurologischen Untersuchung zeigen keinen Fortschritt der Demenz! Das ist sehr gut!«
Ungläubig schaut die Frau den Arzt an und fragt: »Was bedeutet das für mich?«
»Es ist ein großer Erfolg, wenn die Krankheit stagniert! Ihre Mutter nimmt auch an allen Freizeitangeboten teil und ist fast immer hier im Garten«, antwortet er lachend.
Erika blickt zu ihrer Mutter, die gerade in einen Apfel beißt und herüberwinkt. Freudig ruft Anton: »Mama, Oma sagt, sie haben hier sogar Äpfel mit rauer Schale!«
Dabei lachen alle drei und beißen genussvoll von der Frucht ab. Auch Dr. Bauer beobachtet mit einem zufriedenen Lächeln die Szene.
»Ich hoffe, Frau Seiler, Ihre anfänglichen Sorgen sind beseitigt. Ihre Mutter fühlt sich hier wie zu Hause!«
Der Satz verursacht einen Stich in ihrem Herzen, doch Erika muss gestehen, dass ihre Mutter tatsächlich sehr zufrieden wirkt.
»Ich danke Ihnen, Herr Doktor! Ich werde meine Mama trotzdem noch einmal fragen, ob sie nicht lieber bei uns leben möchte.«
Mit diesen Worten verabschiedet sie sich von dem Arzt und geht zu der Bank. Freudig steht die alte Dame auf und umarmt ihre Tochter, den angebissenen Apfel noch immer in der Hand.

»Hallo, schön, dass du kommst! Sieh nur, wie wundervoll die Rosen hier blühen! Hast du die überhaupt schon gesehen?«
Verwundert antwortet Erika: »Ja, natürlich, Mama! Ich war doch vor zwei Tagen hier, als wir…«
Erika schafft es nicht, den Satz fertig zu sprechen.
Mit reumütigen Augen schaut sie ihre Mutter an. Diese lächelt und antwortet. »Du warst schon hier? Ich kann mich gar nicht erinnern. Aber sind sie nicht wunderschön? Dieses satte Rot!«
Erika lächelt verunsichert.
»Ja, das sind sie. Mama, willst du mit nach Hause kommen?«
Die alte Dame hört auf zu kauen und schaut ihre Tochter verwundert an. Dann antwortet sie: »Ich verstehe nicht, ich bin doch zu Hause! Sieh nur, wie schön die Rosen blühen, die hat dein Vater wirklich gut gepflanzt!«
Liebevoll strahlt sie ihre Tochter an und deutet mit der Hand zu den Blumen. Erika wischt sich die Tränen aus den Augen und sagt beruhigt: »Ja, das hat er wirklich gut gemacht, sie sind wunderschön!«
Mit jeder Freudenträne zerbröckeln die grauen Bilder und machen Platz für neue, schöne Bilder mit Rosen.

Wie der Tod

Über den Wolken

Sally Bertram / Florian Knisatschek

Hauptredner Hubert Oberpointner betritt die Bühne. Er klopft mit dem Finger einige Male auf das Mikrofon.
»Sehr geehrte Damen, meine Herren, ich freue mich besonders, sie hier zu unserer alljährlichen Tagung der Bergretterkameraden Tirols begrüßen zu dürfen. Ein besonderes Dankeschön auch den Betreibern dieses kleinen Flughafens hier, die wie jedes Jahr so freundlich sind, uns diesen schönen Hangar hier für unsere Veranstaltung zur Verfügung zu stellen. Es erwartet uns ein schönes Festprogramm mit regionalen Schmankerln für Ohr und Gaumen, und eine besondere Freude ist es mir auch, zwei neue Kameraden vorstellen zu dürfen, Fritz und Franz, - wo seids? Ah! - denen wir heute zum Einstand für ihre zukünftigen Aktivitäten als Bergretter eine Ballonfahrt gönnen wollen, aber nicht nur zum Genießen, nein, sondern auch um unsere schönen Berggipfel einmal von oben, als Orientierung sozusagen, kennenzulernen! Weiter im Programm auch eine Rundschau des Gerätes der Bergretter, damit sich auch unsere Gäste ein Bild von der täglichen Arbeit der Kameraden ein Bild machen können! So erkläre ich mit einem herzhaften BERG HEIL das Buffet für eröffnet!«
Die Kapelle versucht einen Tusch. Fritz und Franz schlängeln sich zum Buffet, wo Franz sich sofort einige Brötchen auf ein Kartontatzerl schiebt. Fritz zieht etwas an den Gurten seines Fallschirms, den er sich zuvor umgehängt hat.
Fritz: »Jetzt friss doch nicht gleich wieder! Ich sag dir, dir wird dann schlecht, wenn wir erst oben sind!«
Draußen wird der Ballon aufgeblasen.
Franz: »Das geht dich einen Scheiß an, was ich esse. Außerdem bin ich Bergretter. Mir wird eh nicht schlecht. Ich weiß, was ich tue.«
Fritz nestelt an den Gurten. »Aber ja …« Sie verlassen den Hangar, Franz mit dem Tatzerl, in Richtung Ballon.
Hans: »Ah, unsere beiden Jungspunde, haha, ich bin Hans, euer Lokführer, haha, willkommen an Bord!«

Franz lächelt müde und stopft sich eine letzte Semmel in seinen Mund. Umständlich klettert er in den Korb des Ballons, spricht mit vollem Mund, wobei ihm Krümel herausfallen.

»Ich freue mich schon auf die Fahrt. Das ist mein erstes Mal. Aber ich kenne mich eh schon aus. Ich bin schließlich nicht umsonst bei der Bergrettung.«

Hans: »Nur hereinspaziert die Herren, haha!«

Fritz klettert ebenfalls unbedarft in den Korb: »LEINEN LOS, HERR LOKFÜHRER! AB IN DIE LÜFTE!«

Franz: »Und schon geht es loooos! So bekommt man eine ganz neue Sichtweise. Aber was hast du für ein komisches Teil mit, Fritz? Ist das ein Rucksack mit Medikamenten für dich, oder das, was ich denke?«

Fritz: »Was weiß ich, was du denkst? Das ist ein Fallschirm! Wir bewegen uns schließlich vertikal in Richtung OBEN und ich bin eben gern auf der sicheren Seite!«

Hans betätigt bestimmt den Gashebel.

»Meine Herren, in Kürze haben wir die Reiseflughöhe erreicht, haha!«

Franz: »Na, ein komischer Fallschirm. Wir sind Bergretter, wir leben mit der Gefahr. So was brauche ich nicht. Hans, was ist denn unsere Flughöhe? Der Herr neben mir hat Höhenangst!«

Hans wird bleich und antwortet: »Haha, über den Wolken … haha, also über den Tiroler Bergen.«

Hans taumelt plötzlich leicht.

Fritz: »Was heißt komischer Fallschirm!?

BERGRETTERSEMINAR TAG 1: Die eigene Sicherheit und die Sicherheit des Kameraden haben absolute Priorität! Aber so was ist dir ja wurscht, HERR COOL!«

Franz: »Da brauchst gar nicht so abfällig und arrogant werden, du Klugscheißer. Es ist nur eine Ballonfahrt. Aber die Aussicht ist wunderbar. Vielleicht etwas grau, wie nebelig … a bissl.«

Fritz: »Ja genau wie dein Verstand.«

Er blickt über die Reling nach unten. »No seawas« Hans fasst sich währenddessen ans Herz und kippt wortlos um.

Franz: »Na was? Hast jetzt etwa doch Angst?! Sag, was hat der Hans denn plötzlich?«

Fritz: »Jössas! HERR HANS!?«

Fritz kniet nieder und tätschelt Hans mild die Wange: »HERR HANS!!« Dann fester, zunehmend Panischer: »HERR HAHAANS!!«
Franz: »Na geh, jetzt werde nicht gleich so hektisch. Wir sind Bergretter, verstehst?
BERGRETTER!«
Sichtlich um Lässigkeit bemüht, fasst Franz den Arm von Hans und prüft den Puls. Cool stellt er fest, während seine Stimme unmerklich zittert: »Na, Puls hat der nimmer!«
Fritz: »Was?! Der is tot! Der is TOT?! Um Gottes Willen, der ist TOT!«
Er tätschelt wieder seine Wange: »HERR LOKFÜHRER!!!«
Franz: »Jetzt schrei nicht so rum. Der ist eh tot und kann dich nimmer hören. Bist schon eine Dramaqueen. Sag lieber, ob du dich mit dem Defib… Defib… also mit dem Gerät fürs Herz auskennst?«
Fritz: »Moment, nicht nervös sein … Wie war das, ah ja, langsam von 4 rückwärts zählen. Eins, zwei, drei … Scheiße!«
Franz: »Jetzt lass mich das machen. Du packst das eh nicht. Bei dir mag ich nicht in Gefahr sein. Also, Massage … vier, drei, zwei … Warte, anders! Oder?«
Fritz kramt sein Handy heraus, tippt: »Hallo! Wir haben da an Herzinfarkt oder so … Was wie? Drei Kilometer über Kufstein ungefähr, ich weiß nicht, es ist so neblig! … Was heißt besoffen!? Jetzt hat der aufgelegt! SCHEISSE!«
Fritz wirft wütend das Handy über die Reling in die Tiefe.
»Na glaubst die täten …«
Franz: »Jössas! Und du willst BERGRETTER werden? Zu deppert, um die Ambulanz zu rufen. Wo sind wir denn? Verdammte Scheiße!« Franz betätigt, fast unbewusst, den Hebel des Ballons. Sie steigen kurz weiter.
Plötzlich ein Knall.
Fritz: »Na, Ned, gib Gas du Trottel!«
Fritz versucht, den Gashebel wieder zurückzuschieben: »Der klemmt! So ein Schaas!«
Fritz wendet sich wieder dem toten Hans zu: »Wir brauchen an Defibrillator!«
Franz: »Ich sag ja eh, dass wir den Defib… also den Dings brauchen. Ist eh zu spät.«

Franz schaut sich um. Er sieht Fritz kaum noch. Nur grauer Nebel. Fritz reißt an dem Päckchen mit dem roten Kreuz, innen an der Reling, herum.
Fritz: »Nur Wundkompressen! Des gibt's ja ned … AH, Kabel, das muss er sein! Geh Franz, reiß ihm das Hemd auf … scheiß, ah, da sind die Saugnäpfe.«
Franz sucht mit verkniffenen Augen den leblosen Körper von Hans im Nebel. Er reißt schließlich dessen Hemd auf.
»Das Hemd ist feucht! Der Hans ist schon a bissl kalt geworden. Na, nun pick diese Saugnäpfe an seine Brust, du Depp!«
Auf dem Display des kleinen Defibrillators erscheint eine Schrift: DIE BATTERIE IST ZU SCHWACH, BITTE LADEN SIE DAS GERÄT MITTELS BEIGEFÜGTEM NETZTEIL WIEDER AUF.
Fritz: »Na, jetzt is olles aus …«
Franz: »Bitte was? Willst mich verarschen? Das ist ein Defib… Dings. Das ist aus?? Scheißteil! Eh wurscht, der Hans ist voll tot. Was machen wir jetzt? Ich hör das Gas nimmer vom Ballon! Na seawas!«
Fritz wird zusehend weinerlich, der graue Nebel immer dichter, und auch die Temperatur immer kühler.
Fritz: »Mein Leiberl ist schon ganz durchgeschwitzt, dabei verkühl ich mich eh so leicht!«
Franz verdreht seine Augen genervt.
»Geh bitte, jetzt heul mal nicht! Schau mich an, ich bleibe ruhig und cool. Hörst jetzt noch das Gas strömen oder auch nimmer? Es könnte sein, dass wir sinken. Ich wusste, mit dir kann es nicht gut enden …«
Fritz sitzt sehr weinerlich in seiner Ecke des Korbes. Etwas konsterniert nestelt er an seinen vermeintlichen Fallschirmgurten herum.
»Ja eh, du bist einfach ein Arsch.« Plötzlich ein Zischen. Es blasen sich zwei rote riesige Lawinen-Airbags aus seinem Rucksack auf.
Franz: »Was machst du Vollkoffer da bitte? Was hast du Rotes am Rücken? Wir sind doch BERGRETTER, du Depp, BERGRETTER!«
Fritz bricht endgültig in Tränen aus:
»Ich hab geglaubt, das ist ein Fallschirmrucksack …« Franz dreht endgültig durch.
»Ich pack es nicht! Selbst für den richtigen Rucksack, für einen Fallschirm bist du zu blöd! Wir schweben hier im tiefsten Nebel in tausenden Metern

Höhe. Und du Vollkoffer heulst nur und sitzt da mit den scheiß roten Flügeln. Du bist zu nichts zu gebrauchen.
Wir verrecken, du ARSCH!«
Fritz fasst allen Mut zusammen, schnäuzt sich in sein Hawaiihemd, steht mit seinen sperrigen Flügeln auf. »Stich hinein!«
Franz nimmt ein Skalpell-Messer aus dem Erste-Hilfe-Koffer, und stellt sich bedrohlich vor Fritz auf. »Ich würde dich gern erstechen. Du bist so peinlich für die Bergrettung.«
Franz sticht drei Mal in den linken, und drei Mal in den rechten Flügel von Fritz. Dabei grinst er bösartig und entnervt zugleich.
Fritz besinnt sich der Situation. »Danke.«
Er rotzt kurz auf und wendet seinen Blick auf das Gasgerät. Auf diesem sind vier Knöpfe. Er runzelt überlegend die Stirn. WRUMMS! In dichtestem grauen Nebel schlägt der Korb gegen eine Felswand und wirft Franz und Fritz auf einen vermeintlichen Tiroler Berggipfel. Sie bleiben bewusstlos liegen.
Langsam kommen sie wieder zu sich. Franz schaut verdutzt um sich. Er sieht nichts mehr, außer Grau. Alles verschwindet im Nebel. Es ist nass und kalt. Er liegt mitten im Schnee, neben einem verschwommenen roten Etwas. Franz wird nun doch merklich panischer.
»Hast du Depp gedrückt? Wir sind aufgeschlagen, oder? Wir werden verrecken über den Tiroler Bergen. Nur wegen dir. ICH HASSE DICH!«
Fitz, ebenfalls erwacht: »Was heißt gedrückt?! Wo soll ich gedrückt haben!? Du bist so ein Depp! Sieh uns doch mal an, aus dem Korb geworfen, hier auf diesem bleistiftgroßen Gipfel, mitten in der Tiroler Scheißalpendings! Kein Meter ist zu sehen, nicht links, nicht rechts, und überall der sichere Abgrund, der sichere TOD?! Herr Gscheit!«
Franz durchdringt die Kälte langsam aber sicher. Er beginnt zu bibbern: »D-d-du b-b-bist schuld! Jetzt m-m-muss ich mit d-d-dir hier im scheiß G-g-gebirge elendig sterben. Ich h-h-habe mein N-navi. Ich w-w-werde hier ned v-v-verrecken. Ich f-f-finde zurück. Ich b-b-bin Bergretter. Du b-b-bist ein Arsch!«
Fritz: »Jaja, du Arschloch, ich kuschel mich hier bequem in die Fetzen meiner Lawinenflügerl, du Arsch! Weck mich, wenn die Bergrettung kommt! Magst ein Flügerl?«

Franz: »Ich b-b-brauche deine scheiß F-f-flügerl nicht! Ich g-g-gehe heim mit meinem N-n-navi. Bleib d-d-doch hier und sterbe in d-d-den Flügeln, du V-v-vollkoffer!«

Fritz: »… So wie damals der Nordpoldings … haha, der hat auch geglaubt … Und dann haben sie die Toten aufgegessen!«

Fritz setzt sich ein letztes Mal auf: »Wo ist eigentlich der Hans?«

Franz tippt wild in sein Navi. Es piepst unaufhörlich. Er zuckt hilflos. »Was w-w-weiß ich, wo d-d-der Hans ist?! Scheiße, ist das k-k-kalt. ICH HASSE D-D-DICH!«

Langsam verzieht sich dann der Nebel, es heitert auf.

Zwei Tage später kommt ein älterer Herr vorbei. Nordic-walking ist ein schöner Sport, vor allem mit 64. Er schaut auf die leblos gefrorenen Körper von Fritz und Franz.

›Anfänger!‹, denkt er, fasst sich an den Walking-Helm, und greift zum Handy: »Heans, zwaa Ötzis … wie ist des jetzt mit an Finderlohn? Samma scho Italien, oda is des no Tirol?«

Der graue Nebel der Seele

Karin Pfolz

Die Autobahn ist in dichten Nebel gehüllt. Weit voraus kann sie nicht sehen, vielleicht so an die sechs Meter, denn von dem Fahrzeug vor ihr sind gerade noch - als verschwommener roter Lichtschimmer - die Rücklichter in der grauen Wand zu erkennen. Sie mag es nicht, wenn die Welt so verschluckt wird. Es erdrückt sie, denn der Nebel hüllt alles ein, aber er legt sich auch über ihr Inneres.

Der Tachometer zeigt eine Geschwindigkeit von 130. Vielleicht etwas zu schnell für diese Witterungsverhältnisse. Doch sie fährt diese Strecke alle paar Tage und ist sicher, dass sie jede Gefahr meistern kann. Die roten Lichter vor ihr geben ihr den Schritt vor, warum sollte sie also langsamer fahren? Es ist so schon fad genug, wenn rundherum nichts als Grau zu sehen ist. Außerdem freut sie sich bereits seit Tagen darauf, endlich wieder ihren Liebsten zu sehen. Das letzte Mal vor Weihnachten, zumindest nimmt sie das an, denn die lieben Verwandten kommen zu ihm und da bleibt keine Zeit für die Freundin. Ja, sie versteht das. Weihnachten ist das Fest der Familie und die trifft sich dann eben, da ist kein Platz für sie.

Ein kurzer Blick auf die Uhr am Borddisplay zeigt bereits eine spätere Zeit an, als sie geplant hatte. Diesmal sind nur zwei Stunden frei beim Liebsten. Die Arbeit! So viel Arbeit und Besorgungen stehen am Nachmittag auf seinem Terminkalender. Trotzdem findet er diese zwei Stunden noch für sie. Keinesfalls möchte sie zu spät kommen, jede Minute in seiner Nähe sein, die sie bekommen kann. Ein wenig mehr Geschwindigkeit ist sicher noch möglich.

Die Überholspur ist frei. Sie steigt aufs Gas, schert aus - sie kennt ja die Strecke. Normalerweise betrachtet sie die Umgebung während des Fahrens, doch das ist ja nicht möglich. So schweift sie in Gedanken ab.

Warum zweifelt sie nur so oft an seiner Liebe? Warum bohrt das so in ihr? Es ist doch so klar in seinen Augen zu sehen, wenn er sie in den Arm nimmt und in ihre blickt. All seine Liebe.

Trotzdem verschwindet es nicht, das Negative.

Warum verheimlicht er, dass es sie gibt? Warum sagt er es niemandem? Gut, es ist nicht wichtig, denn was zählt, ist doch nur, dass sie beide einander vertrauen.
Warum darf sie nie bleiben oder abends kommen? OK, er meint, er sei müde und es ist doch angenehmer, einen Vormittag miteinander zu haben.
Der Motor schnurrt leise, die Autobahn vor ihr wirkt gespenstisch leer.
Seit Jahren sind sie nun zusammen, täglich verbunden, täglich im Kontakt. Mehrmals und fast ununterbrochen. Es gibt ja das Internet. Doch ihr fehlt der Geruch, die Nähe.
Natürlich, es ist anders geworden in den letzten Monaten. Die Abstände der Treffen sind näher zusammengerückt. Waren vorher viele Tage dazwischen, so sind es nunmehr nur noch einige wenige.
Ein leichtes Lächeln erscheint auf ihrem Gesicht. Ja, er hat es erkannt, er hat sich für die Liebe in seinem Herzen geöffnet. Nachdem er doch begriffen hat, dass auch sie einmal weg sein kann, weil sie dieses Warten nicht mehr aushält.
Hinter ihr auf der Sitzbank liegt das liebevoll gestaltete Weihnachtsgeschenk für ihn. In das Geschenk hat sie ein zweites gepackt. Eine kleine Reise - nur für sie beide. Denn sie möchte so gerne einmal neben ihm aufwachen. Einmal sein Gesicht sehen, wenn sie die Augen öffnet am Morgen. Und einmal ruhig einschlafen können, während sie seinen Atem hört und seine Wärme spürt.
Der Nebel wird dichter. Nun muss sie doch etwas die Geschwindigkeit drosseln, denn die Sicht reicht nur noch bis kurz vor die Motorhaube.
Seit drei Jahren verspricht er ihr, dass sie wegfahren. Immer wieder aufgeschoben, immer wieder ausgeredet. Klar, es waren immer wichtige Gründe. Verständlich - ja - Verständnis hat sie für alles.
Endlich, bald kommt die Ausfahrt. Bereits fünf Minuten hat sie verloren mit ihm, mit seiner Wärme und seinem Lächeln für sie. Sie denkt an sein Gesicht, den Blick, wenn er die Türe öffnet für sie. Tränen rinnen ihr über die Wangen, weil sie weiß, dass sie heute nicht lange bleiben kann. Sie auch weiß, dass er nun einige Tage keine Zeit für sie haben wird. Das Wegfahren tut dann immer so weh. Gerade jetzt, wo er sich so öffnet in der Beziehung. Sogar ein Weihnachtsgeschenk bekommt sie. Auch etwas Neues. Fast als wäre die Beziehung erst ganz neu. Vielleicht ist sie das auch. Neu. Zumindest

für ihn. Denn erst jetzt spürt sie diese tiefe Verbundenheit bei ihm, die sie bereits von Anfang an hatte.
Noch immer fährt sie auf der Überholspur. Auf dieser Strecke kommt man sonst nicht vorwärts mit dem ganzen Schwerverkehr, der mit achtzig dahinschleicht.
Im Haus heizt er den Ofen an. Sie soll es warm haben, wenn sie kommt. Er freut sich auf ihr Lächeln. Die bernsteinfarbenen Augen, die ihm mit jedem Blick sagen, wie sehr sie ihn liebt. Nur noch ein paar Minuten, dann wird sie da sein. Er hat sie gerne in seiner Nähe, doch die Zeit ist voll mit Terminen und es ist oft schwer, ein paar Stunden für Gemeinsames zu finden. Auch möchte er Rücksicht nehmen, sie nicht wegen einer halben Stunde so lange fahren lassen. Sie arbeitet zu viel. Da soll sie wenigstens ein paar Stunden hier sein können. Irgendwann wird es besser werden, dann wird Zeit sein. Irgendwann wird er mit ihr wohin fahren und es wird schön sein. Ohne Stress für beide. Es ist noch so viel Zeit.
Manchmal macht sie sich zu viele Sorgen um ihn. Er hält das für Unfug, er stirbt ja nicht und sie ist noch so jung. Bald, vielleicht schon im kommenden Jahr, da wird er ihr das zeigen, was sie mit ihm erleben will. Die Orte, die er liebt …

Noch ein Kilometer, dann kommt das Schild zur Abfahrt. Sie sieht es nicht, der Nebel ist zu dicht. Jetzt muss sie beschleunigen, damit sie zwischen den beiden Lastwagen auf die rechte Spur kommt.

Der Ofen verbreitet wohlige Wärme im Raum. Er steht am Fenster und schaut, ob sie schon kommt. Ein Blick auf die Uhr sagt ihm, dass die ausgemachte Zeit bereits vorüber ist. Nur wenige Minuten, doch sonst ist sie immer etwas früher hier.
Er nimmt sein Handy und schreibt ihr: »Wo bist du?«

Die Reifen des Lastwagens neben ihr verursachen ein bedrohlich wirkendes Geräusch auf der nebelnassen Fahrbahn. Das Mobiltelefon in der Halterung am Armaturenbrett leuchtet kurz auf. Sie blickt kurz darauf, es könnte eine Nachricht ihres Liebsten sein. Kurz erkennt sie seinen Namen am Display, doch die Nachricht kann sie nicht mehr lesen.

Das Auto wird von dem ausscherenden LKW regelrecht aus der Spur gehoben. Es sieht aus, als wäre es in Zeitlupe, als der Wagen kurz aufsteigt, sich umdreht und auf der gegenüberliegenden Fahrbahn auf dem Dach liegenbleibt. Der entgegenkommende Wagen kann nicht rechtzeitig bremsen und kracht mit vollem Tempo in die Fahrertüre.

Er steht noch immer am Fenster, im wohlig warmen Haus. Die beiden Tassen für das gemeinsame Frühstück stehen bereit. Sein Mobiltelefon hält er in der Hand und starrt auf das Display. Noch immer kommt keine Bestätigung, dass sie die Nachricht gelesen hat. Der Nebel kriecht grau und feucht durch den Garten. Er freut sich so sehr auf ihr Lachen. Auf ihren Duft und die Weichheit ihres Haares. Bald - vielleicht schon im kommenden Jahr, wird er mit ihr irgendwohin fahren, nur sie beide.
Das Radio ist angeschaltet und unterbewusst nimmt er wahr, dass die Musik unterbrochen wird für eine Verkehrsdurchsage.

Ihr Leben war trist und grau

Tamara Wiegand

Sie war wieder einmal bei ihrem Psychiater. Er fragte, wie sie sich jetzt fühle. Ob sie immer noch diese Leere und Einsamkeit verspüre. Er hatte ihr ein neues Medikament verordnet. Sie wollte ihn nicht kränken und sagte, dass das nun wohl das richtige Präparat wäre.

In Wirklichkeit dachte sie, auch du kannst mir nicht helfen. Was mir fehlt, kannst du mir nicht geben. Bis vor zehn Jahren war ich glücklich und lebte.

Der Psychiater war zufrieden und gab ihr ein Rezept und einen neuen Termin.

Sie war froh, dass sie jetzt nicht mehr zu reden brauchte. Sie machte noch ein paar notwendige Einkäufe und ging dann heim. Ihr Ehemann war schon zu Hause und hatte wieder Gründe, sie anzugehen. Er sagte, dass sie die Zahnpastatube nicht richtig zugemacht hätte. Ihr wäre ja alles egal. Das Geld interessiere sie auch nicht. Die Wurst im Kühlschrank wäre auch bald abgelaufen und sie möchte bitteschön erst einmal diese verbrauchen.

Sie dachte, du findest immer etwas, um mich zu kränken. Warum habe ich dich überhaupt geheiratet.

**

Sie hatte ihn vor zehn Jahren kennengelernt. Sie war gerade geschieden. Ihr Mann hatte sich mit seinem Geschäft verkalkuliert. Aufgrund dieses finanziellen Ruins war die Ehe gescheitert. Der Verkauf ihres Hauses konnte die Schulden nicht abdecken. Bei ihrer Heirat hatten sie keine Gütertrennung vereinbart. Er war ihre erste große Liebe. Ihr Mann war fleißig und zuverlässig und mit so einer Situation hatte sie nie gerechnet. Als Sachbearbeiterin bei einer Behörde verdiente sie zwar gut, doch nach Abzug der Schuldenrate war sie sehr arm. Sie kam gerade so eben noch gut zurecht. Die kleine Wohnung konnte sie bezahlen.

Zum Leben brauchte sie wenig. Ein Café konnte sie auch noch besuchen. Mit ihrer finanziellen Lage hatte sie sich abgefunden und war einigermaßen glücklich und zufrieden. Sie war gerade vierzig und sah noch gut aus. Was ihr schwerfiel, war das Alleinsein.

Ihren jetzigen Ehemann hatte sie im Café kennengelernt. Er machte einen guten Eindruck und sie war nicht abgeneigt, sich wieder mit ihm zu treffen.

Ihre finanzielle Situation hatte sie nicht verheimlicht. Das machte ihm nichts aus. Er wollte sie unbedingt heiraten.
Sie mochte ihn, aber Liebe empfand sie nicht. Sie dachte, mit der Zeit könne sie ihn lieben.
Das war ein folgenschwerer Irrtum. Er hatte einen schwierigen Charakter, bevormundete sie und machte dadurch bei ihr viel kaputt. Sie war nicht mehr sie selbst. Ihre Gefühle waren tot.
In der Nacht konnte sie nicht schlafen und grübelte. Leise ging sie ins Bad und nahm alle Tabletten. Sie wollte nicht mehr leben. Sie legte auf den Wohnzimmertisch einen grauen Briefumschlag. Den Brief hatte sie vor Wochen schon geschrieben.

Weil ich es so will

Ich fühle es wieder,
verschließe die Augen,
ich will es nicht wissen,
und Tränen benetzen mein Kissen.
Ich glaubte, es zu besiegen,
doch der Tod lässt sich nicht betrügen,
der Takt wird langsamer,
und ich werde mich fügen.

Es verlassen mich meine Träume,
und ich denke an meine Freunde,
verachtet mich nicht deswegen,
doch so will und kann ich nicht leben,
die Zeit steht nun still,
weil ich es so will.

Im Gras

Miranda Rathmann

Ich kann noch immer nicht begreifen,
dass du nicht mehr bei mir bist.
Die schönen Stunden die wir hatten,
sind es, die mein Herz vermisst.

Die schöne Zeit der letzten Jahre,
vorbei und nicht verlängerbar.
Denn viel zu früh bist du gegangen,
bist nun einfach nicht mehr da.
Traurig geht die Zeit vorüber,
Stund um Stund und Tag für Tag.
Wär so gerne wieder bei dir,
doch du ruhst in deinem Grab.

Mir bleibt nur dich zu besuchen,
hier an diesem tristen Ort.
Wünsche mir, dass all den Kummer
trägt der Wind mit sich hinfort.

Doch der Kummer, er wird bleiben,
denn der Wind, er will ihn nicht.
Tränen brennen ihre Spuren
tief hinein in mein Gesicht.
Und so sitz ich hier im Grase,
hier zu sein tut mir so gut.
Meine Finger fahren zärtlich
über deinen Namenszug.

Meine Welt ist grau

Verena Grüneweg

Es herrscht völlige Dunkelheit und kein Scheinwerferlicht blendet mich, während ich die Straße entlangfahre. Einsam und verlassen liegt sie vor mir. Kein Wagen kommt mir entgegen und kein Auto folgt mir. Es scheint mir, als gäbe es in dieser Nacht nur mich. Allein, gefangen in einer Welt, die mir ihre Feindschaft mit erbarmungsloser Grausamkeit zeigt. Mir ist kalt, ich zittere, aber ich weiß, kein Feuer würde mich jetzt wärmen. Es ist die Kälte des Todes, welche mich erfasst hat. Sie ist Freund und Feind gleichermaßen und hockt neben mir auf dem Beifahrersitz. Besäße sie eine Gestalt, bin ich mir sicher, in dem Gesicht meines Begleiters läge ein triumphierendes Grinsen. Eines das mir sagt: »Ich habe gewonnen und du hast verloren!«

Habe ich wirklich geglaubt, es gäbe so etwas wie Glück für mich? Ein Schicksal, das es gut mit mir meint und mir die Liebe schenkt? Was für ein träumender Narr ich doch bin, zeigte mir das Leben, als es mit unerbittlicher Kraft zuschlug. Mir seine Macht demonstrierte und bewusst machte, dass es niemals etwas Gutes mit mir im Sinn gehabt hatte.

Und jetzt sehe ich den grauen Asphalt der Straße vor mir. Der Klang der Wagenräder, die unter mir über die Straße rollen ist eintönig, beinahe einschläfernd. Die weiß gemalten Balken, welche beide Straßenseiten voneinander trennen, fliegen an mir vorbei. Niemand begegnet mir, wird mich stören oder aufhalten. Ich trete auf die Bremse. Abrupt, mit einem Ruck, der mich nach vorne wirft, hält das Auto. Mein Gesicht knallt auf das Lenkrad und ich bin froh, dass sich der Airbag nicht löst. Eine alte Schrottkarre hat manchmal auch ihre Vorteile. Der Schmerz einer vermutlich gebrochenen Nase interessiert mich nicht. Alles ist unwichtig.

Alles, bis auf meine Erinnerungen. Sie sind das Einzige, was mir geblieben ist. Und so beginne ich, während ich mich aufrichte und in dem Autositz zurücklehne, rückwärts runter zu zählen.

»Zehn«

Diese Frau, die mich im Rückspiegel anstarrt, wer ist sie? Verständnislos starre ich in ihr Gesicht. Es ist mir fremd und doch so vertraut! Braune, glanzlose Augen, tief in den Höhlen liegend, von dunklen Schatten umgeben,

schauen mich an. Das einst lange schwarze Haar, verschwunden - nur wild abstehende Stoppel sind davon übriggeblieben.
Die Kopfhaut schimmert zwischen ihnen hindurch und ich entdecke einzelne blutige Schnitte auf ihr. Blut tropft aus der Nase und färbt die Lippen ihres Mundes rot. Ein Mund, verzerrt, so als ob ein Schrei darum kämpft, aus ihm zu entkommen. Diese Frau im Spiegel hält ihn tief in sich gefangen. Sie verweigert ihm die Freiheit, die sie umgebende Stille zu verdrängen. Wenn sie nur einen Laut, ein einziges Schluchzen zuließe, könnte sie den Hass nicht mehr aufrechterhalten.
Ihren Zorn, welcher sie vorantreibt, mit Energie füttert und ihr die Kraft gibt, den grausamen Schmerz auszublenden.
Einen Schmerz, der, wenn er dich durchdringt, dich innerlich zerreißt. Von dem du weißt, dass er bleibt und zu einem Lebensgefährten wird. Jede einzelne Sekunde deines Daseins wird er dich daran erinnern, was ihn auslöste. Was du, als er sich den Platz in deinem Herzen eroberte, verloren hast.
Oh ja, ich weiß, wie er sich anfühlt, denn ich bin diese fremde Frau im Spiegel.
Das Rot auf meiner Haut ist getrocknet. Es verfärbt sich langsam und die feinen Tropfen auf meinen Wangen werden zu dunklem Schwarz. Meine Hände, die auf dem Steuer des Wagens liegen, sehen aus, als hätte ich sie in Blut getaucht. Dein Blut und es ist mir klar, egal wie oft ich sie wasche, es lässt sich nie wieder entfernen. Auch wenn seine Farbe verschwindet, wird es mir für immer die Geschichte dieser Nacht erzählen.
Dabei höre ich immer noch dein Lachen in meinem Kopf. Wie du am Telefon einen kleinen Scherz machtest. Noch nicht einmal wirklich lustig, Witze zu erzählen gehörte nie zu deinen Talenten. Aber ich lachte Tränen, aus Freude, ihn von dir zu hören. Nach langer Zeit schwang endlich wieder Zuversicht in deiner Stimme und ließ mich daran glauben, dass alles gut werden würde, dass wir noch einmal die Chance bekommen, einen neuen Anfang zu machen. Wenige Stunden ist das her und doch erscheint es mir wie eine Ewigkeit. Der letzte glückliche Moment. Ein Augenblick, in dem ich, wie jetzt, mein Gesicht im Rückspiegel betrachtete. Aber ich sah ein Lächeln und ich war mir nicht fremd. Ich war die Frau, die an unsere Liebe glaubte.
Doch dann hast du das Lächeln aus meinem Gesicht gestohlen. Tauchtest meine einst farbenfrohe Welt in ein eintöniges Grau. Ein Grau wie an einem

düsteren Regenmorgen, der, verhangen mit Wolken, dich glauben lässt, dass die Sonne für immer verschwunden ist. Es gibt keinen Regenbogen, der mich tröstet, mir verspricht, dass das Grau bald wieder weiterzieht. Kein blauer Himmel, kein Sonnenstrahl zeigt sich mir. Nichts Schönes, über das ich mich freuen könnte.
Auch wenn mir bewusst ist, dass es nicht deine Schuld ist, weiß ich dennoch, ich werde dir nie vergeben, dass du mich vor die Wahl stellst. Die Wahl, mit dem Schmerz zu leben oder aber ihn durch den Tod zum Schweigen zu bringen.

»Neun«
Ich wende den Blick vom Spiegel ab, starre auf den grauen Asphalt der Straße vor mir, versuche, mich zu konzentrieren, doch alles, was ich jetzt sehe, ist dein Gesicht. Ich möchte die Augen schließen vor den Fragen, die in meinem Verstand hämmern. Niemand wird sie mir beantworten, am wenigsten du. Sag mir, ist es noch wert, dieses Leben zu lieben? Denn nie wieder wird dein Lachen erklingen, nie wieder deine Hand mich streicheln. Verdammt, niemals wieder!
»Ich habe das alles nicht gewollt!«
Grell durchschneidet meine Stimme die Stille. Worte, die ich hinausschreie und die mir im selben Moment wie Lügen erscheinen. Hattest du mich nicht gewarnt? Ich erinnere mich, wie du mir damals, als wir uns kennen lernten, sagtest, dass unsere Liebe nie glücklich enden würde. Es gäbe zu viele Dämonen in deinem Kopf, die dich schon immer verfolgten und die jedes Mal deine Fährte aufnahmen, dass sie, wann immer du dachtest, du wärst ihnen entkommen, bereits auf dich warteten. Und ich, ich habe dir nicht geglaubt. Alles, was ich dir gab, waren meine wunderbaren, ach so intelligenten Ratschläge. Ich dachte, ein paar aufbauende Worte würden dich und dein Leben verändern. Wie naiv der Mensch doch sein kann. Aber ich lernte sehr schnell, das Schicksal ist erbarmungslos, wenn es sich erst mal einen Plan für dich ausgedacht hat.

»Acht«
Ich, das gut behütete Mädchen vom Land mit einem wunderbaren Elternhaus, wusste nichts von der Grausamkeit des Lebens.

Natürlich ging auch ich keinesfalls stets mit einem strahlenden Lächeln durch die Welt. Nein, weiß Gott nicht. Doch ich hatte eine Mutter, die mich tröstete, mir half, scheinbar unüberwindbare Hindernisse aus dem Weg zu räumen die für mich da war, als ich erkannte, dass ich anders bin als andere.
Ich erinnere mich noch gut an das Gefühl, als ich mich das erste Mal verliebte. An das Herzklopfen, an die Schmetterlinge in meinem Bauch. Aber auch an das eigene Unverständnis gegenüber dem, was mit mir geschah. Im Gegensatz zu anderen dreizehnjährigen Mädchen auf meiner Schule, die mit Glanz in den Augen von den Jungen in den höheren Jahrgängen schwärmten, verliebte ich mich in ein Mädchen. In der Pause suchte ich ihre Nähe und stand dann verschämt neben ihr. Jedes Mal legte ich mir vorher die passenden Worte zurecht, um sie anzusprechen. Doch wenn ich sie ansah, brachte ich keinen einzigen Ton über die Lippen.
Ich wollte bei ihr sein, ihren Mund auf meinem spüren. Es gab nichts, was ich mir sehnlicher wünschte. Dennoch kämpfte ich gegen diese Empfindungen an. Es durfte und konnte nicht sein und niemals würde ich es wagen, ihr oder jemand anderem davon zu erzählen. So stand ich bei den Mitschülerinnen und himmelte Jungen an, die mir nicht das Geringste bedeuteten. Aber so war ich eine von ihnen und nur das zählte in unserer kleinen Vorstadt. Mit sechzehn Jahren ging ich sogar so weit, eine Beziehung mit einem gleichaltrigen Jungen einzugehen. Ich ließ es zu, dass er meinen Körper anfasste und wir das erste Mal miteinander erlebten. Dass ich dabei nichts empfand, hielt ich für eine ganz natürliche Reaktion meines Körpers. Die Gespräche mit Freundinnen zeigten mir, dass es ihnen genauso erging. Ich dachte, irgendwann würde es schon anders werden.
Doch bei mir wurde aus dem Nicht-Empfinden Ekel. Bald konnte ich diese gierigen schweißnassen Hände, welche meinen Körper erkundeten und nicht einmal merkten, dass dieser sie nicht wollte, kaum noch ertragen.
Aber bei einem Jungen, selber noch am Anfang seiner Sexualität, was konnte ich denn anderes erwarten? Es war nicht seine Schuld, dass ich ihn nicht liebte. Es war meine eigene, denn ich kapierte nicht, dass mein Herz nur einer Frau gehören konnte! Ich fühlte sogar Mitleid, als ich seine Traurigkeit erlebte, in dem Moment, als ich die Beziehung beendete. Aber ich konnte ihn nicht mehr um mich haben. Nicht einmal mehr als Freund.

»Sieben«

Die Zweifel, erdrückend und ihre Beseitigung fordernd, schob ich lange von mir fort, lebte ein Leben von vielen anderen Menschen umgeben und war dennoch einsam. Alles, was ich in ihrer Gegenwart machte, glich einem Theaterstück, vorgeführt von mir, der großartigen Schauspielerin. Kein Lachen, kein einziges Wort von mir war aufrichtig, ich war eine einzige Lüge. Doch dann, eines Abends traf ich sie.

Sie, die mich verstand, die sah, was in mir tobte, die den Schlüssel zum Öffnen des Kerkers, in dem ich die wahren Gefühle einsperrte, besaß, die dafür sorgte, dass die Lust alle Bedenken aus dem Weg räumte. Ihre Hände, ihr Mund und die Selbstverständlichkeit, mit der sie mir zeigte, dass eine Liebe unter Frauen möglich ist. Dass meine Gefühle nichts sind, wofür man sich schämen muss, sondern etwas, das völlig normal ist.

Nur kurz, wenige Wochen, dann endete unsere gemeinsame Zeit.

Sie fuhr zurück nach Köln, einen Ort, an dem eine gleichgeschlechtliche Liebe zum normalen Stadtbild gehört. Wo kaum einer einem händchenhaltenden homosexuellen Pärchen, welches durch die Straßen lief, nachschaut. Eine völlig andere Welt als die in meiner Kleinstadt, wo Fuchs und Gans sich noch gute Nacht sagten.

Dort wo man mit 21 heiratete, ein Haus baute und Vater und Mutter für die bald folgenden Kinderchen spielte. Ich wusste, hier würde niemand meine sexuelle Orientierung akzeptieren. Nur ein Mensch, der tat es, meine Mama.

Einzigartig, wie sie war, lächelte sie bei meinem Coming-out ihr gegenüber. Sie nahm mich in die Arme und sagte: »Alles, was mir wichtig ist, ist, dass du glücklich bist.«

Sie bestärkte mich, in Städte zu Gay Partys zu fahren, andere Frauen kennenzulernen, mich auszutoben und einfach ich zu sein. Aber niemand anders außer ihr kannte die Wahrheit.

Warum ich, das hübsche Mädchen, keinen der Jungs erhörte, die um mich buhlten, ich mich ihnen gegenüber kalt zeigte, sodass sie mich irgendwann für arrogant und frigide hielten.

Mir war das gleichgültig, denn ich kannte das Feuer, welches mich erfüllte und wärmte, zum Glühen brachte, jede einzelne Nacht, wenn ich weit fort von ihrem engstirnigen Kleinstadtdenken in den Armen einer Frau lag.

Weg von dem Ort, an dem nichts, was nach ihrer Meinung nicht hineinpasste, einen Platz verdiente.
Glücklich genoss ich diese wenigen Stunden meiner Freiheit.

»Sechs«
Und dann traf ich dich. Ein wilder Rotschopf, mit Locken, die um deinen Körper herumflogen, während du barfuß auf der Tanzfläche zu The Prodigy ›Firestarter‹ tanztest. Allein in einer Welt der Musik, verfolgt von den Blicken Hunderter, die der Veranstaltung in der Diskothek beiwohnten. Wie du dich völlig frei der Musik hingabst.
Nur du und dein Tanz, der so verrückt, aber dennoch bezaubernd war. Deine Füße tobten auf dem Boden, deine Hände flogen in der Luft und du warst weit fort von dem Leben, das um dich herum stattfand.
Aber ich, ich sah dich und ein Blitz fuhr durch meinen Körper. Die Faszination, dir zuzuschauen, hielt mich gefangen. Ich konnte mich nicht von deinem Anblick lösen und alles in mir schrie danach, dich kennenzulernen. Alles, was ich noch wollte, warst du.
Niemals zuvor hatte ich so empfunden. Keine andere hatte diese Gefühle in mir entfacht. Aber anstatt auf dich zuzugehen, als du von der Tanzfläche gingst, stand ich da und beobachtete dich aus der Ferne. Ankämpfend gegen den Aufruhr in mir und zu schüchtern, dich anzusprechen.
Später erzähltest du mir, dass du sehr wohl meine Blicke bemerkt als auch meine Schüchternheit erkannt hattest. Darum bist du auch in mich hineingestolpert. Hast den Drink über meine Kleider verschüttet und dabei frech gegrinst.
Du hast meine Hand gegriffen und mich mit auf die Tanzfläche genommen. Die Arme bei einem langsamen Lied um meinen Körper gelegt und mich nahe an dich gezogen. Nie werde ich deine dunkle raue Stimme vergessen und wie du sagtest: »Zu mir oder zu dir?«
Und wie ich dir schweigend, ohne nachzudenken, nach Hause, einfach in dein Bett folgte.

»Fünf«
Es gibt keine Worte für unsere erste gemeinsame Nacht. Sie wären zu schwülstig und würden nicht im Geringsten beschreiben, was du mit mir

machtest. Die Gefühle, die du in mir entfesseltest, als ich deinen Körper ganz nah neben meinem spürte. Dieser Moment, als du mich für einen Augenblick auf Wolke sieben schweben ließest. Ich in deinen Armen diesen wunderbaren sogenannten kleinen Tod erlebte und nie wieder etwas Anderes erleben wollte.

All die anderen Frauen vorher, nein, sie kamen dir nicht einmal nahe. Keine war wie du und nicht eine Einzige von ihnen hatte mich jemals so verzaubert.

Es passierte, was ich nie zu hoffen gewagt hatte, ich verliebte mich in dich. In jemanden, der einen Zaun um sich gezogen hatte, der ihn vor Schmerz und seinen Dämonen bewahren sollte. Genau wie ich hattest du für diese Nacht nur einen One-Night-Stand gesucht, ohne Verpflichtungen und ohne Kompromisse eingehen zu müssen. Aber, genau wie ich, suchtest du in Wahrheit die Liebe und wir beide fanden sie in diesen Stunden.

All dein vorheriger Widerstand war zwecklos und du wagtest den Schritt mit mir in eine gemeinsame Zukunft. Du glaubtest meine Worte, dass die dunklen Schatten dich dieses Mal verschonten und du keine Angst mehr vor ihnen haben müsstest. Wir begannen gemeinsam, den Traum von einem Du und Ich bis in alle Ewigkeit zu träumen.

Liebe räumt alles aus dem Weg, jeden Schmerz und jede böse Erinnerung, daran glaubte ich. Davon hattest du ja mehr als genug.

Als ungewolltes Kind geboren, fortgegeben und aufgewachsen in einer Pflegefamilie, war Liebe ein Fremdwort für dich. Familie, ein Wort, das aus deinem Mund so klang, als ob du Gift ausspiest. Kaum verwunderlich, denn alles, was du für sie warst, war die Garantie für die monatlichen Zahlungen vom Staat. Du lerntest sehr schnell, dass Geld das Einzige war, warum sie dich zu sich nahmen. In Kälte und Abneigung aufgewachsen, kanntest du keine Zuneigung und Wärme. Aber du hast durchgehalten, keinem dein Leid geklagt.

Bis zu der Nacht, als dich dein Pflegevater vergewaltigte und du fortliefst.

Kaum vierzehn Jahre alt schlugst du dich durch. Lebtest in dem Elend und Dreck des Daseins eines Straßenkindes. Aber du warst frei und trotz Hunger und Armut fandest du bei den Außenseitern unserer Gesellschaft mehr Zusammenhalt als jemals zuvor. Auf eine Art liebtest du dieses Leben und es hätte für dich immer so weitergehen können. Doch da war irgendetwas in

dir, eine Stimme, die dir sagte, es gäbe noch mehr als die Straßen. Ein Leben, das dir beides geben könnte, Freiheit und Sicherheit zugleich. Der immer stärker werdende Wunsch nach einem Zuhause brachte dich dazu, endlich Hilfe von den Streetworkern anzunehmen.
Die ersten Schritte waren schwer, aber du hieltest durch. Eine kleine Kämpferin, die, ohne Rücksicht auf sich selbst, dem Leben trotzte. Ja, du hast dich rausgeholt aus der Hoffnungslosigkeit und verdientest gut als Künstlerin.
Die Bilder, die du maltest und die mir später deinen inneren Aufruhr zeigten, waren begehrt.
Finanziell brauchtest du dir keine Sorgen zu machen. Doch deine Seele hatte zu lange gelitten und heilte nie wieder ganz. Auch ich konnte das nicht ändern. Die Depressionen holten dich immer wieder ein. Sie legten dunkle Schatten über unser gemeinsames Glück., ließen die Dämonen wieder in deinem Kopf tanzen und mich von dir fortschieben.
Ich erlebte diese, wie ich sie nannte, negativen Phasen mit. Aber ernst genug genommen habe ich sie nicht. Ich hatte Mitleid mit dir und versuchte, zu dir vorzudringen. Mit Phrasen, die nicht einmal andeutungsweise wirklich Hilfe für dich bedeuteten. Heute weiß ich, wenn du mich anlächeltest, dann allein, um mich zu beruhigen. Das Lachen auf deinem Gesicht - eine Lüge, die ich hätte erkennen müssen, an der Mutlosigkeit in deinen grünen Augen. Aber es ist doch so viel leichter daran zu glauben, dass es nichts gibt, worüber man sich Sorgen machen musste. Es war bequemer, nur an eine vorübergehende Traurigkeit zu glauben und die teuflische Krankheit zu verleugnen.

»Vier«

Vielleicht, wenn ich damals wachsamer gewesen wäre, hätte ich dich nicht gedrängt. Und vielleicht würden wir dann immer noch zusammen träumen und auf derselben Reise durch das Leben sein. Vielleicht würde Kali, die Göttin des Zorns, mir jetzt nicht über die Schulter schauen und meine Handlung übernehmen. Aber ich habe die Augen und die Ohren verschlossen. Blind und taub handelte ich aus eigenem puren Egoismus heraus. Wie hatte ich mich in dem Irrglauben verrannt, als ich meinte zu wissen, was das Beste für unsere Beziehung ist. Meine Mutter wurde krank und sie brauchte mich.

Der Krebs, welcher langsam ihren Körper zerfraß, war zu einem ungebetenen Gast geworden. Ein Besucher, der nicht wieder gehen wollte und bis zum Schluss blieb. Warum habe ich deine Bedenken niedergeredet? Dich angebettelt, mit mir nach Hause zu kommen, damit ich meine Mama die letzten Monate ihres Lebens begleiten konnte. Dich angefleht, dass ich dich brauche an meiner Seite, um das zu überstehen. Warum nur, warum? Du hattest tausend Gründe, meine Heimat, die Kleinstadt, zu meiden. Du hast immer wieder beteuert, dass unsere Beziehung, auch wenn wir viele Kilometer getrennt waren, alles überstehen würde. Du mir treu wärest und auf mich warten würdest.

Du wolltest keinen einzigen Fuß in unsere Spießerstadt setzen. Aber ich, ich überredete dich dazu. Ich wischte deine Zweifel einfach zur Seite und forderte von dir, dass du, wenn du mich wirklich liebst, mitkommen würdest. Es war ein Kampf, aber die Drohung, dass ich dich verlassen würde, wirkte und du folgtest mir.

»Drei«

Es waren sechs Monate, in denen du mir jede Minute zur Seite standest. Mich tröstetest, als Mutter starb und dafür sorgtest, dass ich wieder lernte, im Regen zu tanzen. Deine einzige Bedingung, niemandem zu zeigen, dass wir ein Liebespaar waren, akzeptierte ich. Jedenfalls am Anfang. Ich weiß nicht, warum ich das Versprechen brach, denn ich habe niemals zuvor mein Wort gebrochen. Aber die Atmosphäre auf dem Sommerfest, das erste Mal, dass ich nach dem Tod meiner Mutter wieder lachte und die Trauer vergaß, muss es ausgelöst haben. Ich sehe heute noch dein erschrockenes Gesicht in dem Moment, als ich deine Hand ergriff und dich an mich zog, dich voller Leidenschaft küsste zwischen all den Menschen in dieser Kleinstadt, dein Bemühen, die verzweifelten Versuche, dich aus meiner Umarmung zu lösen, ignorierte.

Ich wollte meine Lippen nie wieder von den deinen nehmen und der ganzen Welt zeigen, dass wir zusammengehören.

Ein Augenblick, in dem ich hätte herausschreien wollen, wie sehr ich dich liebe.

Natürlich bemerkte ich die verächtlichen Blicke der anderen, als ich dich endlich freigab. Doch sie waren mir gleichgültig. Sollten sie doch nur den-

ken, was sie wollten. Was konnte schon passieren? Ich hatte dich bei mir und mein Herz gehörte dir. Was konnten sie uns schon anhaben? Aber du wusstest es. Es stand in deinen Augen geschrieben. Wie in einem Buch, das ich nicht lesen wollte. Nicht in ihnen sehen wollte, dass aus dem Traum einer gemeinsamen Zukunft, einer Liebe für immer und ewig, ein Alptraum wurde, der uns von der Wolke sieben stieß. Du wolltest fort, das Fest verlassen. Aber statt mit dir zu gehen, weigerte ich mich. Kampfbereit zog ich dich durch die Menschenmassen hinter mir her. Lächelnd und in einen Kokon der Naivität gehüllt.
Die Dunkelheit der herannahenden Nacht verschluckte den Hass in ihren Gesichtern. Mein Fehler eröffnete den Dämonen die Chance, ihr Spiel mit deiner Seele fortzusetzen. Sie kamen hervor, in der Gestalt von Männern, in den Moment, als ich dich kurz alleine ließ, nur zur Toilette ging und warten musste, weil sich dort eine lange Schlange gebildet hatte. Es waren dreißig Minuten, eine halbe Stunde, die unsere Welt zerstörte.
Zuerst konnte ich dich, als ich zurückkam, nicht finden. Aber ich brauchte nicht lange zu suchen, deine verängstigte Stimme drang aus dem Waldstück neben dem Marktplatz zu mir herüber. Schreie ertönten aus dem Versteck, in das sie dich geschleppt hatten. Auch andere mussten dich gehört haben, aber es schien niemanden zu interessieren. Panisch rannte ich los, um dich auf dem Boden liegend vorzufinden.
Zu sehen, wie sie dich festhielten. Wie zehn Männer dich hinunter drückten und gierig anstarrten. Ich stürzte mich auf sie, schlug sie mit meinen Fäusten - aber zwecklos, ich hatte keine Chance gegen sie. Wie dich hielten sie mich fest und zwangen mich dazu, ihnen zu zuschauen, wie sie dich zerstörten. Einer nach dem anderen nahm sich das, was er begehrte. Sie lachten, während ihre Hände deinen Körper anfassten. Brutal deine Schenkel auseinander drückten und mit ihren Rufen: »Jetzt zeigen wir der kleinen Lesbe mal, wie es ist, einen richtigen Mann zu fühlen!«, dein Wimmern übertönten. Die beiden, die mich festhielten, zischten mir ins Ohr: »Na, glaubst du, du kannst es ihr so wie wir besorgen? Hör doch, wie sie stöhnt!« Ich kämpfte, versuchte mich, um dir zu helfen, aus ihrem Griff zu winden, aber ihre Hände waren unnachgiebig. Hielten mich gefangen und ich erlebte, wie sie deinen Stolz zerbrachen. Diese gesichtslosen Masken tragenden, menschlichen Dämonen.

»Zwei«
Wie Abfall ließen sie dich am Boden liegend zurück. Kein Laut war mehr von dir zu hören. Doch ich sah, wie dein Körper zitterte und du die Knie eng an deinen Oberkörper zogst. Zusammengekrümmt, beschmutzt und von Wunden übersät, lagst du da und ich bemühte mich, zu dir zu kommen. Aber sie schlugen mich nieder. Ihre Fäuste nahmen mir den Atem, die Kraft, und auch ich sackte auf dem Boden zusammen.
Es konnten nur Minuten gewesen sein und doch kam es mir vor wie Stunden, bis sie endlich verschwanden und ich es wagte, mich wieder zu bewegen. Auf allen vieren kroch ich über den Waldboden zu dir und nahm dich in meine Arme. Ich wollte dich trösten, aber du stießest mich weg. Keine Tränen flossen über dein Gesicht, kein Schluchzen erklang aus deinem Mund. Ohne ein Wort zogst du deine Kleidung an.
Ich sah den Schmerz in deinem Gesicht. Aber du wolltest ihn nicht fühlen, blendetest ihn aus und liefst mit gekrümmtem Oberkörper nach Hause. Menschen sahen uns, während wir die Straße herunterliefen, aber sie fragten nicht, was geschehen sei, sondern schauten beschämt zur Seite. Vielleicht wussten sie es auch bereits und es war ihnen gleichgültig. Denn wir waren ja nur die beiden Lesben, die Schande der Kleinstadt. In ihren Augen hatten wir es wahrscheinlich nicht besser verdient. Ich versuchte dir klarzumachen, dass wir zur Polizei müssten. Die Schweine anzeigen und du einen Arzt brauchtest. Doch deine Stimme, so voller Wut und Hass, die mir sagte, ich solle endlich still sein, brachte mich zum Schweigen.
Später gingen wir, nachdem du stundenlang geduscht und deine Haut blutig geschrubbt hattest, doch noch zur Polizei. Aber sie fanden die Täter nie. Es gab keinen Hinweis, kein Indiz, kein Sperma, das als DNA hätte dienen können. Sie waren schlau genug gewesen, ein Kondom zu benutzen, und den Rest hattest du beim Duschen beseitigt. Es gab nichts, was wir tun konnten und unser Leben veränderte sich. Unsere Welt drehte sich zwar einfach weiter, doch du suchtest einen Weg, dem Karussell zu entfliehen. In dieser Nacht warst du gestorben. Sie hatten dir alles genommen, es gab für dich nichts mehr, das es wert war, weiter zu leben. Auch ich nicht! Du fielst und ich fing dich nicht auf. Das taten statt meiner deine Dämonen. Du zogst dich zurück in die Dunkelheit. Die Falle der Depressionen schlug gnadenlos zu. Hatte sie doch jetzt durch das, was die Männer dir antaten, eine Einladung

bekommen. Ich hätte dir dein Lachen am Telefon nicht glauben sollen. Klang es nicht gekünstelt? Habe ich mir bei dem Telefongespräch nicht selber etwas vormachen wollen? Hatte ich nicht Erleichterung gespürt, gehofft, dass du mir endlich vergeben hattest? Verziehen, dass ich dir nicht hatte helfen können? Ich zuschaute, während sie stöhnend auf dir lagen und die Reinheit unserer Liebe mit ihren schwitzenden Körpern zerstörten?
So lange war die Hoffnung alles, was mir geblieben war. Der Traum davon, dass du dich eines Tages wieder von mir berühren lässt und wir gemeinsam Arm in Arm einschlafen, dass ich dein Lachen, so hell und glücklich, wieder höre. Und du frei und ungezwungen auf der Tanzfläche tanzt, so wie du mir das erste Mal begegnetest. Ohne Schuhe, die roten Locken wild herumwirbelnd, dein Körper vereint mit der Musik und alles Böse so fern von dir!

»Eins«
Kerzen brannten überall, als ich unsere Wohnung betrat. Warmes Licht tauchte jeden einzelnen Raum in eine wunderschöne Atmosphäre und gab ihm etwas Beruhigendes. Ich lächelte und freute mich. Zu lange war es her gewesen, dass wir uns nahekamen. Diese Kerzen waren deine Einladung, hießen mich willkommen und ich rief deinen Namen. Aber ich bekam keine Antwort. Mein Blick ins Wohnzimmer, in die Küche und auch ins Schlafzimmer, erfolglos. Die letzte Tür, die ich öffnete, war die Badezimmertür.
Auch hier standen überall Kerzen. Und die, die auf dem Rand der Badewanne standen, beleuchteten mit ihrem Licht deinen Körper. Deine Haut schneeweiß, getaucht in rotes Wasser. Wasser, das dich umhüllte und nur dein wunderschönes Gesicht frei ließ. Ein Gesicht ohne Leben. Die Rasierklinge lag auf dem Badewannenrand und das Blut tropfte in einem Rinnsal leise von ihr auf den Boden des Badezimmers.
Ich konnte es nicht glauben, verstand nicht, was geschehen war. Mein Verstand weigerte sich, die Realität zuzulassen. Die Wahrheit darüber, dass nichts jemals wieder gut werden würde.
Ich rannte zu dir, fiel auf den Boden und griff ins kalte Wasser. Versuchte dich aufzuwecken. Du warst nicht tot, nein, du schliefst nur. Noch während dich heraushob und in meine Arme zog, glaubte ich, du würdest jeden Moment die Augen aufschlagen. Doch das Blut, das aus den tiefen Schnitten lief, belehrte mich eines Besseren. Es sagte mir, dass du dir das Leben ge-

nommen hattest. Für immer fort warst, ich niemals wieder deine Stimme hören oder deinen Herzschlag spüren würde.
Du hattest dafür gesorgt, dass ich dich nicht mehr retten konnte. Nein, du warst nicht so dumm gewesen, deine Pulsadern quer an den Handgelenken aufzuschneiden. So, wie man es meistens in den Filmen sieht. Wie oft hast du darüber geschimpft. Gesagt, wenn, dann würdest du es richtigmachen und genau das hattest du getan. Deine Wunden liefen, anfangend bei den Handgelenken, die Arme bis zum Ellbogen längs nach oben. Schnitte, die kein Arzt mehr würde heilen können.
Es war vorbei, für immer vorbei.
Stundenlang saß ich auf dem Fliesenboden, deinen kalten Körper in meinen Armen. Ich habe geweint, geschrien, das Schicksal angefleht, dass es dich mir zurückbringt, dass es die Liebe meines Lebens wieder an meiner Seite sein lässt. Meine Tränen versiegten, als ich verstand, dass es niemals passieren würde. Dass deine Dämonen dich geholt hatten. Und meine Welt wurde grau, meine bunten Farben verschwanden für immer. Ich wollte nicht mehr ich sein. Denn wer war ich denn noch ohne dich?
Ich erinnere mich daran, wie ich eine Schere nahm und mir die Haare abschnitt. Wahllos Strähnen griff und das Schneidewerkzeug seine Arbeit machen ließ. Du hattest meine Haare geliebt. Mit ihnen gespielt, wenn wir nebeneinanderlagen. Immer wieder musste ich dir versprechen, dass ich sie niemals abschneiden lasse. Niemand anderes außer dir sollte sie jemals wieder berühren und jede Strähne, die ins Waschbecken fiel, blieb zurück, bei dir.
Ich weiß noch, wie ich den Autoschlüssel vom Flurschrank nahm und in den Wagen einstieg, ihn, ohne zu überlegen, startete, einfach losfuhr und hier, auf der Bundesstraße, die meine Kleinstadt mit dem Gewerbegebiet verbindet, anhielt. Der Ort, wo die meisten der Einwohner arbeiten und bald von der Nachtschicht heimfahren würden. Es wird hell, die Dunkelheit weicht langsam. Regen tropft auf die Frontscheibe des Wagens.
Die ersten Lichter der Scheinwerfer herannahender Autos tauchen auf. Sie kommen näher.
Ich habe zu Ende gezählt. Zehn Männer waren es gewesen und für jeden von ihnen werde ich einen anderen Menschen mit mir nehmen. Ich mache das Radio an, drehe es lauter und drückte den Knopf für meine Play List.

The Prodigy ›Firestarter‹ dröhnt aus den Boxen. Die entgegenkommenden Wagen sind jetzt nah genug, so wie ich es geplant habe.
Und ich rufe deinen Namen, schreie ihn hinaus, während ich das Steuer herumreiße und Gas gebend auf die Gegenfahrbahn wechsle.
Ich schließe die Augen, rufe die Bilder meiner Erinnerung an dich vor meinen Augen auf. Wie du dich, als wir uns das erste Mal begegneten, frei und wild zu der Musik bewegtest.
Wie ich …

»Null«
»Hier ist NDR 2 mit den Verkehrsnachrichten. Auf der B72 ist es heute Morgen zu einem tragischen Verkehrsunfall gekommen. Wie die Polizei uns berichtet, hat eine Geisterfahrerin mehrere Menschen mit sich in den Tod gerissen. Soweit bisher bekannt ist, konnten zehn Tote aus den Wrackteilen geborgen werden. Ob es noch Überlebende gibt, ist fraglich. Auch die Hintergründe, warum die Fahrerin auf die falsche Spur fuhr, sind bisher unbekannt. Wir möchten Sie bitten, das Gebiet weitgehend zu umfahren, da sich die Rettungsfahrzeuge immer noch im Einsatz befinden.
Sobald uns neue Informationen vorliegen, werden wir Sie umgehend darüber informieren.
Jetzt aber zurück zu unserem Musikprogramm mit ›Firestarter‹ von The Prodigy!«

Rebecca

Ilona Penna

Fassungslos steht Rebecca am offenen Grab ihres Kindes. Leise singt der Kinderchor das Lied »Ich habe Heimweh, Heimweh nach Haus, es brennt das Heimweh, das Herz mir aus«. Schmerz durchdringt ihr Herz und schüttelt ihren Körper. Sie kann noch immer nicht glauben, dass sie hier ihr geliebtes, einziges Kind zu Grabe trägt. Sie spürt die kalte, nasse Erde, sie sieht die Dunkelheit dort unten, dort, wo ihr Engel nun liegen soll. Sie erträgt diesen Schmerz nicht mehr, der ihr den ganzen Leib zerreißt. Erbarmungslos, kalt und ohne Mitleid, hat sich der Tod ihr Kind geholt. Ohne Vorwarnung, mitten aus einem eben noch lachenden Gesichtchen. Er bohrte sich eiskalt in diesen kleinen unschuldigen Körper, der noch nicht einmal alles von diesem Leben sehen durfte. Was war nur geschehen? Immer wieder stellt sie sich diese Frage. Noch vor einer Woche schien ihr Leben und das ihres Kindes das Glück zu verheißen. Rebecca denkt zurück.

»Vor einer Woche«, sagt sie in die trauernde Stille. Sie bricht wieder in Tränen aus, fällt auf Knie und klammert sich an den winzigen weißen Sarg, in dem ihr kleiner Engel, für immer schläft.

»Warum Gott! Warum gerade mein Kind? Was habe ich dir getan, dass du so grausam handelst? Du hast mir den Mann genommen, du nahmst mir meine Mutter, als ich gerade einmal zehn Jahre alt war und nun, nun nimmst du mir auch noch mein Kind? Wo, sag mir, wo nimmst du dir das Recht her, mich so zu quälen?«

Rebecca begann zu frieren, sie spürte den Tod so nah. Er griff unbarmherzig zu, einfach so, als wäre es das Normalste auf dieser Welt. Es genügte ihm nicht, ihren Engel in dieser Kiste liegen zu sehen, nein, er verlangte, dass man den Körper ihres geliebten Kindes auch noch in dieses kalte, von Maden zerfressene, dunkle Verlies hinunterließ.

Sie kann diese Vorstellung nicht ertragen und wirft sich über den Sarg ihres Kindes. Hände greifen nach ihr, legen sie neben den Sarg ihres Kindes. Irgendjemand reißt ihr den Ärmel ihrer Jacke hoch und versetzt sie in einen zähen, unwirklichen Dämmerschlaf. Ihre Augen blicken vorwurfsvoll zum Himmel, der sich wie schwerer grauer, Lehm mit dem Schlaf auf ihre Schulter legt. Rebecca begreift, dass sie nun nicht einmal mehr ihren süßen kleinen

Benny in die ewige Dunkelheit der feuchten Erde begleiten darf. Ein letztes Aufbäumen, ein letzter nicht ankommender Schrei, reißt sie mit sich in eine Welt des Vergessens.

Es war ein wunderschöner Morgen. Rebecca erledigte die Hausarbeit und beschäftigte sich nebenbei mit ihrem Benny. Die beiden »Teamkollegen«, wie sie sich immer nannten, lebten alleine in einem kleinen Häuschen am Stadtrand. Beide hatten sich die ganze Woche auf das Wochenende gefreut. Endlich war es soweit. Seinen vierten Geburtstag durfte der fröhliche Junge mit seinen Freunden im eigenen Garten feiern. Schon am Morgen brachte Rebecca eine Geburtstagstorte ans Bettchen ihres Lieblings. Die vier Kerzen auszublasen schaffte Benny beim ersten Pusten schon, obwohl das Sandmännchen ihm noch kräftig die verschlafenen Äugelein zudrückte.
»Alle vier«, dachte Rebecca. So als hätte ihr Schätzchen soeben das Licht ihrer beiden Leben ausgepustet. Sie wischte sich die seltsamen Gedanken aus dem Kopf, nahm ihren Kleinen auf den Arm und trug ihn zum Frühstückstisch. Zärtlich schmiegte sich Benny an seine Mama. Noch einen dicken Schmatzer auf ihre Wange gedrückt und die Aufregung des süßen Bengels war nicht mehr zu bremsen. Das in Glanzpapier verpackte Geschenk mit der hübschen Schleife daran brachte die blauen Augen des Jungen zum Strahlen. Rebecca drückte ihn noch einmal und gab ihm schließlich den Weg zum lang ersehnten Geschenk frei.
Benny riss das Papier auf und stand fassungslos vor einem Feuerwehrauto mit dem Supertank, das er sich so sehr gewünscht hatte. Das Frühstück musste warten. Die Begeisterung und die Liebe in seinen Augen sprachen Bände. Unter Tränen drückte er seine Mama noch einmal ganz fest und schniefte ein leises »Dankschön«. Rebeccas Herz, wurde so schwer. Wie so oft musste sie in solchen Momenten an den verstorbenen Papa von Benny denken. Wie sehr er ihn wohl vermisste?
Ihre Gedanken schweiften zurück. Benny war gerade einmal ein halbes Jahr alt gewesen, als sein Vater bei einem Unfall ums Leben gekommen war. Sie hatte ihrem Liebling versprochen, ihm immer nahe zu sein. Ihn niemals alleine zu lassen. Rebecca wusste, was es für ein Kind bedeutete, ohne Mutter oder Vater aufzuwachsen. Viel zu früh hatte sie auch schon ihre Mutter verloren. Nun stand sie allein da und kämpfte sich für ihren Sonnenschein

durchs Leben, das nicht immer ein Zuckerschlecken war. Mit jedem Jahr jedoch, mit dem Benny älter wurde, kehrte immer ein Stückchen mehr Glück in ihr Leben zurück. Der kleine Junge war für Rebecca ihr Ein und Alles. Ihre ganze Liebe galt nur ihm.

Es gab nichts, was Rebecca an ihrem Jungen traurig stimmte

Benny war selten krank und hatte immer ein spitzbübisches Lächeln auf seinem kleinen Mund.

»Mama«, sagte Benny noch am Morgen, bevor er mit stolz geschwellter Brust seine kleinen Gäste begrüßte. »Mama, wenn Benny groß ist, dann heirate ich dich. Ich will immer bei dir bleiben. Benny lässt dich nie allein.«

Rebecca liefen die Tränen vor Rührung heiß über die Wangen.

»Warum weinst du Mama?«, sprach der kleine Kerl weiter. »Macht dich das jetzt traurig, wenn Benny dich heiratet?«

»Oh nein, mein kleiner Liebling, im Gegenteil, das macht mich sogar sehr glücklich«, erwiderte Rebecca.

In diesem Moment klingelte es auch schon. Benny hüpfte fröhlich zur Tür und begrüßte den ersten Freund. Er nahm ihn bei der Hand und zog ihn durchs Wohnzimmer in sein Kinderzimmer. Dort zeigte er ihm sein tolles Geschenk. Dann ging es sehr schnell. Der Garten füllte sich mit vielen Kindern, die mit Benny feiern wollten. Laut und lustig ging es zu.

Nur die kleine Anna stand immer abseits von den anderen Kindern. Benny versuchte Anna vergeblich in die Gruppe zu integrieren. Anna blieb wie ein Fels stehen und wehrte sich. Rebecca beobachtete diese Szene ein paar Minuten und ging schließlich auf die Kleine zu.

»Sag mal Anna, wieso möchtest du nicht mit den anderen spielen? Gefällt es dir nicht?« Anna presste zunächst ihre Lippen so fest aufeinander, dass kein Mund mehr zu sehen war. Rebecca lächelte milde und nahm Anna auf den Arm. Sie ging mit ihr ins Haus und bot ihr an, sich zu setzen. Anna rutschte auf dem Stuhl unruhig hin und her.

»Sag mal Anna, musst du zur Toilette und traust dich nicht zu fragen?«

Lange sah die Kleine Rebecca in die Augen und sagte dann ganz leise.

»Du musst um den Benny weinen«, hüpfte vom Stuhl und rannte zu den anderen Kindern. Doch Benny ließ sie links liegen. Rebecca war seltsam zumute. Doch sie wollte durch dieses komische Verhalten von Anna ihrem Liebling nicht den Tag verderben und rief zur Wasserbombenschlacht. Fröh-

lich grölend liefen die Kinder durch den Garten und versuchten, dem kühlen Nass zu entkommen.
Die Worte von Anna hatte Rebecca am Abend, als sie den letzten kleinen Gast verabschiedete, längst vergessen. Sie brachte Benny zu Bett, der zufrieden und glücklich seine müden Äugelein schloss. Er hatte darauf bestanden, sein Feuerwehrauto mit ins Bett zu nehmen. Rebecca betrachtete ihren Liebling noch lange, bevor sie sich selbst schlafen legte.
Am darauffolgenden Tag durfte Benny das erste Mal bei seinem besten Freund übernachten. Rebecca fühlte sich schon am Morgen nicht gut. Sie konnte sich dieses Gefühl von Unruhe nicht erklären. Immer wieder hielt er seine Mama an den Beinen fest, wenn sie an ihm vorbeiging. Er saß auf dem Wohnzimmerteppich und spielte mit seinem Feuerwehrauto. Als sie damit begann, sein Köfferchen zu packen, war ihr, als würde es ihr den Hals zuschnüren. Kurz überlegte sie sich, ob sie Benny überhaupt bei seinem Freund übernachten lassen sollte. Sie setzte sich auf das Bettchen und schalt sich hysterisch. Sie war eine Übermutter, das wusste sie. Sie musste lernen loszulassen. Schließlich freute sich der kleine Mann so sehr darauf, das erste Mal woanders zu übernachten. Dies wollte sie ihm in ihrer oft zu großen Mutterliebe nicht antun. Plötzlich stand Benny neben ihr.
»Du Mami, du vergisst mich aber nicht, wenn ich zu Patrick gehe?«
»Wie kommst du denn auf solche dummen Gedanken, mein Liebling?«, fragte sie.
»Keine Ahnung, ich liebe dich Mami und vergiss nicht, dass ich dich heiraten will«, lachte er und hüpfte aus dem Zimmer.
Noch lange saß Rebecca wie versteinert auf dem Bettchen von Benny.
Das Läuten des Telefons riss sie aus ihren Gedanken. Am anderen Ende der Leitung war Susanne, ihre beste Freundin.
»Huhu Süße, ich bin´s, Sanny, hör mal, pack dem Benny bitte auch Badesachen ein. Er hat Glück, denn heute wird unser Pool eingeweiht.« Stille. »Becci?«, rief Susanne in den Hörer, »bist du noch da? Du hör mal, du brauchst dir keine Sorgen zu machen. Die Jungs dürfen nur mit Ben und mir in den Pool.«
Rebecca tauchte in eine Gedankenwelt ein, gegen die sie sich nicht wehren konnte. Sie sah ein Bild. Dieses Bild konnte sie nur verschleiert wahrneh-

men. Wasser, Rauch, Feuer, einen Leichenwagen, grinsende Gesichter und mittendrin ihr Benny, der seine Ärmchen hob und nach ihr rief.

»Mami, Mami!« Benny kam von hinten angerannt und hielt Rebecca wieder an den Beinen fest. Sie kam zu sich. »Mami, so hör doch, darf ich mein Feuerwehrauto mitnehmen?«

Irritiert verabschiedete sie sich von Sanny und ärgerte sich über ihre schwachsinnigen Gedanken.

»Ich bin so egoistisch«, sagte sie zu selbst. »Ich werde dem Jungen jetzt mit meinen Ängsten nicht diesen Tag verderben. Ich kann ihn ja am späten Abend noch immer abholen, das würde ja auch genügen«, tröstete sie sich.

»Mami, was sagst du?«

»Nichts Liebling, Mami hat nur laut gedacht und das war nicht für deine neugierigen Ohren bestimmt.« Rebecca nahm den Koffer, ihren Benny und verstaute beide im Auto. Eine halbe Stunde später standen sie schon vor dem Haus ihrer Freundin und die Jungs hüpften freudig um sie herum.

»Sag mal Becci, was war denn los am Telefon?«, fragte Sanny.

»Nichts, meine Liebe, es ist nur so, dass ich meinen Benny noch nie eine ganze Nacht aus den Händen gegeben habe und als du sagtest, ich soll ihm Badezeug mitgeben, hab ich Panik bekommen. Dabei weiß ich, dass du auf mein Wertvollstes sehr gut aufpassen wirst.«

»Das ist selbstverständlich Becci, was hältst du von mir, ich habe schließlich selbst ein Kind!«

»Nun gut, ich werde mich gleich von Benny verabschieden, ich muss zur Arbeit.«

Rebecca rief Benny zu sich, sie beugte sich zu ihm hinunter und nahm ihn liebevoll und zärtlich in ihre Arme.

»Tschüss mein Großer, sei brav und höre auf Tante Sanny, hörst du.«

»Na klar, Mami«, und leise flüsterte er ihr ins Ohr, »aber bitte küss mich jetzt nicht, sonst lacht der Patrick, aber ich hab dich ganz fest lieb.«

Rebecca musste lachen und tat, was Benny wollte. Langsam kehrte Ruhe in ihre Brust ein. Der Tag forderte noch einiges von ihr. Am späten Nachmittag, als sie nach Hause kam, nahm sie erst einmal das Telefon und rief bei Sanny an.

»Ist alles gut bei euch?«, fragte sie.

»Na klar«, sagte Sanny, »mach dir keinen Kopf, alles ist gut. Willst du mit Benny reden?«
»Nein lieber nicht, er soll ja nicht mitbekommen, wie ich ihn vermisse, sonst hat er ja keine Freude.«
Rebecca legte beruhigt den Hörer auf.
Dass dies eigentlich ihre letzte Chance gewesen war, die Stimme ihres Kindes zu hören, ahnte sie in diesem Augenblick jedoch nicht.
Sie nahm sich vor, sich selbst mal so richtig zu verwöhnen. Ein Glas Rotwein, leichte Musik, Kerzen und ein gutes Buch in der Badewanne. Wie lange lag dieses Buch nun schon neben ihrem Bett? Doch Rebecca schaffte es nie, es endlich zu Ende zu lesen. ›Actias, der Duft der Angst im Seelenparadies‹, war der Titel des Buches. Es war keine beschwingende Lektüre und doch war Rebecca vom ersten Wort an in dem Geschehen und dem verwobenen Netz dieser kranken Seele gefangen. Sie wollte nun endlich wissen, wie sich diese Nadja das Reich ihrer Schmetterlinge eroberte.
Sie ließ sich in die Wanne gleiten und vergaß ihre Ängste um ihren kleinen Liebling. Gefesselt las sie Seite um Seite. Sie fror bereits, weil das Wasser nicht mehr heiß war. Doch die Spannung des Buches und das Schicksal der Protagonistin zerrten Rebecca einfach aus der Realität. Als sie endlich zur letzten Seite gelangte, hatte sie Tränen in den Augen.
Sie stieg aus dem kalten Wasser und machte sich bettfertig. Das Buch verfolgte sie bis in ihre Träume. Rebecca nahm darin die Gestalt der Protagonistin an, die sich in ihrem Traum auf der Wiese ihrer Schmetterlinge befand. Genau wie diese Nadja sah sich auf dieser Brücke gehen, im Arm hielt sie ihren Benny. Die Brücke, die die Schmetterlinge gebildet hatten, brach in sich zusammen. Rebecca verlor den Halt und verlor ihr Kind in den Wellen und Tiefen dieses Sees. Sie hörte ihren Benny nach ihr rufen. Doch das Wasser war grau, als hätte jemand flüssigen Beton hineingegossen. Schweißgebadet und den Ruf ihres Lieblings in den Ohren erwachte sie. Erleichtert darüber, dass dies nur ein Traum war, hervorgerufen von diesem Buch ›Actias‹ versuchte sie, noch ein wenig Schlaf zu bekommen. Doch der verzweifelte Ruf ihres Kindes hallte in ihrer Seele nach.
Schrill und laut läutete das Telefon. Rebecca kam nur schwer aus ihrem Schlaf. Total fertig von der Nacht schleppte sie sich ans Telefon.
»Ja, wer ist da?«, sagte sie müde.

»Rebecca«, rief Sanny am anderen Ende der Leitung, »Rebecca, es tut mir so leid, du musst kommen, der Benny …«, sie schluchzte, » … der Benny.«
»Rebeccas Herz gefror in diesem Moment zu einem Eisklumpen.
»Was ist mit meinem Kind, Sanny?«, schrie sie panisch in den Hörer. »Was um Himmels Willen ist los?«
Rebecca wartete die Antwort nicht ab. Sie rannte im Pyjama hinaus, ohne sich etwas anderes anzuziehen, stieg in ihr Auto und fuhr los. Unterwegs betete sie zu Gott, dass er das nicht zulassen sollte, was sie vermutete. Doch mehr als ihr totes Kind, das leblos am Rand des Pools lag, war ihr von dieser Nacht nicht geblieben. Sein Feuerwehrauto lag am Grund des Pools.
Rebecca hielt ihr kaltes, vom Tod gezeichnetes Kind im Arm und sah hinauf zum Himmel, der das kalte Grau ihrer Seele widerspiegelte.
Benny war in der Nacht aus seinem Zimmer geschlichen und wollte den Wassertank seines Autos auffüllen. Keiner wusste, weshalb der kleine Kerl auf diese Idee kam. Sanny erzählte, dass sie von dem Rufen Bennys nach seiner Mami aufgewacht war. Sie suchten den Jungen im ganzen Haus, bis sie sahen, dass die Terrassentüre offenstand. Doch da war es bereits zu spät für das noch so kleine Herzchen des Jungen.
Der Notarzt konnte nichts mehr tun. Benny war im Pool ertrunken.

Langsam erwacht Rebecca von ihrem künstlich gesetzten Dämmerschlaf. Ein Weinkrampf schüttelt ihren Körper. Dann spürt sie einen zarten Hauch an ihren Wangen. Sie weiß, das war der letzte Kuss ihres geliebten Kindes.

Auf dem Grabstein von Benny steht Folgendes:

Zu früh mein Kind, der letzte Kuss,
zu früh so still, dein Herz,
der Schmetterlinge letzter Gruß,
erzählen meinen Schmerz.

Deine dich immer liebende Mama.

Manchmal, wenn man schweigsam durch die Reihe der Gräber geht, färbt der Himmel sich in ein graues Kleid und man hört die zarte Stimme eines Kindes, das nach seiner Mama ruft …

Durch den grauen Tunnel auf dem Weg ins Licht

Isabella Bauch

Der Tod war, wenn ich mich so zurück an meine Kindheit erinnere, immer schon ein Tabuthema gewesen. Während die Erwachsenen ihrer Trauer freien Lauf ließen, versuchte man uns Kinder, so gut es ging, nicht mit dem Tod zu konfrontieren. Man erzählte uns, die oder der Verstorbene sei nun im Himmel, beim lieben Gott. Dort würde es ihnen nun bessergehen. Zur Beerdigung nahm man uns bis zu einem gewissen Alter nicht mit. Wir kamen in die Obhut von Freunden oder Bekannten, bis die ganze Beerdigungszeremonie zu Ende war.

Meine Mama war geschieden und stand mit vier Kindern alleine da. Sie versuchte immer das Beste aus ihrem Leben zu machen und sorgte für den Lebensunterhalt, da der Vater keine Alimente an sie zahlte. Nebenbei putzte sie in Gaststätten, Kneipen und Schulen. Ein festes Arbeitsverhältnis hatte sie auch. Sie arbeitete in der städtischen Betriebsküche. Liebevoll kümmerte sie sich um uns Kinder, zog uns groß und sorgte dafür, dass wir alle einen ordentlichen Beruf erlernten. Mit Männern hatte sie leider kein Glück und so kam es, dass sie nach ihrer Scheidung keinen Mann mehr bei sich haben wollte. Einige kurze Affären gab es hin und wieder, das war es dann auch schon. Sie hat uns Kindern immer versucht, Mama und Papa gleichzeitig zu sein. In unserer Gegenwart kam nie ein schlechtes Wort über ihren geschiedenen Mann über ihre Lippen.

So vergingen die Jahre wie im Flug. Irgendwann hatte sie das wahnsinnig große Glück, nicht mehr putzen zu müssen und auch ihre Arbeit in der Küche konnte sie aufgeben. Sie bewarb sich im Rathaus als Verwaltungsangestellte und bekam diese Arbeit auch. Drei meiner Geschwister waren mittlerweile schon aus dem Haus und ich lebte bis zu meinem 24. Lebensjahr bei ihr. Ihren Beruf als Verwaltungsangestellte übte sie voll aus bis zur Rente. Es fiel ihr sehr schwer, daheim zu bleiben, ohne Verantwortung und ohne ihre Arbeit. Aus ging sie auch so gut wie nie. Alle paar Monate gab es mal ein Treffen mit früheren Schulfreundinnen.

Im Laufe der Zeit wurde sie krank. Sie litt unter Bluthochdruck, Herzrhythmusstörungen und ihre Schilddrüse spielte auch verrückt. Immer seltener verließ sie das Haus. Alles, was sie zum Leben brauchte, besorgten wir Kinder nach getaner Arbeit. Irgendwann ging es nicht mehr.
Mama entwickelte Ängste, begleitet von psychischen Störungen. Alleine sein konnte sie auch nicht mehr so wie früher.
Kochen konnte und wollte sie auch nicht und so kam es, dass eine meiner Schwestern sie mit selbst zubereiteten Mahlzeiten versorgte. Wir gingen alle unseren Berufen nach und unsere Mama versuchte mittlerweile, uns zu den unterschiedlichsten Zeiten zu erreichen, selbst während der Arbeit. Meist fuhren wir in der Mittagspause zu ihr und kümmerten uns um sie. Sie verstand es nicht, dass wir uns nicht gleich nach dem erfolgten Anruf bei ihr melden konnten. Es wurde täglich schlimmer mit ihr.
Eine Lösung musste herbeigeführt werden. Dies war nicht einfach. Eine meiner Schwestern stand noch voll im Berufsleben zu dieser Zeit, ebenso mein Bruder und seine Frau. Meine andere Schwester hatte bereits ihre Schwiegermutter in Pflege. So blieb nur noch ich übrig.
Als meine Mama noch gesund war, hatte sie uns immer schon zu verstehen gegeben, dass sie niemals in ein Pflegeheim gehen würde, wenn sie sich nicht mehr versorgen könnte. Diese Worte klangen immer in meinen Ohren. Für mich wäre es unvorstellbar gewesen, Mama in ein Heim zu geben. Also gab ich meinen Job für sie auf. Dafür bekam ich von ihr finanzielle Unterstützung. Wenn meine Geschwister in der Lage gewesen wären, sie hätten ebenso entschieden wie ich. So zog Mama dann zu mir, meinem Mann und unserem Sohn Patrick. Am Anfang lief alles sehr gut, weil Mama noch ein wenig mobil war. Sie war froh, nicht mehr alleine zu sein, und ihr Enkel war ihr ganzer Stolz. Mit ihm beschäftigte sie sich immer sehr gerne und auch sehr lange. Im Laufe der Zeit stellte sich bei uns dann noch einmal Nachwuchs ein und unsere Tochter Sarah-Marie wurde geboren. Zu dieser Zeit schwächelte Mama sehr. Sie konnte das Baby nur schwerlich in den Armen halten. Sie magerte immer mehr ab, weil sie keinen Appetit mehr hatte. Eine Operation der Schilddrüse war unumgänglich, aber sie hatte vor einer Operation mehr Angst als Vaterlandsliebe, so sagten wir Kinder immer aus Spaß zu ihr. Von dieser Operation hing ihr gesundheitliches Wohlbefinden ab.

Viele Gespräche wurden geführt, um sie umzustimmen. Alles war vergebens. Unser Hausarzt informierte uns alle immer wieder darüber, was geschehen könnte, wenn sie sich nicht operieren ließe. Aber sie blieb bei ihrem Entschluss. Ein einziges Mal nur wäre es uns fast gelungen, sie umzustimmen. Der Termin zur OP stand schon fest, aber was soll ich sagen, kurz davor hat sie ihn wieder abgesagt. Wir waren alle sehr traurig darüber. Die heißen Knoten in der Schilddrüse wurden nicht entfernt und wuchsen immer weiter.
Immer seltener noch war sie imstande sich anzuziehen und einen kleinen Spaziergang vor der Türe zu machen. Sie war schon zu schwach, denn sie wog nur noch 40 kg. Das Essen musste man ihr förmlich aufzwingen und trinken wollte sie nicht so recht. Es wurde eine sehr schwere Zeit für uns alle. Mama war vor ihrer Krankheit immer rüstig und gut drauf gewesen. Sie hatte ihre Arbeiten immer eigenständig verrichtet. Plötzlich musste sie feststellen, dass sie kaum noch etwas machen konnte. Darüber war sie sehr traurig und nicht nur das, sie fing an, ungerecht und mürrisch zu werden. So kannte man sie normal gar nicht.
Als ob dies alles nicht schon gereicht hätte, stellten sich noch Durchblutungsstörungen und schwere Depressionen ein. Zum Aufpeppen bekam sie morgens immer eine Infusion. Diese wurde von einem Mitarbeiter eines Pflegedienstes gelegt und ich konnte sie, nachdem sie durchgelaufen war, entfernen.
Das war nicht schwer. Immer öfter und länger blieb Mama im Bett liegen. Sie zog sich auch nicht mehr an. Sie trug nur noch ihr Nachthemd und ein Bettjäckchen. Ihre Haare waren ganz grau geworden und sie sah richtig alt und krank aus. Ihr Gesicht war aschfahl.
Es setzte uns allen sehr zu, zu sehen, wie Mama immer weniger wurde. Manchmal sprach sie auch wirres Zeug, das niemand verstand. Sehr viele Aufbaupräparate bekam sie in Form von Vitamin B und Astronautenkost, weil sie kaum noch etwas essen konnte. Der Hunger war wohl da, aber wenn das Essen vor ihr stand, brachte sie keinen Bissen herunter.
Unsere Kinder bekamen dies alles nur am Rande mit.
Patrick mein Sohn, war ja mittlerweile schon in der Grundschule und Sarah-Marie, meine Tochter, war eben mal ein Jahr alt. Mein Mann ging seiner Arbeit nach und ich stand meist mit den Kindern und meiner Mama alleine

da, konnte aber immer auf die Hilfe meiner Geschwister zählen, wenn Not am Mann war.
Immer öfter fiel mir ein, dass ich als Kind oftmals angefangen hatte zu weinen. Wenn Mama mich dann fragte, was los sei, so sagte ich weinend zu ihr: »Mamale, Mamale, ich habe solche Angst davor, dass du sterben wirst«.
Dann nahm sie mich immer in ihre Arme und sagte zu mir: »Mein Kind, du musst keine Angst haben. Ich werde uralt, mindestens 100 Jahre.« Dann wischte sie mir die Tränen aus meinem Gesicht und gab mir einen dicken Kuss. Danach war meine kleine Welt wieder in Ordnung. Ich hatte als Kind schon eine sehr große Angst vor dem Tod meiner Mutter. Nun war es soweit. Sie war sehr krank und es war schwerlich zu sagen, wie lange sie noch leben würde. Das war für mich und meine Familie aber auch nicht das Thema, denn wir wollten sie so lange wie möglich bei uns haben. Sie festhalten und nicht mehr wieder loslassen. Auch wenn es nicht immer einfach war, so waren wir alle sehr froh, dass wir diese Zeit, welche ihr noch verblieb, mit ihr erleben durften.
Eines Morgens gegen 8:00 Uhr musste ich sie wecken. Es stand ein Termin bei unserem Hausarzt an. Wie gewohnt ging ich zu ihr ans Bett, streichelte sie und sagte zu ihr:
»Mama, du musst wach werden, wir müssen zum Arzt fahren.«
Aber sie bewegte sich nicht. Ich sprach sie etwas lauter an und schubste sie ein wenig am Arm. Sie zeigte keine Regung. Währenddessen kam mein Mann herein ins Zimmer, um nachzusehen, was los sei. Er hatte sich für diesen Tag extra frei genommen, damit er mit zum Arzt konnte.
Alleine mit dem Baby schaffte ich das nicht. Mama musste ja im Rollstuhl geschoben werden. Er berührte sie, redete mit ihr, aber auch da zeigte sie keinerlei Reaktion. Schnell rief ich unseren Hausarzt in der Praxis an und erklärte ihm die Situation. Er sagte nicht viel zu mir, nur, dass er sofort käme. Wir sind alle schon sehr lange bei Peter in Behandlung und über die Jahre hinweg, entwickelte sich so etwas wie eine Freundschaft. Es dauerte noch keine zehn Minuten, bis er bei uns eintraf. Peter schaute sich Mama an und meinte: »Wahrscheinlich liegt sie im Zuckerkoma«.
Schnell wurde der Rettungsdienst informiert und Peter begleitete meine Mama im Krankenwagen bis hin zur Intensivstation. Mir überreichte er seine

Autoschlüssel und ich fuhr mit seinem Wagen hinter dem Rettungsdienst her. Im Krankenhaus angekommen ging es gar nicht schnell genug.
Mama wurde untersucht und auf den Kopf gestellt mit der Diagnose Schlaganfall. Für uns brach eine Welt zusammen, denn es hatte sie sehr schwer getroffen. Sie war halbseitig gelähmt, konnte nicht mehr sprechen, nicht mehr essen, nicht mehr trinken, einfach nichts mehr. Peter sagte: »Man weiß nicht, um welche Uhrzeit der Schlag sie getroffen hat. Dies kann mitten in der Nacht gewesen sein und bei einem Schlaganfall kommt es auf jede Sekunde an«. Bei uns war es viel zu spät. Tagelang verbrachte sie auf der Intensivstation und wurde künstlich ernährt. Manchmal hat sie ihre Augen geöffnet und an die Decke geschaut. An ihren Reaktionen aber merkte man, dass sie alle Leute aus der Familie noch wahrnahm und auch kannte. Einer nach dem Anderen besuchte sie und alle wussten wir, was auf uns zukommen würde. Sie käme als Schwerstpflegefall nach Hause.
Noch während des Aufenthaltes im Krankenhaus hatte man ihr eine Magensonde gelegt. Dazu mussten alle Kinder ihr Einverständnis geben, was wir auch taten.
Wir hielten an jedem Strohhalm fest, der das Leben unserer Mama verlängern konnte. Keiner von uns wollte sie loslassen. Man zeigte uns, wie es mit der Magensonde funktionierte. Für mich war dies einfach schrecklich anzusehen.
Über eine Spritze wurde ihr eine Flüssigkeit zugeführt in den Magen, welche sich wohl sehr kalt anfühlte. Aber Mama war noch bei uns. Wie sie sich dabei fühlte, das konnten wir nur erahnen. Es muss schlimm für sie gewesen sein. Immer hatte sie gesagt: »Ich möchte nicht als Pflegefall enden«. Genau dies war eingetroffen.
Leider haben wir keinen Einfluss auf unser Ableben. Wir werden geboren und der Termin unseres Todes steht sicherlich beim Zeitpunkt unserer Geburt schon fest, davon bin ich überzeugt. Nur wie, wo und wann wir diese Welt wieder verlassen müssen, das bestimmt der liebe Gott alleine.
Nachdem sie nun schon etliche Tage auf der Intensivstation verbracht hatte, entschied der behandelnde Arzt, sie auf die Normalstation zu verlegen. Anfänglich machte er uns immer wieder Mut, was den Zustand meiner Mutter anging. Eine Reha-Maßnahme wurde ebenfalls ins Auge gefasst. Dies war für uns ein Hoffnungsschimmer.

Sollte Mama sich doch noch mehr erholen als gedacht? Das wäre zu schön, um wahr zu sein. In den darauffolgenden Tagen waren wir bei uns zu Hause damit beschäftigt, ihr möbliertes Zimmer in ein ›Krankenzimmer‹ umzubauen. Alles Nötige wurde veranlasst. Das Krankenbett und ein Rollstuhl wurden bestellt, ebenso ein Toilettenstuhl.

Inkontinenzwindeln wurden besorgt und der Pflegedienst informiert. Wir waren uns aller Konsequenzen bewusst, die auf mich, meinen Mann und die Kinder mit der Entlassung aus dem Krankenhaus zukommen würden und wir waren uns einig. Sie bleibt bei uns bis zum Ende.

Aus dem Krankenhaus gab es nichts Neues zu berichten. An Mamas Zustand hatte sich nicht sehr viel verändert, eigentlich gar nichts. Plötzlich wurde von heute auf morgen von Entlassung gesprochen, was uns sehr bestürzte. Vor Tagen noch meinte der Arzt im Krankenhaus, man könnte sie noch in eine Reha-Maßnahme verlegen. Sollte dies alles nicht mehr wahr sein? Ich bat um ein Gespräch mit ihm, auch mein Mann war dabei. Wir erinnerten ihn an seine Worte und er war sehr zögerlich. Von Verbesserung des gesundheitlichen Zustandes meiner Mama war plötzlich keine Rede mehr. Aber wir gaben nicht auf. Zum guten Schluss bekam sie die Reha-Maßnahme doch noch zugesprochen. Innerlich war ich mir nicht mehr so sicher, ob es noch Erfolge geben könnte, dennoch wollte ich einfach alles für sie getan haben. Nichts unversucht lassen. In der Reha wies man ihr ein Einzelzimmer zu. Rund um die Uhr musste sie versorgt werden. Ein wenig Bewegungstherapie wurde angeordnet, mehr konnte man nicht mehr machen. Der gewünschte Erfolg blieb schließlich aus. Dann geschah etwas, wovon man schon so oft gehört hatte im Krankenhaus. Sie fing sich eine Lungenentzündung ein und nicht nur eine, nein, es war eine doppelseitige Lungenentzündung. Dies erschwerte ihre weitere Genesung sehr. Starke Schmerzen prägten ihr Dasein, erzählte uns ein Mann, der ein paar Zimmer weiter entfernt lag. Man hätte sie über den ganzen Flur schreien hören. Dies war sehr beunruhigend und traurig für uns alle.

Am Nachmittag des 30. Oktober besuchte ich sie mit einer meiner Schwestern. Wir saßen an ihrem Bett und jede von uns hielt eine ihrer Hände. Diese fühlten sich sehr warm an. Es wurde kein Wort gesprochen. Mama lag im Bett mit geschlossenen Augen. Ihre Haare hingen ganz wirr um ihren Kopf. Eine dicke Schweißperle stand auf ihrer Stirn. Mamas Gesicht sah schmerz-

erfüllt aus. Im Krankenzimmer war es sehr still und die Luft war zum Schneiden. Nach ein paar Minuten, welche uns wie eine Ewigkeit vorkamen, öffnete sie ihre Augen und sah in eine Ecke des Krankenlagers. Dabei ließ sie unsere Hände los und versuchte sich aufzurichten. Es war so, als ob sie jemanden sah und wegschicken wollte. Sie versuchte zu sprechen, bekam aber keinen Ton heraus. Nach einer kleinen Weile sank sie erschöpft ins Bett zurück und schloss ihre Augen wieder. Meine Schwester und ich wussten nicht, was zu diesem Zeitpunkt im Krankenzimmer unserer Mutter geschah. Wir ergriffen wieder ihre Hände, was ihr nun sehr unangenehm war. Sie zog beide Hände zurück. Mit einem Male schlug sie wieder ihre Augen auf, schaute wieder in diese eine bestimmte Ecke des Zimmers. Sie wollte Worte formulieren, aber es kamen nur sehr seltsame Geräusche aus ihrem Mund. Es hörte sich so an, als ob sie sagen würde: »Geh weg«. Danach sank sie wieder in ihre Kissen zurück. Meiner Schwester und mir war zum Heulen zumute. Die ganze Situation war eher ein wenig gruselig. Eine Erklärung hatten wir nicht. Mama lag nun wieder mit geschlossenen Augen da und dämmerte vor sich hin. Ein drittes Mal nahmen wir ihre Hände und dieses Mal zog sie diese nicht mehr zurück.
Ihre Hände fühlten sich nun nicht mehr so warm an und ihr Gesicht wurde immer fahler und grauer. Tränen, die wie Diamanten aussahen, kullerten über unsere Wangen. Sagen konnten wir nichts. Unsere Gedanken waren bei Mama und was wir ihr noch alles sagen wollten. Plötzlich kullerte eine Träne auf ihre Hand und berührte sie. Mit einem Male kam Mama hoch, umklammerte unsere beiden Hände, öffnete die Augen, schaute uns an und sagte: »Das ist wahre Liebe«. Dann sank sie wieder in die Kissen zurück und duselte ein wenig ein. Meiner Schwester und mir brach es das Herz. Unsere Mama konnte noch einmal klar und deutlich sprechen. Nur war dies kein gutes Zeichen und wir ahnten, was in den kommenden Stunden auf uns zukommen würde.
Ich sprach mit der Ärztin und es sah auch nicht gut aus. Sie schickte mich nach Hause und versprach aber, sollte sich was verändern, sie würde sich sofort melden. Ich musste ja auch noch unsere Kinder versorgen. Von uns aus bis zur Reha-Klinik waren es so um die 120 km, hin und zurück.
Kaum zu Hause angekommen, klingelte auch schon das Telefon, die Ärztin war am Apparat und meinte nur, ich solle schnell nochmal kommen. Mama

würde im Sterben liegen, es könnte vielleicht noch die ganze Nacht dauern oder einen Tag länger. Der Anruf der Ärztin kam so gegen 18:30 Uhr. Ich informierte schnell noch meine Geschwister und machte mich auf den Weg in die Klinik. Gegen 20:00 Uhr kam ich dort an und sah noch, wie eine Ärztin meiner Mama eine sehr große Spritze gab.

Meine ältere Schwester war noch vor Ort bei ihr. Ich schaute noch kurz in das Zimmer und sah in das schmerzverzerrte Gesicht von Mama. Jedoch glich sie sich überhaupt nicht mehr. Ihr Gesicht glich dem einer fürchterlichen Fratze und ich hatte plötzlich eine fürchterliche Angst. Angst vor dem Tod und was er aus einem Menschen macht. Eilenden Schrittes verließ ich das Zimmer. Mein Mann musste noch informiert werden. Während ich mit ihm sprach, verstarb meine liebe Mama, schloss ihre Augen für immer. Es sollte nicht sein, dass ich während ihres Ablebens bei ihr sein sollte, meine große Schwester musste es sein und das war auch gut so. Nachdem sie verstorben war, betrat ich noch einmal das Zimmer, um mich von ihr zu verabschieden.

Welches Bild sich mir bot, das kann ich mit Worten nicht zusammenfassen. Sie lag ganz still und friedlich da. Von einem schmerzerfüllten grauen Gesicht war nichts mehr zu sehen. Sie hatte wieder Farbe im Gesicht. Ihre Wangen waren rötlich und so seltsam wie sich dies nun anhört, sie sah im Tode sehr gut aus. Nun war sie von allen Schmerzen und der Pein erlöst. Meine Schwester und ich nahmen noch an ihrem Bett Platz, um uns zu verabschieden. Mein Bruder und die dritte Schwester kamen leider zu spät, aber sie blieben auch noch eine ganze Weile bei unserer Mama, um Abschied zu nehmen. Es war sehr schmerzlich, so eine liebevolle Frau durch den Tod verloren zu haben, wir trauerten und weinten und dennoch sagte ich zu meinen Geschwistern: »Sie hat es gepackt, dort wo sie nun ist, da hat sie ihren Frieden, ihre Ruhe und vor allen Dingen keine Schmerzen mehr«.

Sie hat uns verlassen und ist durch den dunklen grauen Tunnel gegangen. Aber am Ende des Tunnels ist das Licht. Dort warten nun alle auf sie, die ihr bereits vorausgegangen sind und ich bin mir ziemlich sicher, dass ihre Eltern sie auf der Schwelle in das Jenseits in Empfang nehmen. Dies geschah acht Wochen nach ihrem Schlaganfall. Leider wurde sie nur 67 Jahre alt. Hätte sie diese Lungenentzündung nicht bekommen, hätte sie zu uns nach Hause kommen können.

Durch ihren Tod ist sie angekommen in ihrem wirklichen Zuhause bei Gott.

In diesem Augenblick schaue ich auf ihr Foto und erzähle ihr, dass meine Geschichte fertig ist. Ein sehr gutes Gefühl sagt mir, dass es richtig war, meine Zeilen über Mamas Tod niederzuschreiben. Schweren Herzens musste ich sie los- und gehenlassen mit dem Wissen, irgendwann sehen wir uns an einem anderen Ort wieder. Dann werden wir für immer zusammen sein.

Wie die Liebe

Nähe gesucht

Miranda Rathmann

Ich steige auf den höchsten Berg
nur um dir nah zu sein.
Und obwohl ich dir nun näher bin,
fühl ich mich so allein.

Ich gehe in des Traumes Reich
nur um dich kurz zu spüren.
Zu sehen und umarmen dich,
und wieder zu verlieren.

Ich suche dich im Sternenmeer
nur um nach dir zu sehen
und gäb´ es eine Treppe hier,
ich würde zu dir gehen.

Ich steige auf den höchsten Berg
nur um dir nah zu sein.
Und obwohl ich dir nun näher bin,
fühl ich mich so allein.

Steinernes Erbe

Lisa Füchsle

›Das mit der Zeit‹, denkt Oskar, ›ist schon eine merkwürdige Sache.‹

Als er ein Kind war, erschien ihm alles endlos lang. Ein Monat war von kaum absehbarer Dauer, ein Jahr lag bereits außerhalb seiner Vorstellungskraft und eine Mathematikstunde erst recht. Er fühlte sich nahezu unsterblich. Wenn ihm ein Jahr wie eine Ewigkeit vorkam, wie lange dauerte dann ein ganzes Leben? Die Zeit war ein treuer und stattlicher Begleiter. Der Tod war ungreifbar und mit Krankheiten oder sonstigen Schicksalsschlägen rechnete der vertrauensselige Bub nicht. Sein Leben war unverwüstlich wie ein massiver Fels, dem nichts etwas anhaben konnte.

Jetzt ist es anders. Der imposante Fels zerbröckelt. Zuerst nur ein bisschen, kaum merklich. Dann immer mehr, deutlich sichtbar und vor allem schneller. Bald werden nur noch einzelne Körner übrig sein, die unaufhaltsam durch die Sanduhr namens Leben laufen.

Klara hat einen großen Brocken mitgerissen.

›Bis dass der Tod uns scheidet‹ – auch das wirkte damals so unendlich weit weg. Oskar dachte vor der Hochzeit darüber nach, nur kurz. Denn wenn man in jungen Jahren voller Pläne vor einem gemeinsamen Lebensweg steht, ist so etwas wie der Tod viel zu abstrakt.

Oskar sitzt im Garten und beäugt seine alten, faltigen Hände. Dann wandert sein Blick zu dem großen Block Sandstein, der sich vor ihm befindet. Er ist ganz grau. Wie Oskar, der ist auch schon eine Weile ziemlich grau. Klara war nicht so grau. Ihre Haare schon, aber die färbte sie sich blond. Nicht nur das, sie sah trotz ihres Alters so frisch aus, sie strahlte so viel Leben aus.

Er hat das Gefühl, der graue Stein sei das Einzige, was von ihr übriggeblieben ist. Sie hatte ihn aus ihrem letzten Urlaub mitgenommen. Klara hatte viele Ideen für den Stein. Eine Statue sollte es werden. Doch ihre endgültige Entscheidung hat sie nicht mehr getroffen. Der Stein steht auf einem Tisch auf der Wiese. Oskar nimmt Hammer und Meißel. Er schlägt ein kleines Stück ab. Es ist das erste Mal, dass er solch einen Stein bearbeitet. Das Werkzeug liegt ihm noch ein wenig unsicher in der Hand, doch Schlag für Schlag gewinnt er an Geschick. Je genauer er den Stein betrachtet, je weiter er sich in sein Inneres, seine Schichten wagt, desto erkennbarer wird seine

ungeahnte Schönheit. Oskar ist verzaubert von den vielen Farbabstufungen und Schattierungen. Der anfangs fade, graue Stein hat sich in ein Kunstwerk aus Grautönen verwandelt, welches diese freudlose Farbe zu einer Wohltat für die Seele werden lässt.
Die harmonischen Muster lassen Gedanken in ihm aufkeimen. Wie lange es wohl gedauert hat, bis sich diese Steinmasse so zusammengesetzt hat? Aus welchen Zeitaltern stammt sie? Das meiste, was wir über die Erde und ihre Entwicklung wissen, haben wir von den Steinen erfahren. Fossilien und unterschiedlichste Gesteinsschichten beherbergen eine unglaubliche Fülle an Informationen – im Grunde stellen sie das größte Geschichtsbuch der Welt dar.
Der Block hat sich bereits verändert, er ist schmaler, feiner geworden.
Oskar setzt den Meißel erneut an. Klara war eine große Frau. Er war kaum größer als sie. Sie war so voller Tatendrang, hat das Leben voll und ganz aufgesogen.
Er war ruhiger, nicht faul, eher gemütlich, ein Genießer. Dass er sie überlebt hat, hat ihn geschockt. Damit hat er nie gerechnet. Auch nicht als sie älter wurden und der Tod in ihren Leben an Bedeutung gewann. Sie war fünf Jahre jünger als er und bis zum Schluss topfit. Er dagegen hatte die letzten Jahre zunehmend mit diversen Beschwerden zu kämpfen. Jetzt steht er da, allein, ohne Klara. Oskar legt sein Werkzeug beiseite.
Für heute ist er fertig. Er bereitet sich sein Abendessen zu und genießt es auf der Terrasse. Es ist ein milder Sommerabend. Die letzten Strahlen der Sonne verschwinden langsam am Horizont und schicken Oskar mit einer warmherzigen, besinnlichen Stimmung sanfte Gute-Nacht-Grüße.
Er muss lachen. Einfach so. Heute fühlt er sich gut. Wie schon seit Wochen nicht mehr.
Am nächsten Morgen trinkt er seinen Kaffee, schwarz, ohne Zucker, ohne Milch. Mehr braucht er in der Früh nicht. Anschließend geht er in den Garten und betrachtet Klaras Stein. Seit gestern hat er eine enorme Veränderung durchgemacht. Der grobe, eckige Klotz ist nun viel abgerundeter, wirkt anmutig, weiblich. Oskar fährt mit der Bearbeitung fort.
Ihren letzten Urlaub, eine einwöchige Wanderreise, verbrachten sie in einem Sandsteingebirge. Klara trieb ihn an. Sie wollte alles sehen, die einmalige Landschaft aus Schluchten und Felsen erkunden. Er hatte hart zu kämpfen.

Seine alten Gelenke machten es ihm nicht leicht. Doch er hielt durch. Am letzten Tag kaufte sie im Ort den Sandstein. »Das ist deine Belohnung, weil du so gut durchgehalten hast. Daraus mache ich etwas für dich«, sagte sie.

Die Arbeit mit dem Gestein behagt Oskar mehr und mehr. Seine Hammerschläge werden immer geschickter und präziser. Mit seinem ganzen Sein ist er auf den Stein, seine Beschaffenheit und Form konzentriert, ohne viel nachzudenken. Er bleibt bis zum Abend im Garten und macht sich am nächsten Tag schon früh wieder ans Werk.

Am Nachmittag beginnt er mit dem Feinschliff. Er nimmt Raspel und Feile zur Hand. Damit präzisiert er die weichen Formen. Die zarten Brüste und runden Hüften sind gut zu erkennen und werden mit jeder Schleifbewegung klarer, vollkommener. Der Sandstein nutzt sein Werkzeug schnell ab, so dass er es bald erneuern muss. An eine Pause wagt er nicht zu denken.

Mit der Abenddämmerung kommt er zum Ende. Noch ein paar kleine Nachbesserungen und dann ist er fertig. Er steht vor seinem Werk, einer Abbildung von Klara. Sie ist wunderschön.

Die sanften, grauen Muster betonen die zarten, wohligen Formen der Statue. Und Klara hat ihr Versprechen gehalten. Sie hat mit dem Stein etwas für ihn gemacht. Es geht ihm gut. Mit jedem Brocken, jedem Sandkorn, das er abgeschlagen und weggeraspelt hat, ist auch sein Schmerz ein wenig verflogen. Er ist nicht ganz vergangen. Das wird er wohl auch nie. Aber Oskar fühlt sich wieder lebendig, befreit von der tiefen, lähmenden Traurigkeit.

Diese Klara wird ihn überleben. Bis auch sie zu bröckeln beginnt und irgendwann nur noch aus kleinen Staubkörnern besteht, die, jedes für sich, auf eine lange Reise gehen. Vielleicht begegnen sie sich und ziehen leise, aber wissend grüßend, aneinander vorbei. Und vielleicht finden ein paar davon in künftigen Zeitaltern wieder zusammen und bilden einen neuen kräftigen Stein.

Deine graue Welt

Sabrina Nikolai

Um uns herum wird es kalt,
doch du merkst es nicht.
Eisig ist der Tag geworden,
die grauen Wolken summen ihr Lied,
doch es spielt keine Rolle.

Dein Blick ist leer,
und lustlos unser Leben.
Verzweifelt schreie ich.

Ich schreie nach deiner Nähe.
Doch es lässt dich blind.
Zu sehr nur für dich allein.
Auf den Kosten anderer.

Dein Interesse geht verloren,
doch siehst du es nicht mehr.

Eine Welt für dich alleine,
kaum mehr nimmst du wahr,
was einst du um dich hattest und wen!
Geblendet von einem Glück
das du glaubst zu haben,
zerbricht der Mensch an deiner Seite.

Das Grau der Zeit hat sich hineingeschlichen,
doch du merkst den Regen nicht.
Still kreisen Wolken um dich herum,
doch deine Welt soll die deine sein.
Meine Tränen bemerkst du nicht.
Kannst deine Freude nicht mehr teilen,
mag es durch das Leben selbst sein

oder auch nicht.

Doch zerbrechen wird diese Welt.
Meine hast du bereits zerbrochen.
Deine Zeit soll stets deine ALLEIN sein,
doch was vergisst du dabei?

Ein Herz,
das deines mehr liebt als sich selbst.

Ein Herz,
das alles für dich aufgegeben hat.

Ein Herz,
das ständig um dich bemüht war.

Ein Herz,
das du hast fallen lassen.

Ein Herz,
an dem du nun vorbei gehst.

Ein Herz,
dessen Scherben dir zu mühsam sind.
Deine Nähe war einst euer Halt,
eure Liebe und euer Glück.
Jetzt wird es dunkel und grau
und meine Schreie erreichen dich nicht.

In deiner Welt vertieft,
nerve ich dich mit meinen Worten.
Du willst es nicht hören.
Du willst es nicht sehen.
Wie soll es weitergehen?

Wirst du es merken?
Wirst du eines Tages erkennen,
das du aus dem Schatten treten musst?
Wirst du bereit sein es zu ändern?

Wohl kaum!

So viel Zeit ist vergangen,
so viele Worte wurden gesprochen.
So vieles wurde immer wieder versucht,
zu oft gab es einen Rückstoß.

Wieso merkst du die Einsamkeit nicht?
Wieso bist du nicht bereit?
Bereit für uns beide.

Während du dort sitzt,
still in deinem Ich,
sitzt das Herz, das sich dir schenkte,
wie ein lebloser Schatten neben mir.
Meine Scherben werden bleiben,
denn das Licht weiß keinen Weg zu mir.
Traurig darüber, dass es so ist
sitze ich nun da.

Schreibe meine Gedanken nieder und weine.
Angst um das, was ich zu schätzen weiß,
doch wissend, dass es so bleiben wird.

Gedanke um Gedanke ist der Schatten ein Teil von mir.
Leblos wird mein Herz.
Lieben werde ich dich immer,
doch leben tue ich kaum noch.

Wach auf!!!
Sieh was dich erwartet.
Schau welchen Schmerz
das Grau deiner Seele dir bringt.
Liebe mit Herz und Lust.
Kämpfe und halte das Herz,
das du einst zu dir genommen hast.
Lass es nicht wieder gehen.

Eine graue Welt mit schwarzer Sonne

Maria Hertting

»Haben Sie sich wehgetan?«

Verwundert sah ich den Mann an, der mir eben die Hand reichte und mich vom Boden aufhob.

»Alles bestens. Das passiert mir öfter.«

»Sie müssen aufpassen, wo sie hinlaufen«, sagte er scherzhaft.

Seine Stimme hatte einen warmen weichen Ton. Das ist das Erste, was mir bei einem Menschen auffällt - die Stimme. Als ich vor ihm stand, merkte ich, dass er einen ganzen Kopf größer war als ich.

»Wenn das mal so einfach wäre.« Ich lachte verlegen. »Ich sehe schlecht«, fügte ich wie entschuldigend hinzu.

»Ach, deshalb die Brille.« Verstehend nickte er. »Die steht Ihnen sehr gut.«

Eigentlich wollte ich keine Konversation beginnen, aber das erschien mir unhöflich in Anbetracht dessen, dass er mir eben geholfen hatte. »Sie bluten.«

Er zeigte mit dem Finger auf mein Knie. Meine Nylonstrumpfhose hatte ein Loch bekommen, das Knie war aufgeschürft, und eine feine Blutspur zog sich über meine Wade. Den stechenden Schmerz bemerkte ich erst jetzt.

»Das lässt sich reparieren«, sagte ich, während ich umständlich in meiner Tasche kramte.

»Suchen Sie ein Taschentuch?«

Mit einem charmanten Lächeln bot er mir seines an.

»Danke«, entgegnete ich. »Au«, entfuhr es mir, als ich an der Wunde herumwischte.

»Darf ich mal?«, fragte er höflich und ohne eine Antwort abzuwarten, zog er ein zweites Tuch aus seiner Jackentasche. Mit geübten Handgriffen tupfte er das Blut um die Verletzung herum ab.

»Hat gar nicht wehgetan«, staunte ich. »Kunststück. Ist ja auch mein Metier.«

»Sind Sie Sanitäter?«, forschte ich. »Nein, Chirurg.« »Ist ja fast dasselbe«, lachte ich.

Er lachte mit. Es passte mir nicht, dass ich ihn sympathisch fand.

Normalerweise meide ich Menschen. Eigentlich hatte ich vorgehabt, mich zu bedanken und mich so schnell wie möglich zu entfernen. Aber irgendetwas nagelte mich hier fest.

»Im Prinzip stimmt das«, gab er mir Recht, während er das Tuch noch immer auf mein Knie drückte.

»Sie können Ihre Hand wieder wegnehmen. Ist nur eine leichte Schürfwunde. Die heilt von allein.«

»Täuschen Sie sich nicht. Haben Sie einen Tetanus-Impfschutz?« *Was geht den das an*, dachte ich. Laut aber sagte ich: »Machen Sie sich keine Sorgen. Er ist noch wirksam.«

»Wer? Ach, Sie meinen den Schutz. Das freut mich. Von Berufs wegen muss ich mir solche Gedanken machen.«

Schon waren wir mittendrin in einem Smalltalk. So einfach konnte ich den Mann jetzt nicht mehr loswerden. Aus diesem Grunde sagte ich ein paar nette Worte, bedankte mich noch einmal artig bei ihm und wollte gehen. Da hielt er mich am Ärmel zurück.

»Haben Sie noch Zeit für einen Kaffee? Ich kenne ein kleines nettes Restaurant in der Nähe.«

Nein, bitte jetzt nicht diese Leier, dachte ich. Schmeicheleien, Komplimente, danach würde er mich zu einem Kaffee einladen, ganz nebenbei würde er fragen, ob er mich wiedersehen könne. Schade. Ich hatte ihn eigentlich anders eingeschätzt. Er musste wohl meine Gedanken gelesen haben.

»Ich bin sonst nicht so direkt. Aber heißt es nicht, man ist demjenigen einen Gefallen schuldig, der einem geholfen hat?«

Ich lachte hysterisch. Zu dumm. Ich konnte nicht anders.

»Sie biegen sich das so hin, wie es Ihnen in den Kram passt. Ich denke, das trifft nur zu, wenn einem jemand das Leben rettet.«

»Gönnen Sie mir doch meine Machtposition«, bat er. »Ich würde gern mit Ihnen in dieses Café gehen.«

»Aber ich zahle«, stellte ich klar. »Meinetwegen. Wenn Sie sich dann besser fühlen.« »Auf jeden Fall. Das ist meine Revanche für Ihre Ritterlichkeit.«

»Das habe ich nun davon«, lachte er abermals, wobei seine weißen Zähne mich blendeten.

Wir liefen ein Stück nebeneinander her.

»Sie müssen mir versprechen, anschließend zu einem Arzt zu gehen«, riet er mit Nachdruck.
Der Straßenbelag unter uns wurde uneben. »Vorsicht. Hier ist ein loser Stein.«
Schnell griff er nach meiner Hand.
Irgendwie gefiel mir das, und ich ertappte mich dabei, wie ich mir einen Partner an meiner Seite wünschte, der mich so durchs Leben geleitete. Mittlerweile war ich 28 Jahre alt geworden und noch immer Single. Es lag eindeutig an mir. Ich ließ niemanden näher als einen Meter an mich heran.
»Meinen Sie, das ist nötig? Es tut gar nicht mehr weh.« Meine Antwort bezog sich auf seine Bitte, zum Arzt zu gehen.
»Und ob das nötig ist. Wenn Sie wollen, kann *ich* das erledigen. Ich habe meine Praxis ganz in der Nähe.«
Er zog eine Visitenkarte aus seiner Westentasche und reichte sie mir.
»Dr. Frank Wittmann, Chirurg und Unfallarzt«, stand darauf und seine Adresse sowie die Telefonnummer.
»Ich hatte angenommen, Sie praktizieren im Krankenhaus«, wunderte ich mich.
»Das auch. Aber nur einen Tag in der Woche. An den anderen Tagen arbeite ich in einer Durchgangspraxis gemeinsam mit einem Freund.«
»Dann sind Sie wohl gerade in der Mittagspause?«, wollte ich wissen.
»Wie haben Sie das erraten? Sie sehen, ich bin ganz selbstsüchtig. Ein Kaffee nach dem Mittagessen tut mir jetzt wirklich gut.«
Ich wusste nicht warum, plötzlich ging ich auf seine flapsige Art ein.
»Sammeln Sie immer ›gefallene‹ Frauen von der Straße auf, die Ihnen Ihren Kaffee finanzieren?«
War das jetzt zu respektlos? Ihn schien es zu amüsieren, denn er lachte laut auf. Fast war ich erleichtert, dass er es mir nicht übelnahm. »Ja, jeden Tag. Es findet sich immer eine ›gefallene‹ Dame, der ich den rechten Weg weisen kann«, konterte er.
So lernten wir uns kennen. Nie hätte ich gedacht, dass er Interesse an mir haben könnte. Aber das tat er. Und ich? Ich fühlte mich bei ihm vom ersten Augenblick an wie zu Hause. Mittlerweile sind wir miteinander verheiratet.

»Ich glaube, du weißt gar nicht, welchen Eindruck du auf Männer machst«, sagte er am Anfang unserer Bekanntschaft zu mir. »Weißt du eigentlich, wie schön du bist?«

Und, weil ich wollte, dass er mir in allen Einzelheiten beschrieb, wie er mich mit seinen Augen sah, bat ich: »Sag es mir.«

Immer und immer wieder wollte ich nur das eine von ihm hören. Nach dem xten Mal meinte er: »Das habe ich dir doch schon so oft gesagt.« »Nicht oft genug«, konterte ich.

Es war wie ein Spiel zwischen uns.

»Wie du willst. Deine Augen sind von einem strahlenden Blau. Damit kann nicht einmal der Himmel konkurrieren.«

»Und mein Haar?« »Das ist rot.«

»Wie rot?« »Rot wie eine feurige Woge. Wenn die Sonne scheint, denkt man, der Himmel brennt.«

»Und meine Haut?«

»Sie ist sehr hell mit einem Rosaschimmer und vielen kleinen Sonnenflecken auf den Wangen. Warum willst du das immer und immer wieder von mir hören?«

»Es klingt so schön aus deinem Mund«, sagte ich.

Irgendwann fasste ich mir ein Herz und klärte ihn auf, denn ich wusste, wenn ich das noch länger mit mir herumtrüge, würde es mich zerfressen.

»Nein, das ist es nicht. Ich brauche deine Worte, damit ich verstehe, denn meine Welt ist grau. Grau, wie ein Schwarz-Weiß-Film, um genauer zu sein, wie ein unscharfer Schwarz-Weiß-Film, neblig weißgrau. Ich bin einer unter 100.000 Menschen, der an einer seltenen Erbkrankheit leidet. Da du Arzt bist, wirst du es sicher schon bemerkt haben und auch wissen, welche Krankheit ich meine.«

»Ich ahnte so etwas. Du hast Achromatopsie, bist also komplett farbenblind. Bei dir fehlen die Sinneszellen auf der Netzhaut, die für das scharfe Farbsehen am Tage verantwortlich sind. Man nennt sie Zapfen. Du kannst nur Hell und Dunkel unterscheiden, denn du verfügst nur über lichtempfindliche Stäbchen.«

Er machte eine Pause und sah mich an.

Aber nicht voller Mitleid oder weil er mich für einen Freak hielt, nein, ganz normal.

»Seit wann weißt du es?«, wollte ich wissen.
»Eigentlich schon seit unserer ersten Begegnung. Mir fiel sofort dein Augenzittern auf, mit dem du deine Fehlsichtigkeit korrigieren wolltest und deine Lichtempfindlichkeit.« »Und trotzdem wolltest du mich näher kennenlernen?« »Was hat das eine mit dem anderen zu tun?«
»Die meisten Menschen meiden mich, weil sie mich nicht verstehen. Ich bin ihnen unheimlich. Lange wusste ich ja selbst nicht, warum ich anders bin. Was mit mir nicht stimmte. Wieso schwärmten die Menschen von einem blauen Himmel, von einer grünen Wiese, von bunten Blumen. Was ist eigentlich bunt? Was sind Farben? Hinzu kommt, dass meine Sehkraft nur etwa ein Zehntel von der eines gesunden Menschen beträgt. Sie verlässt mich besonders am Tage. Scheint die Sonne, gehe ich kaum auf die Straße. Trage ich rote Kontaktlinsen oder über der Brille einen Blendschutz, sehe ich ein wenig besser.«
»Mir ist schon klar, dass dein Leben bis jetzt nicht einfach verlaufen ist. Aber das ist vorbei.«
»Du irrst dich. Es ist nicht vorbei. Es fängt gerade erst an, auch für dich. Du weißt nicht, worauf du dich einlässt. Was willst du mit einer Frau, die Gegenstände erst aus einem Meter Entfernung klar erkennen kann, wenn Normalsichtige sie schon aus zehn Metern erkennen, die Rot nicht von Schwarz unterscheiden kann, für die helle Grüntöne alle gleich aussehen und Farben nur unterschiedliche Graustufen sind?«
»Um sich in der Welt zurechtzufinden ist es nicht nötig, Farben sehen zu können. Farbe ist nur schmückendes Beiwerk.«
»Richtig. Aber die Normalsichtigen wissen das nicht. Schon als Kind wünschte ich mir, so zu sein wie die anderen. Ständig verwechselte ich die Buntstifte. Später stellte sich die Berufswahl als schwierig heraus. Nach vielen vergeblichen Anläufen fand ich einen sozialen Beruf in einer Sehbehindertenwerkstatt.«
Wieder musterte er mich. Ich konnte förmlich spüren, wie seine Blicke mich abtasteten. Seine Stimme zeigte jedoch weder Mitleid noch Abscheu, sondern klang ganz normal, als er sagte: »Nicht gerade das, was du dir gewünscht hast, gehe ich recht in der Annahme?«
»Und dabei bin ich intelligent«, nickte ich.

»Es gibt Möglichkeiten«, sagte er. »Man kann heute schon viel machen. Es gibt elektronische Farberkennungsgeräte, die Farben in akustische Signale umwandeln. Auch gentherapeutische Ansätze sind bei Tieren schon erfolgreich gewesen. Eine Studie am Menschen steht kurz bevor. Es ist nur eine Frage der Zeit, bis du Farben unterscheiden kannst.«

»Wie soll das funktionieren?«

Ich blieb skeptisch.

»Das Gen, das für die Farbenblindheit verantwortlich ist, wurde kürzlich entdeckt. Man spritzt eine harmlose Virenart direkt unter die Netzhaut. Diese Viren schleusen ein Eiweiß in die Zellen, das die Information für das Farbsehen besitzt. Aber was soll das? Glaubst du, ich mag dich weniger, weil du eine Sehbehinderung hast?«

Er nahm mich in den Arm und ließ mich spüren, dass ich bedingungslos zu ihm gehörte. Das war das erste Mal in meinem Leben, dass ein Mensch mich so annahm, wie ich bin, mit all meinen Fehlern und meiner Unvollkommenheit.

Heute feiern wir unseren fünften Hochzeitstag. Ich habe keinen einzigen Tag bereut, den ich mit meinem Mann verbracht habe. Vor drei Jahren haben wir eine Tochter und vor einem Jahr einen Sohn bekommen. Beide sind gesund. Inzwischen arbeite ich in der Praxis meines Mannes als Arzthelferin. Meine Welt ist zwar noch immer grau, ich kann mich aber gut damit arrangieren. Da die Menschen, denen ich nahestehe, meine Behinderung kennen, können sie gut damit umgehen und nehmen Rücksicht darauf. Ich kann mir jederzeit von ihnen Hilfe einholen. Ich weiß nicht, ob ich mich zu der Gentherapie durchringen könnte, falls es irgendwann einmal so weit sein sollte, dass man sie anwendet. Ich stelle mir das chaotisch vor, plötzlich alle Farben sehen zu können, wo meine Welt ein Leben lang doch nur grau gewesen ist.

In meinem Umfeld gibt es keinen Menschen, der so ist wie ich, Doch im Pazifischen Ozean existiert eine Insel, auf der ein Drittel der Bevölkerung farbenblind ist. Diese Insel hat zwar nur 240 Einwohner, aber was macht das schon? Außerdem habe ich gehört, dass es allein in Deutschland 3000 Achromaten gibt, dazu kommen im deutschsprachigen Raum noch diejenigen, die in Österreich und der Schweiz leben, ganz zu schweigen von denen, die in der ganzen Welt verstreut sind. Ich bin also nicht allein mit diesem Leiden.

Mittlerweile ist meine Tochter so weit, dass sie mir die Welt der Farben erklärt. Dank ihrer Hilfe finde ich mich immer mehr zurecht in meinem Leben, in dem die untergehende Sonne nicht rot, sondern schwarz ist und der Himmel nicht blau, eine Wiese nicht grün, sondern beide nur unterschiedlich grau sind.

Wie im Märchen

Im Graunebeltal

Angelika Groß

Es herrschte eine gespenstische Atmosphäre an diesem Tag. Die Tiere schienen sich alle davongeschlichen zu haben. Nicht einmal das Zwitschern der Vögel war zu hören. Auf seinem Spaziergang durch den Rayon konnte jeder die Natur spüren. Ciara machte ihren täglichen Streifzug durch das verbotene Graunebeltal.

»Ciara, meide das Tal, es wird dir sonst Schreckliches geschehen», hatte ihre Großmutter ihr immer wieder eingeschärft. Wie kleine Mädchen nun mal sind, spornte sie das Verbot erst richtig an, dort hinzugehen. Was konnte ihr schon passieren, ihr schwarzer Rabe Cormac war doch immer dabei. Ihn hatte sie genau dort gefunden, er lag mit einem gebrochenen Flügel auf dem Boden, genau zwischen den Stelen. Sie hatte ihn mit nach Hause genommen und gesundgepflegt. Er wurde ihr bester Freund, denn die Leute im Dorf wollten mit ihrer Familie nichts zu tun haben. Von ihrem Vater erzählte man sich, ihn hätte der Teufel geholt, ihr Zwillingsbruder war eines Tages im Graunebeltal verschwunden. Ciaras Mutter wurde krank aus lauter Gram über ihre Verluste, deswegen kümmerte sich die Großmutter um sie. Mit ihr konnte sie auch über die Eltern sprechen, was allerdings immer sehr schwierig war, da Großmutter immer sagte: »Kindchen warte es ab, du wirst eines Tages deine Antworten bekommen.« So schloss Ciara ihren Raben immer mehr ins Herz und erzählte ihm ihre Kümmernisse. Manchmal meinte sie, er würde sie genau verstehen, wenn sie ihm etwas ganz Aufregendes erzählte, dann hüpfte er immer auf einem Bein ganz wild herum. Nun war sie wieder einmal im verbotenen Tal unterwegs und staunte, dass der Nebel sich verzogen hatte. Alles lag in einem roten Schimmer der untergehenden Sonne. Eigentlich hätte sie nach Hause gehen müssen, aber Cormac flog immer ein Stück weiter und sie folgte ihm. Überall blinkte und blitzte es auf dem Boden. Sie versuchte, so einen Stein aufzuheben, er schien mit der Erde verwoben zu sein. Mit einem Mal hatte sie das, Gefühl, als streckten sich Arme nach ihr aus und wollten sie festhalten.

Erschreckt rief sie: »Cormac, hilf mir, ich komme nicht mehr los, da hält mich etwas fest.«

Damit sank sie zu Boden und konnte sich nicht mehr rühren. Sie hörte wie aus weiter Ferne jemanden rufen: »Sie gehört uns, wir behalten sie, wir werden sie zerfleischen, wir opfern sie für uns.« Ciara fiel in einen tiefen Schlaf. Jemand rief nach ihr, das hörte sie ganz genau. Sie wollte die Augen nicht öffnen, still, um ja keinen Argwohn zu schüren, blieb sie stocksteif liegen.

»Ciara … Ciara … wach endlich auf, du musst die Hühner füttern.«

Nun rieb sie sich die Augen, ihre Mutter hatte sie gerufen. Erleichtert schaute sie sich im Zimmer um, es war nur ein Traum gewesen. Sie ging in den Hof, um ihre Arbeit zu machen.

»Wie hat dir dein Ausflug gefallen?«

Erschrocken ließ Ciara den Eimer mit dem Futter fallen.

»Es … es … war doch kein Traum?«

»Nein, wie kommst du darauf? Ich sitze hier … rede mit dir. Ist das kein Beweis?«

»Doch, doch natürlich, aber wo waren wir? Ich verstehe das alles nicht.«

»Du wirst es schon noch verstehen, wenn wir wieder das verbotene Graunebeltal besucht haben.«

»Da werde ich nicht mehr hingehen, Cormac. Das hat mir gestern genug Schrecken eingejagt. Zudem möchte ich nicht gerne verspeist werden. Also, ich komme nicht mehr mit. Mein Entschluss steht fest.«

Lachte dieser Rabe sie etwa aus? Was war daran so lustig, am eigenen Leben zu hängen? Ciara wurde immer wütender. Als ein eher schmächtiges Mädchen mit pechschwarzem Haar und funkelnden grünen Augen ganz das Ebenbild ihres Vaters, ging sie auf Cormac zu, baute sich vor ihm auf, in ihrem Zorn wuchs sie über sich hinaus.

»Ich finde es gar nicht lustig, verspeist zu werden. Außerdem bin ich sehr zäh. Hast du das verstanden, Cormac? Das kannst du deinen Kinderfressern ausrichten. Nicht mit mir.«

Ciara stampfte auf den Boden und hinterließ deutliche Fußspuren im Gras. Jetzt konnte Cormac nicht mehr an sich halten. Er hüpfte von Ast zu Ast und krächzte dabei laut.

»Rab… Rab… Ciara als Menschenfutter … Rab… Rab.«

»Hör sofort auf, das ist kein Spaß. Ich reiße dir gleich ein paar Federn aus, dann wirst du selber spüren, wie das ist, auseinandergerupft zu werden.«

Nun verging Cormac das Lachen, ganz langsam begann er zu sprechen.

»Ciara, ich kenne dich schon seit deiner Geburt, wie deinen Bruder auch. Dein Vater und dein Bruder sind in unserem Land, sie leben dort. Niemand wird dir in ihrem Beisein etwas zuleide tun. Allerdings ist es so, dein Vater hat einen Pakt geschlossen. Der beinhaltet, dass Conall und du ihm ins Reich des Vergessens folgen. Hält er diesen Pakt nicht ein, wird er sterben, genau, wie alle Seelie, und so wie die ganze Menschheit.«
Ciara schwankte, und ließ sich auf die Bank unter dem Apfelbaum fallen. Ihr Vater lebte, sie sollte sich opfern, um den Vater zu retten. Was war da passiert, dass der Vater in der Hand von Cormac war? Kannte sie den Raben wirklich? Er wurde ihr immer unheimlicher. Wie konnte sie ihn jemals für einen Freund gehalten haben? Voller Abscheu sah sie ihn an.
»Ciara, ich verstehe, dass du mich jetzt hasst. Ich habe mich in dein Herz geschlichen, du hast mir vertraut. Nun denkst du, ich will dir Schlechtes. Nein, das will ich ganz und gar nicht, im Gegenteil. Ich bleibe auch weiterhin dein Gefährte auf dem Wegmit der Stimme deines Bruders, er hat sie mir geliehen, damit es leichter ist, dass wir uns verständigen. Was wirklich dahintersteckt, das darf ich dir nicht verraten, zumindest jetzt noch nicht. Die Zeit wird die Erkenntnis bringen, vertraue mir.« »Vertrauen, vertrauen … du sollst ja auch nicht gefressen werden. Wie würdest du dich fühlen, wenn du gebraten am Spieß hängst. Bestimmung hin oder her, mir macht das nur Angst.«
»Ach Ciara, das bisschen Feuer ist gar nichts gegen das Fegefeuer der Unendlichkeit. Da würdest du bestimmt noch mehr protestieren.« »Ich finde das schrecklich. Entweder ende ich als Spießbraten oder im Fegefeuer der Hölle. Damit ging Ciara in die kleine Scheune, um endlich die Hühner zu füttern. Cormac ließ sie gewähren. Dabei drängte die Zeit, bald war Neumond, und das Hoffnungstor wieder geschlossen. Dann war es zu spät, für alle, die jetzt von Ciaras Wohlwollen abhingen. Sie war aber auch ein störrisches Mädchen, genau wie ihr Bruder. Cormac musste innerlich lachen, als er an den Kampf dachte, bis er endlich Conalls Stimme bekam. Ja, diese Iren, das waren schon schwierige Menschen. Dabei waren es die einzigen Nachfahren des kleinen Volkes. Zudem floss Tuatha De´Danaans Blut in ihren Adern.
»Hinkelotta möchtest du gerne am Spieß braten?« fragte Ciara ihr Lieblingshuhn. »Na, wie würde dir das gefallen? Ich will das auf keinen Fall.«

Ciara fütterte ihre Hühner, danach ging sie langsam wieder in die kleine Kate.

Brianna, ihre Mutter, saß in einer Ecke des kleinen Raumes. Sie schaute nicht einmal auf, als ihre Tochter das Zimmer betrat. Nachdem ihr Mann Dagan und ihr Sohn Conall verschwunden waren, verlor sie ihren Lebenswillen. Sie wollte Dagan nicht in das andere Land folgen, als seelenlose Kreatur weiter zu existieren. Nein, lieber wollte sie sterben. Sie aß kaum noch, war nur ein Schatten ihrer selbst. Ciara machte sich große Sorgen um sie. Leise schloss sie die Tür und ging zu ihrer Großmutter. Diese war eine Sidhe-Seherin, die voraussagen konnte, wann ein großes Unglück das Dorf bedrohte. Als das Volk der Tuatha De´Danaan in den frühen Jahren Irland zu ihrer neuen Heimstatt erklärten, wurden diese Frauen verfolgt, von den Azdaja-Jägern gejagt und zerrissen. Dadurch waren die Seherinnen gezwungen, im Verborgenen zu leben. Ihre Fähigkeiten wurden in den Familien an die Mädchen vererbt. Nur bei ihrer Mutter war in der Ahnenreihe ein Sprung, sie besaß diese Gabe nicht.

»Du weißt, was passiert, wenn Ciara nicht mit mir geht, Morgaine?«

»Ja, Druide, sie wird das Volk sonst nicht retten können.«

»Du hast mich also verstanden … entweder die Welt verliert ihr Licht … oder sie …«

Erstarrt stand Ciara vor der Kate. Mit wem redete ihre Großmutter? Leise schlich sie um die Hausecke und schaute durchs Fenster, es war Cormac. Jetzt begriff sie, Cormac war ein Druide, ein Gestaltenwandler, deshalb konnte er sich in einen Raben umwandeln.

»Sidhe-Seherin, deine Zeit ist gekommen, du musst deine Enkelin einweihen. Du hast einen Pakt mit den Tuatha De `Danaan, hast du vergessen, warum dich die Jäger am Leben ließen?« »Nein, Cormac ich habe es nicht vergessen. Das Versprechen werde ich halten. Nur gib uns wenigstens noch ein wenig Zeit, damit wir Brianna in die andere Welt begleiten können. Es wird nicht mehr lange dauern. Ich spüre, wie sich ihre Seele auf den Weg vorbereitet.«

»Gut, das muss zum Abschluss gebracht werden«.

Von Weitem hörte man den schauerlichen Totengesang der Banshee. Zutiefst erschüttert lief Ciara in den nahen Wald. Nur weg, weg von diesem unseligen Ort. Sie lief und lief. Irgendwann war sie so erschöpft, dass sie sich einfach ins Gras fallen ließ und sofort einschlief.

Cormac war natürlich nicht entgangen, dass Ciara am Fenster gestanden war und gelauscht hatte. Dafür waren seine Sinne zu geschärft. So erfuhr sie auf brutale Weise ihre Bestimmung. Das war nun nicht mehr zu ändern. Es war seine Aufgabe, nun die Zwillinge wieder zusammenzuführen, ins andere Land zu begleiten, auf das Ritual vorzubereiten. Diese sehr ehrenvolle Aufgabe hatte ihm seine Königin Annea aufgetragen. Jetzt gab es nur noch die Rettung durch die Unschuld der Kinder. Dagan, Ciaras Vater, ein Tuatha De´Danaan Prinz, Sohn der Königin, beging vor einiger Zeit ein schlimmes Sakrileg indem er ihre Mutter mit in seine Heimat nahm in das Albion. Das war unter Strafe verboten. Er wollte sie überreden dort mit ihm zu leben, dieser Ort war ausschließlich den Seelie, wie die Einwohner genannt wurden, vorbehalten, niemals sterblichen Menschen. Ein anderes Volk die Unseelie, die schlecht und böse waren, wollten dieses Land in ihre Herrschaft bringen und dann die Menschheit vernichten. Die Grenze zu den sterblichen Menschen wurde beschützt durch die Seelie und es bestand ein Pakt zwischen ihnen. Dadurch waren sie vor den Unseelie geschützt. Als Dagan seine Geliebte mit ins Land brachte, wurde er von Baruc einem Unseelie, seinem Erzfeind verraten. Der Königin wurde dieser Verrat zugetragen und sie musste handeln. Sie ließ Baruc, den Verräter, umbringen, damit war der Pakt gebrochen. Niemals durfte ein Seelie einen Unseelie töten. Sie bestimmte, dass die Nachkommen aus dieser Verbindung als Blutopfer für den Pakt gelten sollten. Nur so wären die Grenzen wieder gesichert.
Brianna wusste von all dem nichts, sie spürte, dass es nicht nur die seelenlosen Geschöpfte waren, die sie ängstigten. Das Albion war ihr unheimlich, dort wollte sie ihre Kinder nicht großziehen, deshalb ging sie mit Dagan zurück in ihr eigenes Land. Doch die Königin befahl ihren Sohn zu sich und forderte seine Kinder, um den Pakt wieder zu erneuern. In einem Ritual sollten die Zwillinge geopfert werden, ansonsten wären die Welten verloren. Nach dem Schwur seiner Mutter gegenüber verließ Dagan sein Heim und nahm seinen Sohn mit ins Albion.
Brianna konnte diesen Schmerz nicht verwinden, als Morgaine ihr die Wahrheit erzählte, dass sie ihre Lieben nie mehr wiedersehen sollte, wollte sie nur noch sterben. Niemand konnte sie davon abbringen und sie gab sich auf.
Cormac erklärte Ciara, dass sie ihn begleiten musste, um die Menschen zu retten. Sie gingen zur Kate ihrer Mutter, um sich zu verabschieden. Brianna

lag bleich und starr in ihrem Bett, ihre Haare auf dem Kopfkissen ausgebreitet, das Gesicht von blonden Strähnen umrahmt, die Hände auf der Decke. Sie trug ein keltisches Gewand und sah sehr friedvoll aus. Einige Kerzen waren am Kopfende von der Großmutter aufgestellt worden. Sie beleuchteten den winzigen Raum mit flackerndem Licht. »Ciara … komm zu mir …« Das Mädchen kniete vor dem Bett, Tränen liefen über ihre Wangen. »Mein Kind … kannst du mir verzeihen … ich habe dich … kaum beachtet … der Schmerz war … einfach zu groß. Bitte verzeih …«Ciara fiel schluchzend auf den Leib der Mutter und klammerte sich an sie. »Mutter … Mutter … verlass mich nicht … du kannst mich nicht … alleine zurücklassen. Großmutter … ist alt … sie wird bald … sterben … dann habe ich … niemanden mehr ...«

»Ciara, du wirst nie mehr allein sein«, hörte sie Cormac plötzlich aus dem Hintergrund des Zimmers antworten. Sie hatte nicht einmal bemerkt, dass er hereingekommen war.

»Mit dir … gehe ich nicht fort, Cormac.« »Hör mir zu, mein Kind … es ist mein Letzter Wille … dass du mit ihm gehst, deinem Großvater. Deine Großmutter sowie Cormac, der Druide, haben das heilige Gelöbnis gesprochen, Kind.«

Langsam und friedlich verließ Brianna diese Welt. Die Großmutter nahm Ciara mit in ihre Kate, legte sie auf das Bett, wo sie vor Erschöpfung einschlief. Der Gesang der Banshee war verstummt. Die Totengräber betraten leise den Raum, hüllten Briannas Leichnam in Tücher und trugen sie zu dem kleinen Hügel am Rande des verbotenen Graunebeltales. Dort wurde sie in Morgaines Beisein zur letzten Ruhe gebettet. Cormac wartete in Morgaines Kate auf sie. »Ciara, wach auf, es ist Zeit, wir müssen gehen.« Verschlafen rieb sie sich die Augen.

»Wir werden dich ins verbotene Graunebeltal begleiten. Komm steh auf, wir müssen gehen, bevor es Morgen wird und der Nebel sich verzieht.«

Mit einem Mal dachte sie an das, was geschehen war. »Mutter, wo ist meine Mutter,« sie sprang aus dem Bett, rannte zur Tür, riss sie auf und blieb erstarrt stehen. Sie konnte die Hand kaum vor den Augen sehen, dichter grauer Nebel umhüllte sie. »Kind, du wirst sie nicht finden.« Direkt hinter Ciara stand der mächtige Druide, Cormac, ihr Großvater, er sprach nun mit einer tiefen Männerstimme: »Ciara … sie ist gestorben … wir haben sie beerdigt. Ihre Seele ist auf dem Weg nach Morag. Es wird ihr dort gut gehen.« Ciara begann zu weinen, um die tote Mutter, den Vater, erschöpft sank sie schließlich zu Boden. Vorsichtig berührte ihre Großmutter sie an der Schulter. »Komm Kind, die Zeit, drängt.« »Wirst du bei mir bleiben, Großmutter?« »Ja, bis meine Aufgabe erfüllt ist.« Ciara ergab sich in ihr Schicksal, - und schwieg. Der Druide und seine Sidhe-Seherin sahen sich erleichtert an. Die Großmutter nahm die Hand ihrer Enkelin und führte sie zum Grab ihrer Mutter. Sie sanken auf die Knie und sprachen für Brianna einen Seelenspruch. Cormac bewachte die Beiden, still aus dem Hintergrund. Plötzlich bemerkte er im Nebel etwas Ungewöhnliches. Er fühlte es schon die ganze Zeit, eine unheimliche Macht, die sich ihnen näherte.

Es waren die Azdaja-Jäger. Nichts würde sie davon abhalten, das Kind zu schänden und zu töten.

»Dort sind sie ... ich kann sie riechen ... Menschenfleisch ... unschuldiges Menschenfleisch.« Laut kreischend umflogen sie den kleinen Hügel. Cormac bot all seine Druidenmacht auf, um Ciara und ihre Großmutter zu ihrem eigenen Schutz unsichtbar zu machen.

»Schnell, wir müssen uns dort drüben in der Höhle verstecken. Die Jäger können euch nicht sehen, nur riechen.« Den Eingang der Höhle belegte Cormac mit einem Schutzbann. So flogen die Unseelie - Jäger vorbei. »Wir müssen eine Weile hierbleiben, warten, bis der Mond aufgeht Erst dann öffnet sich das Tor der Hoffnung.« Ciara kauerte in einer Ecke neben ihrer Großmutter. So fühlte sie sich etwas sicherer. Cormac stellte sich vor den Ausgang der Höhle und gab merkwürdige Laute von sich. Es waren Zaubersprüche, um sie zu schützen, damit sie den Ort verlassen konnten. Der Nebel lichtete sich und gab einen Blick auf das Graunebeltal frei. Der Rayon sah verbrannt aus, abgestorbene Äste ragten aus dem Boden. Funkelsteine lagen überall herum. Es wuchsen keine Bäume, keine Blumen. Ciara war aufgestanden und ging zum Ausgang der Höhle. Vorsichtig tat sie einen Schritt nach draußen.

Cormac umarmte sie und sprach: »Hab keine Angst, du wirst nichts spüren, keine Schmerzen. Ihr seid die Einzigen, die uns Menschen retten können.« »Ja, das habe ich verstanden, aber was ist das für ein Ritual? Werden wir getötet?« »Ich darf dir nichts dazu sagen, - es ist ein geheimes Ritual. Nun komm, wir wollen uns auf den Weg machen.« Im Mondlicht glitzerte der unebene Boden aus funkelnden Kristallsteinen. Die scharfen Kanten stachen durch Ciaras dünne Schuhsohlen. Es tat ihr nicht sehr weh, aber hinterließ eine dünne Blutspur. »Warum glitzern die Karfunkel nicht mehr? Überall, wo ich etwas von meinem Blut vergossen habe, sind sie erloschen.« »Das werde ich dir später erklären, nun komm, es ist nicht mehr weit bis zum Hoffnungstor.« »Großmutter, hast du gesehen, ich habe die Steine verlöschen lassen.« Sie bekam keine Antwort. Ciara sah sich erschrocken um. »Großmutter … Großmutter … wo bist du?«

Jetzt, da der Nebel abgezogen war, konnte sie bis zu dem kleinen Hügel hinaufschauen, dort kniete sie, am Grab ihrer Mutter. Ciara wollte zu ihr, doch Cormac hielt sie auf. »Deine Großmutter hat ihre Pflicht erfüllt. Lass sie gehen, es zerreißt auch mir das Herz. Aber wir haben alle unser Schicksal zu erfüllen. Schau, sie hat mir etwas für dich mitgegeben.« Er legte ein kleines Amulett in Ciaras Hand mit zwei eingravierten Bildern, auf der einen Seite ihre Mutter, auf der anderen die Großmutter.

Es bestand aus reinem Mithrill, dem einzigen Metall, das die Seelie, wie auch die Unseelie nutzen konnten. Ihre Waffen wurden daraus geschmiedet.

Sie drehte es langsam in der Hand, betrachtete es ganz genau und war erstaunt, wie kühl es sich anfühlte. Sie rieb daran, um den grauen Schleier zu entfernen, der auf ihm haftete. Es begann zu glänzen, strahlte aus dem Inneren heraus. Die eingravierten Gesichter begannen, zu lächeln. »Was ist das … die Gesichter lächeln … ist es verzaubert?«

Cormac schmunzelte, er wusste von der Kraft des Amuletts. Er besaß auch so eine Erinnerung.

Es waren heilige Tuatha De´Danaan Amulette zum Andenken an ihre Seelenverwandten. Vererbt von einer Seherin zur Anderen, so kam es damals zu Morgaine. Als sie mit Cormac das heilige Gelübte ablegte, überreichte sie ihm das Gegenstück, damit zu allen Zeiten kein Liebender den Anderen vermissen musste. Cormac zerschnitt es das Herz, als er Morgaine zurückließ. Die Hoffnung auf ein Wiedersehen ihrer beider Seelen tröstete ihn ein wenig auf seinem weiteren Weg. Traurig drehte er sich zu dem staunenden Kind um, nahm es an der Hand, um weiterzugehen. Was sollte er ihr als Trost sagen? Ein Brausen übertönte die Stille, von einem schrillen Kreischen begleitet, - und es kam sehr schnell näher. Als sie sich umschauten, hüllte sie schon der bestialische Gestank nach Schwefel ein. Rote Feueraugen, Reißzahnmäuler mit geifernden Lefzen stürzten sich auf sie. Im Mondlicht glänzte Lederhaut wie ein unbesiegbarer Panzer, sichelförmige Klauen schlugen nach ihnen. Halb Drachen, halb Greif, Azdaja - Jäger, mit einer Flügelspannweite von sieben, acht Metern waren sie riesig. Sie kannten kein Erbarmen, zum Töten geboren. »Schnell … lauf … zu den großen Steinen … dorthin können uns die Azdaja-Jäger nicht folgen, es ist heiliger Boden, den dürfen sie nicht berühren.«

Plötzlich flog ein Azdaja ganz nah an Ciaras Kopf vorbei und bekam mit den Klauen ihre langen schwarzen Haare zu packen.

Sie schrie laut auf: »Großvater, hilf mir … Großvater … Cormac …« Der Jäger erhob sich mit ihr in die Lüfte. Kreischend schwang er ihren Körper hin und her. Cormac kämpfte gegen Bestien, die mit scharfen Krallen nach ihm schlugen. Sie rissen seinen Arm blutig, dennoch spürte er keinen Schmerz. Seine Sorge um Ciara ließ ihn alles andere vergessen. Er schwang sein magisches Schwert, fintete, drehte sich, machte Ausfälle und stach zu. Stinkendes Blut spritzte durch die Luft, schrille Schreie der Azdaja gellten in den Ohren, wenn er ihnen tiefe Wunden schlug. Immer mehr Jäger kamen näher und wollten ihn in Stücke reißen. Cormac duckte sich vor den geifernden Zähnen. Der giftige Speichel leckte an seinen Armen. Es roch nach seinem verätzten Fleisch, Fetzen hingen am Arm herab. Dennoch gab er nicht auf. Ihre messerscharf gebogenen Klauen schlitzen ohne Mühe das Bein auf.

Cormacs Körper zeigte mehrere Wunden, er blutete an Armen und Beinen. Mit seinen gewaltigen Kräften schlug er einem Azdaja die halbe Klaue weg, einem anderen zerfetzte er den Flügel. Als der Jäger seinem Schwert sehr nahekam, nutze er diese Chance, schlug ihm mit einem gewaltigen Hieb den Kopf ab. Der blutige Schädel mit dem weit aufgerissenen Maul und den Reißzähnen flog in Ciaras Richtung. Mit Kraft zerfetzte Cormac einer Bestie den Brustkorb. Der Azdaja stürzte schrill kreischend zu Boden. Ein weiterer Jäger näherte sich von hinten, doch so leicht, war der Druide nicht zu besiegen. Mit blitzenden Augen kämpfte er verbissen weiter, die Erde färbte sich rot von Blut. Plötzlich stolperte Cormac über einen großen Stein, er fiel zu Boden, verlor sein Schwert. Mit einem grässlichen Schrei flog der Azdaja auf ihn zu. Ciara sah es mit Entsetzen. Der Jäger, der sie mit seinen Klauen fortschleppen wollte, ließ sie fallen, um sich selbst in den Kampf gegen Cormac zu stürzen. Seine Blutgier war zu groß, um sich jetzt um dieses kleine Mädchen zu kümmern.

Ohne darüber nachzudenken, kroch sie zu ihrem gestürzten Großvater. Einem Impuls folgend ergriff sie das Schwert, fühlte den Mut zu kämpfen, genau wie Cormac. Doch dann geschah etwas völlig Unerwartetes. Ihre Kinderhand passte sich dem Schwertgriff an … sie begann zu kämpfen, als wenn sie ihr Leben lang dafür geübt hätte. Das Amulett um ihren Hals strahlte von innen heraus. Es blendete die Jäger, Mithrill zerstörte ihr Augenlicht. Sie verdrehten ihre langen Hälse, um nicht in das blitzende Silber schauen zu müssen. Ciaras Liebste verliehen ihr auf geheimnisvolle Weise jene Kraft, die sie brauchte.

Mit jedem Schlag, jeder Attacke, die sie führte, wurde sie stärker. Jetzt beherrschte Ciara den Kampf mit schier unüberwindlichen Energien, einer Macht, deren Quelle ihr völlig unbekannt war. Die Jäger mussten sich zurückziehen. Cormac richtete sich mühsam auf, ergriff seinen Umhang und legte ihn um sie beide. Damit wurden sie für alle Augen unsichtbar. Die Azdaja rochen noch das Menschenfleisch und suchten mit gierigem Kreischen die Gegend ab. Cormac setzte seine heilenden Gaben ein, um seine Wunden zu versorgen. Im Schutze des Druidenmantels gingen sie zu den Stelen. Kein Unseelie, geschweige denn ihre Azdaja - Jäger, konnten die Stelen erblicken. Der Mond hüllte die Erde in sein silbriges Licht. Alles schien so friedlich und ruhig, im Einklang mit der Natur. Der Schein trog … wie so oft im Leben.

»Komm, Kind … es ist so weit.«

Inzwischen war sie wie in Trance, nahm kaum wahr, wie der Druide sie in den Kreis setzte. Ciara konnte es fast nicht glauben, das Ganze erschien ihr wie ein unwirklicher Traum. Sie hatte erkannt, dass die Welt um sie herum näher heranrückte, dass die Dinge zu ihren Füßen in ihrer Nähe kleiner schienen. Als sie das Schwert in die Hand nahm, konnte sie es problemlos umfassen und hochheben. Sie besaß keine Kinderhand mehr, sondern feingliedrige, starke Arme, ihr Körper hatte sich verändert. Sie war jetzt größer, mit langen Beinen, besaß Brüste, so rund wie Pfirsiche, die Hüften zart und geschwungen. Seidige Haare fielen ihr bis zur Taille. Sie war kein Kind mehr, sie war eine Frau.

»Ciara das, bringt der Zeit - Kreis mit sich … du bist nun erwachsen.«

Aus einem Beutel, der unter seinem Umhang versteckt war, holte Cormac einen goldenen Reif.

»Nimm diesen Reif des Wissens, er wird dich schmieden zu einem starken Wesen. Sidhe-Seherin im Albion … gehe deinen Weg und schließe den Pakt.«
So sollte es sein, das erste Ritual war vollzogen.
Das Graunebeltal war in silbriges Mondlicht getaucht, doch nun färbten sich die Stelen blutrot. Bedächtig schritten sie durch den warmen, nach Heidekraut duftenden Tunnel, an dessen Ende ein helles Licht leuchtete.
»Ciara … Ciara … endlich.« Es war die Stimme ihres Vaters. Er sah so anders aus, nur die Stimme war dieselbe. Wie damals, als er von Zuhause verschwunden war. Er kam auf sie zu, mit muskulösen, behaarten Beinen, einem traditionellen Kilt, einem Plaid, ein Torques um den Hals. Sein großes Claymoreschwert hing an einem reich verzierten Gürtel. Goldreifen schmückten seine kräftigen Armmuskeln. Dagan war ihr Vater, aber heute sah sie sich einem Prinzen der Tuatha De´Danaan gegenüber, kraftvoll, groß, mit rabenschwarzen Haaren, bis zu den Hüften reichend. Ciara verneigte sich voller Ehrfurcht. Davon wollte er jedoch nichts wissen, sondern zog seine Tochter in seine Arme. Überglücklich strahlte er sie an. Dankbar schaute er zu Cormac, senkte den Kopf. Dieser lächelte zurück, doch die Traurigkeit in seinen Augen schwand nicht. Seine geliebte Morgaine war nicht mehr bei ihm, genau wie Dagans Frau Brianna, seine Tochter.
»Das ist ja mal wieder typisch, mich übersiehst du wohl gerne.«
»Conall, Conall, welche Freude.«
Es war ihr Bruder, ohne jeden Zweifel, sie erkannte ihn sofort, - nur war aus ihm ein stattlicher, großer Mann geworden. Er besaß die gleiche hellblonde Haarfarbe wie ihre Mutter, ansonsten den muskulösen Körper seines Vaters. Ciara schloss ihren Bruder in ihre ausgebreiteten Arme, ließ ihren Gefühlen freien Lauf. Mit widerstreitenden Empfindungen ging Dagan auf Cormac zu.
»Ja, Dagan, unsere Liebsten sind gegangen, ihre Seelen finden hoffentlich ihren ewigen Frieden. Auf dem Weg zu den Stelen haben uns die Azdaja - Jäger angegriffen. Unsere Kleine hat sich tapfer geschlagen. Als ich verletzt wurde, ergriff sie mein Schwert und schlug die Azdaja in die Flucht.« Da musste Dagan laut lachen. Ja, sein Kriegerblut, das der Tuatha De´Danaan, lief durch ihre Adern.
»Morgen feiern wir Samhain.«

Mitten in ihrer stürmischen Begrüßung erstarrten die Zwillinge. Wie vom Blitz getroffen standen sie stumm da. Aus dem Nichts war Königin Annea, die Erhabene, gekommen, um sie zu begrüßen. Alle Anwesenden verneigten sich voller Ehrfurcht. Jeder wusste, was von der Opferung abhing, deshalb duldete die Königin keinen Widerspruch. Morgen würde es geschehen. Samhain setzte den Anfang der dunklen Jahreszeit, jedes Jahr am ersten November. Mit einem Seufzer entschwand Annea wieder im Nebel.
Als sie damals die Liebe ihres Sohnes zu dieser Sterblichen erkannte, fand sie Erbarmen und ließ ihn gehen. Liebe war stärker als jede andere Macht des Universums. Nun ging es um die Existenz aller Anderen. Zwei Kinder zählten da nichts, auch wenn sie Halbfeen waren. Dagan war selber schuld. Warum musste er damals seinen Schwur brechen? Er zeigte Brianna seine Welt, bereitete sie darauf vor, im Albion zu leben. Dabei waren sie von seinem Erzfeind Baruc entdeckt und verraten worden. Er war einer, der sich mit Schwarzer Magie befasste. Baruc berichtete ihr, dass ihr Sohn in ihrer Welt mit einer Sterblichen weilte. Er hoffte, dass die Königin ihn verstoßen würde. Nun war sie gezwungen, Baruc zu ermorden. Damit war der Pakt gebrochen. Ein Seelie durfte niemals einen Unseelie töten.
Sich an den Händen haltend, gingen die Geschwister schweigend voraus. Ciara begleitete die Herrscherin in ihr prächtiges Gebäude, denn die wollte einiges über die Kindheit ihrer Enkelin erfahren, wie Ciara diese Zeit erlebte, ihre Ängste und Sorgen, als der Vater verschwand. Als die Anhörung beendet war, durfte sie sich zurückziehen. Sie ging zu ihren Liebsten und fand sie in der großen Halle. Niemand fragte sie, was besprochen worden war. Die Zeit war zu kostbar, um sie mit Nebensächlichkeiten zu verschwenden. Viel lieber redeten sie über die Geschehnisse, als sie getrennt waren, wie Cormac in ihr Leben trat, Ciara ihn pflegte und er ihr Vertrauter wurde. Dagan und Cormac hielten sich im Hintergrund, schauten sich traurig an. Jeder wusste vom anderen, wem die Trauer des Augenblicks galt. Dicht nebeneinanderliegend schliefen die Geschwister ein. Die beiden Männer hielten Wache, damit ihnen nichts geschah, noch war die Dunkelheit nicht vorüber. Sollte der Pakt wider alle Hoffnung nicht geschlossen werden, würden im Morgengrauen die Jäger der Unseelie die Grenze überfliegen und zum Angriff übergehen.
Conall erwachte als Erster. Er berührte Ciara sanft an der Schulter, legte den Zeigefinger auf seinen Mund, um ihr zu deuten, dass sie schweigen solle.

Ihre Bewacher schliefen, alle Bewohner und Bediensteten des Hofes schliefen, sogar die Tiere rührten sich nicht. Alles lag in einem seltsam erstarrten Todesschlaf. Leise schlichen sich die Geschwister aus dem Haus. Sie schaute ängstlich ihren Bruder an: »Was ist hier los … das gefällt mir nicht.«
Die Geschwister waren sich einig, das Ritual musste vollbracht werden. Der Ort, wo es stattfinden sollte, war nicht weit entfernt. Eine Ansammlung von großen Steinen und alten Bäumen umringte den Opferplatz. Ciara wusste nicht wirklich, was jetzt zu tun war. Sie fühlte sich angstvoll und hilflos, ihr Herzschlag raste, sie fror, aber gleichzeitig war sie erfüllt, vom Mut das Ritual zu vollenden. Conall umarmte seine Schwester, gemeinsam betraten sie die Ritualplatte. Jeder von ihnen holte seine kleine Phiole hervor, die Königin Annea ihnen nach der Besprechung übergeben hatte. In ihnen funkelte eine geheimnisvolle blaue Flüssigkeit.
»Sie sind für den Fall, dass irgendetwas oder gar Unvorstellbares geschieht. Das Ritual muss stattfinden. Ihr seid darauf vorbereitet … dann nehmt die Phiolen … führt es zu Ende …«
Nun war es so gekommen, sie mussten das Ritual alleine vollziehen.
Sie entfernten den Verschluss der Phiolen und setzen das Glas an die Lippen …
Der Wind hielt plötzlich inne.Als die Geschwister kalt und stumm erstarrten, stand die Welt still. Durch den Wald zog eisige Kälte, die weißen Reiter jagten zum Ritualplatz. In der Luft gefror der Atem der schnaubenden Schimmel. Die Reiter trugen Masken, sprangen am Ziel von ihren Pferden. Die Erde vibrierte unter ihren schweren Schritten. Ihre langen weißen Kutten schleiften beim Gehen über den Boden.
Ciara und Conall waren bei Bewusstsein, konnten sich aber nicht bewegen, sahen ihnen mit staunenden Augen entgegen. Was wollten diese Wesen von ihnen? Brachten sie das Ritual zum endgültigen Abschluss? Stumm kam der Größte von ihnen immer näher. Er legte seine Kutte ab und zog sein Schwert. Entsetzen breitete sich in den Geschwistern aus. Sie schauten sich an. Nun ging es zu Ende.
Beide schlossen die Augen, vereinten ihre Kräfte in Gedanken, bereit für ihre Bestimmung, aus dem Leben zu gehen. Sie nahmen ihr Schicksal an.
Der Schwertträger breitete seine Kutte über den Geschwistern aus. Mit einem lauten Ausruf rammte er sein Schwert zwischen die Leiber der Beiden.

»So sei es … bis zum Jüngsten Tag …«
Seine Gefährten knieten nieder, senkten die Häupter und verfielen in einen lauten, monotonen Introitus. Langsam färbte sich die Kutte blutrot. Der Gesang der kraftvollen Stimmen schwoll zum Crescendo an und endete abrupt in einem Aufschrei. »Ich, Dagda, aus dem Land der Sonne, nehme euch Kinder der Tuath Day Danaan als Unterpfand in mein Reich, um den Frieden zwischen dem Albion und Dumnnon zu erhalten. So sei es.«
Damit zog Dagda das Schwert aus der Erde. Seine Gefährten wickelten die leblosen Geschwister in weiße Tücher und trugen sie zu ihren Pferden. Es war vollbracht.
Als Erste erwachte Königin Aena. Zuerst dachte sie, es wären die Schreie der Azdaja-Jäger, die inzwischen die Grenzen gerissen und marodierend über das Land zogen. Doch es waren andere Töne. Ein Singsang, sehr melodisch, im tiefen Bass, beinahe unirdisch. Sie erinnerte sich. Es war die Melodie der Gefährten aus der Anderswelt, dessen Anführer Dagda, er sollte die Zwillinge holen. Deshalb lebte sie noch, das Ritual war also geglückt und vollendet, rechtzeitig und mit allen Erfordernissen.
Langsam erwachten nun alle Menschen und Tiere im Land. Sie versammelten sich vor dem Palast, ihrer Königin huldigend. Die meisten von ihnen wussten nichts über die Seelenopfer, deshalb war ihre Herrscherin auch die Retterin des Landes. Die Angehörigen der Königin erwachten im Haus neben dem Palast. Sie waren erstaunt, fielen sich dann traurig in die Arme.
Dagan und Cormac gaben für die Erlösung der Welten ihr Liebstes.

Grauzähnchen

Linda Marie Haupt

Lissy schaute nach draußen in den großen Garten. Ihre Puppe Mag hielt sie fest an sich gepresst. Ja, es hatte aufgehört zu regnen, jetzt konnte sie raus – endlich!

Flink lief sie in den Flur, zog ihre roten Gummistiefel und die gelbe Regenjacke an und stürmte wie ein Wirbelwind in den Garten. Schnell hatte sie ihr Ziel erreicht. - Der Rosenpavillon. - Es war der Lieblingsplatz ihrer Mama … gewesen.

Lissy lehnte sich an die feinen Mauern und begann zu weinen. Mama – der Gedanke an sie tat so weh. Niemals würde sie mehr hier mit ihr sitzen und ihr Geschichten erzählen. Nie mehr sie liebevoll umarmen und küssen und ihr zärtliche Worte ins Ohr flüstern. Nein, ihre Mama kam nicht mehr hierher zurück. Sie war tot. Ein Auto hatte sie erfasst, als sie die Straße überqueren wollte. Sie hatte es nicht gesehen. Das war vor zwei Wochen gewesen. Mama. Wie oft hatten sie beide hier ihre Zeit im Garten verbracht, Blumen gepflanzt, Unkraut gejätet und anschließend im Pavillon ausgeruht?

Die Blumen! Sie musste nach den Blumen schauen! Das hatte sie versäumt, die ganze Zeit. Erschrocken und mit schlechtem Gewissen lief sie los, um nach dem Rechten zu sehen. Als sie die Blumenbeete hinter dem Pavillon erreichte, blieb sie erleichtert stehen. Gott sei Dank, alles blühte! Alles war so, wie Mama und sie es verlassen hatten. Alles? Nein!

»Nein, bitte nicht«, begann Lissy zu schluchzen.

Sie kniete sich nieder ins feuchte Beet und suchte. Doch vergeblich. Sie waren fort! Die Lieblingsblumen ihrer Mama, sie waren fort!

So schnell sie konnte, rannte Lissy zum Haus zurück, geradewegs in die Arme ihres Vaters.

»Papa! Papa, sie sind weg!« Sie schluchzte und die Tränen liefen über ihr Gesicht. »Wo sind sie Papa, bitte?«

»Was meinst du, Kind?«

»Papa, die Blumen, die kleinen mit den großen gelben Köpfen. Die, aus denen später die Pusteblumen werden. Sie sind fort!«

»Lissy, die hat sicher der Gärtner entfernt, das ist doch Unkraut.«

»Unkraut? Das stimmt doch gar nicht! Das waren Mamas Lieblingsblumen«, flüsterte Lissy nun leise und schlich mit hängendem Kopf wieder hinaus.

Sie war so traurig. Ihre Mama und sie hatten vier dieser Blumen aus dem Rasen ausgegraben und mitten ins bunte Blumenbeet gepflanzt.

»Zwei für jede von uns«, hatte Mama gesagt. »Und wenn sie verblüht sind und zu Pusteblumen werden, dann pusten wir und dürfen uns etwas wünschen, wenn die grauen Schirmchen fortfliegen.« Lissy hatte in die Hände geklatscht.

»Fein, Mama, das ist eine so schöne Idee, das machen wir.«

Und nun war Mama fort und ihre Lieblingsblumen und die Wünsche … alles war fort. Lissy kniete im Blumenbeet. Ihre Hände voller feuchter Erde strich sie ihre blonden Haare aus dem tränennassen Gesicht.

»Ach Mama«, schluchzte sie.

»Lissy?« Ein leises Stimmchen klang zu ihr. »Lissy!« Noch einmal. Da, es kam aus dem dichteren Gebüsch vor ihr.

»Ja? Wer bist du und wo bist du?«, fragte Lissy zaghaft. Sie hob die Zweige der Büsche ein wenig höher. Und da sie sie etwas: Ein kleines, gelbes Blümchen. Es sah genauso aus wie Mamas Lieblingsblumen! Doch nein, was war das? Augenblicklich hatte Lissy aufgehört zu weinen. Ihre Augen wurden ganz groß. Die Blütenblätter des Blümchens wurden vorsichtig nach außen aufgeklappt und schon bald … saß dort ein kleines Wesen! Ein Wesen mit silbergrau – schimmerndem Gewand und grau glitzernden Flügeln. Lissy starrte sprachlos auf das Wesen.

»Hallo, Lissy, ich bin Grauzähnchen, eine Blumenelfe. Du musst wissen, in jeder Blume wohnen Elfen. Aber nur besondere Menschen können uns sehen. Und du bist so einer.«

Grauzähnchen lächelte Lissy zu.

»Ähm, ok, wenn das so ist«, stammelte diese leise. »Warum aber kann ich dich sehen und warum hast du mich gerufen?«

»Nur Menschen, die kein Unkraut in uns sehen, dürfen wir uns zeigen. Und gerufen habe ich dich, weil ich dir helfen möchte.«

»Helfen, ja wie denn?«

»Wie du siehst, werden die Blätter dieser Blume, die übrigens Löwenzahn heißt, an den Rändern schon welk. Schon bald wird sie sich verwandeln.«

»Verwandeln?« »Ja. Die Blüte schließt sich wieder und in ihrem Inneren reifen die Samenkörnchen heran. Sie sehen aus, wie kleine grauschwarze Perlen. Damit sie sich fortbewegen können, hängen sie an feinen Fallschirmchen, die sie in die ganze Welt hinaustragen können. Diese Verwandlung hat eine besondere Bedeutung. Sie ist ein Symbol. Ein Symbol dafür, dass aus etwas Verwelktem wieder Neues entstehen kann.«

»Der Löwenzahn ist also eine besondere Blume?«, fragte Lissy, die staunend zugehört hatte.

»Ja. Hör gut zu: Deine Mama ist gestorben. Sie kann nicht mehr hier bei dir sein. Doch auch sie ist verwandelt, denn ihre Seele lebt nun an einem wunderschönen Ort.«

»Wirklich?« »Ja, wirklich Lissy. Doch das Allerschönste ist: Du kannst ihr über die Fallschirmchen deine Wünsche und Botschaften schicken.«

Unruhig geworden rutsche Lissy hin und her. Dann flüsterte sie leise: »Aber es gibt doch keine Pusteblumen mehr.«

Grauzähnchen lächelte. »Geduld, kleine Lissy. Noch ein paar Tage. Dann komm zurück und du wirst sehen.«

»Aber …«

»Nein kein aber: Komm in sieben Tagen zurück. Alles wird gut.«

Langsam drehte sich die Blumenelfe um und wickelte sich in die Blütenblätter. Dann zwinkerte sie Lissy noch einmal zu und war verschwunden.

Verwirrt von dieser Begegnung und voller Hoffnung auf das Versprechen von Grauzähnchen, dass alles gut werde, verbrachte Lissy ungeduldig die nächsten Tage. Dann endlich war er da, der ersehnte siebte Tag. Gleich nach dem Frühstück lief sie hinaus zum Pavillon. Sie kniete sich erneut ins Beet und schob die Zweige des Gebüsches hoch.

»Ja!«, jubelte Lissy glücklich. Denn dort stand sie: Die wundervollste Pusteblume, die sie je gesehen hatte! Auch Grauzähnchen war schon da. Ihr silbergraues Gewand glänzte im Tageslicht und das Grau ihrer Flügel schimmerte wie mit Sternenstaub bemalt.

»Na, Lissy, hast du dir auch genügend Wünsche und Botschaften für deine Mama ausgedacht?«, schmunzelte Grauzähnchen.

Auf Lissys Wangen zeigte sich eine feine Röte. Sie war ja so aufgeregt und nickte nur heftig.

»Gut, dann komm. Brich den Stängel der Pusteblume und folge mir.« Sie flog in die hinterste Ecke des Gartens, dorthin, wohin sich wohl kein Gärtner verirren würde. »Schau, hier ist es sicher. Nun puste, liebe Lissy. Lass all deine Wünsche und Botschaften zu deiner Mama fliegen! Doch hebe dir ein paar auf und puste sie hier auf die Erde. So wirst du immer neue Löwenzahnblumen haben und somit immer die Gelegenheit, deiner Mama etwas zu schicken.«

Lissy stand in der Gartenecke, die Pusteblume fest in beiden Händen. Dann begann sie vorsichtig zu pusten. Die ersten weißgrauen Fallschirmchen lösten sich von der Blume. An ihrem Ende die kostbaren kleinen grauschwarzen Perlen. Lissys Augen strahlten und sie schickte jedem Schirmchen einen Wunsch oder eine Botschaft hinterher. Sie hatte so viele Botschaften! Aber es waren ja auch viele Schirmchen. Lissy dachte ebenso an den Rat der Blumenelfe und pustete ein paar in die versteckte Ecke. Dann waren es nur noch wenig der magischen Flieger und beim letzten flüsterte Lissy leise: »Ich werde dich nie vergessen, liebe Mama. Ich werde dir immer wieder Botschaften schicken und ich wünsche mir so sehr, eines Tages bei dir zu sein.« Ihr Herz fühlte sich leichter an, als in den letzten Tagen, als sie den fliegenden Kostbarkeiten hinterhersah. Dann drehte sie sich um, um der Blumenelfe zu danken. Doch da war niemand mehr, wohin sie auch schaute. Dankbar und ein wenig wehmütig kniete sich Lissy noch einmal nieder. Sie faltete die Hände und sprach leise, aber mit fester Stimme.

»Liebes Grauzähnchen. Du hast mich getröstet und mir wieder Mut und Zuversicht gegeben. Ich danke dir sehr dafür. Vielleicht sehen wir uns ja eines Tages wieder?«

Als Lissy langsam den Weg zum Rosenpavillon zurückging, glaubte sie, das leise Schwirren der Elfenflügel an ihrem Gesicht zu spüren.

Sunyva - Veränderungen

Artur Belja

»Lauf schon!«, schrie Mala.

Taaz, Sunyva und die kleinen Getreuen hasteten zu den grauen Felsen des Krallgebirges. Hinter ihnen hatten einige Grings die Verfolgung aufgenommen.

»Die lila Felsen drüben!«, rief Mala und zeigte auf eine Felsreihe, die fast nach einem dreckigen Grau ausschaute. Doch je mehr man sich der Felsreihe näherte, desto besser erkannte man den grauvioletten Farbton der Felsen.

Die Grings mit ihren unzähligen Tentakeln schwangen sich gekonnt über die Bäume und Sträucher. Die Ebene Farawell war riesig und die Grings, die um einiges größer waren als ein Mensch, hatten dort ihre perfekte Heimat gefunden. Kein anderer Bewohner Evolunas war so schleimig wie sie. Deshalb war es auch selten, dass die Grings Besuch bekamen. Trotz ihrer Größe waren die Grings ein friedliches Volk. Sie hatten nur den einen Fehler, ihre Gäste von Kopf bis Fuß vollzuschleimen.

Sunyva und ihre Beschützer erreichten die grauvioletten Felsen. Hastig halfen sie sich gegenseitig, die Felsen zu erklimmen, bis sie auf der anderen Seite endlich das Krallgebirge erreichten. Jeder der drei setzte sich erstmal auf einen der violettgrauen Felskolosse und schnappte nach Luft. Sunyvas Getreue lagerten um ihre Prinzessin. So beobachteten sie aus gebührendem Abstand, wie die Grings wieder in ihre Ebene zurückkehrten. Nachdem sich alle etwas erholt hatten, wagten sie sich an den Aufstieg. Die hellgrauen Felsen des Krallgebirges bargen, wie so manches in Evoluna, ein Geheimnis in sich. Am Anfang fiel es Sunyva schwer, mit ihrem langen Kleid das scharfe und spitzkantige Gestein zu erklimmen, vor allem, da es bei jeder Berührung sofort zu bröckeln begann. Doch so schnell wie sie zu Staub zerfielen, so schnell bildeten sich aus dem herabrieselnden Staub wieder neue Felsen. Der Aufstieg war beschwerlich und doch fand jeder einen Weg, die heimtückischen Eigenschaften der Krallfelsen zu umgehen. Taaz hangelte sich an größeren Felsen empor, die länger für ihren Zerfall brauchten. Sunyva wurde von ihren kleinen Begleitern unterstützt, indem sie eine schwebende Leiter bildeten, mit deren Hilfe Sunyva die Klippen erklomm. Mala hatte es am leichtesten. Wieder einmal kamen ihr ihre Haare zur Hilfe. Die Traumwächterin ließ ihre langen Haare über die Felsen kriechen und so zog sich Mala Stück für Stück weiter den Berg hinauf. Hier und da wuchsen auf dem hellgrauen Gestein auch flechtenähnliche Moose, die im Sonnenuntergang silbergrünlich schimmerten.

Die Nacht war fast da und so suchte Mala nach einem geeigneten Unterschlupf. Ein Vorsprung, der mit den silbergrünen Moosen übersät war, schien dafür geeignet. Die Moose bildeten einen weichen und zugleich sicheren Untergrund für die kleine Gruppe. Schließlich ließen die feinen Wurzeln es nicht zu, dass sich die Krall-Felsen in Staub verwandelten. Zaghaft und misstrauisch überprüften die drei die Sicherheit und Beschaffenheit des kleinen Plateaus. Nachdem auch der letzte Zweifel beiseite geräumt war, legten sie sich erschöpft auf die weichen Mooskissen. Mala ließ Taaz und Sunyva immer noch nicht aus den Augen. So hielt Taaz respektvoll Abstand und schaute, wie einige Mulborns am strahlenden Abendhimmel ihre Runden zogen. Auch Mala und Sunyva waren von der Flugvorführung der Mulborns beeindruckt. Die riesigen Vögel ließen sich graziös von der Abendbrise über den Himmel tragen. Damit man sich vorstellen kann, wie groß ein solcher Mulborn ist, ist es hilfreich zu wissen, dass eine kleine Feder dieses Vogels ohne Probleme die Größe eines erwachsenen Mannes erreichen kann.

Langsam versank die Sonne am Horizont. Sunyva knurrte der Magen, doch wollte sie es nicht zeigen, da sie ja schließlich groß und stark sein wollte wie Mala. Was Sunyva nicht ahnte, war, dass auch Taaz und Mala Hunger hatten, doch auch sie wollten keine Schwäche zeigen. So brach eine neue Nacht in Evoluna herein und auch wenn der Hunger sein Unwesen trieb, belohnten die Sterne die tapferen Wanderer. Einer nach dem anderen fielen sie in den Schlaf, nur Mala hütete sich davor, der Müdigkeit den Weg zu ebnen. So hielt sie Wache, während die restlichen neue Kräfte tankten. Tief im Herzen Evolunas schien etwas zu geschehen. Am dunklen Nachthimmel beobachtete Mala, wie weit in der Ferne Lichter unkontrolliert aufflackerten. Solche Lichter hatte sie bis jetzt noch nie gesehen. Es schien, als würden die Zauberer einen neuen Zauber anwenden. Was Mala zu diesem Zeitpunkt nicht wusste, war, dass sie gerade den Untergang Taurokas beobachtete. Ein greller schwarzer Blitz schoss an der Stelle der Lichtfunken in den Himmel und verdunkelte wie eine riesige Wolke den Himmel in der Ferne. Mala wusste, dass die Zeit immer knapper wurde, um Sunyva in Sicherheit zu bringen.

Was Mala jedoch entgangen war, als der schwarze Blitz in den Himmel schoss, war …

*

Die Gräser schaukelten in der warmen Nachtbrise. Die Hütte war unangetastet. Isas Körper lag regungslos da. Die Hüterin des Lebens war gegangen. Doch ihr Geist hielt sich wehrhaft am Leben fest. Schließlich war ihre kleine Tochter in Gefahr. Es war in diesem Augenblick, als der Schleier des Todes die Zauberer-Hofburg mit einem grellen schwarzen Blitz in die Knie zwang, dass Isas Geist es schaffte, in seinen erstarrten Körper zurückzukehren. Isa lag zunächst reglos am Boden. Erst nach einiger Zeit schaffte sie es, ihren Zeigefinger zu bewegen. Isa war zurück unter den Lebenden, auch wenn ihr Körper schon längst vernichtet worden war. Dieses Mal war die Rückkehr aus dem Reich der Toten anders. Isas Geist war derselbe geblieben. Schließlich waren ihre Beweggründe ins Leben zurückzukehren von Liebe getragen. Stück für Stück gewann sie erneut die Kontrolle über ihren Körper. Endlich schaffte sie es, sich aufzurichten. Unsicher auf den Beinen ging sie in die Hütte zurück, wo sie die blutgetränkten Gewänder ablegte. Die Messerwunden lagen offen und machten keine Anstalten zu heilen. Isa zog sich an und spurtete los.

*

»Weiter, weiter …!«, rief Metrion.

Temulins Angriff kam überraschend und fegte Tauroka nieder. Die Zauberer-Hochburg fiel, als wäre sie ein Blatt, welches der Wind einfach vom Boden fegte. Metrion und drei seiner Mitstreiter hatten den Angriff überlebt. Zusammen mit drei der älteren Obersten waren sie mit einer kleinen Gruppe Zauberer auf der Flucht. Temulins Stimme grölte aus der tiefschwarzen Wolke, die über ihnen schwebte.

»Flieht, doch ihr könnt eurem Schicksal nicht entrinnen!«, krächzte es von oben.

Owel und Zobrael hatten in den letzten harten Zügen die Gruppe mit einem Reflexionszauber belegt, der es dem Schleier des Todes unmöglich machte, sie zu lokalisieren. Sie rannten wahrlich um ihr Leben und schafften es schließlich zu den Ausläufern des Minten-Waldes zu gelangen.

*

Mala beobachtete, wie die dunkle Schleierwolke am Minten-Wald stoppte und begann, sich am Rand auszubreiten. Die Traumwächterin konnte das Geschehen nicht ganz einschätzen. Was sie jedoch wusste, war, dass die Gefahr für Sunyva mit jeder vergangenen Sekunde stieg.
Mala schaute kurz auf die Regenbogenprinzessin, die friedlich schlummerte. Der Morgen kündigte sich mit dem dröhnenden Gesang der Mulborns an, die sich mit den ersten Sonnenstahlen in den Himmel erhoben, um den neuen Tag zu begrüßen. Langsam kamen auch die anderen zu sich. Als Erster wachte Taaz auf. Er hielt inne und wartete auf Sunyvas Erwachen. Die Regenbogenprinzessin schien nicht aufwachen zu wollen. Schließlich warteten alle gespannt auf sie. Doch sie schlummerte friedlich weiter, bis ihr eine silbergraue Mocke einen Strich durch die Rechnung machte, als sie Sunyva in das Ohr kroch. Mit einem Mächtigen: »Ah!«, sprang Sunyva auf und löste beinahe einen neuerlichen Erdrutsch der Krall-Felsen aus. Wie immer kamen Taaz und Mala ihr gleichzeitig zur Hilfe. Wenn die Situation nicht so gefährlich gewesen wäre, hätte man annehmen können, dass die beiden miteinander konkurrieren würden. Ohne in Streit zu geraten, schafften es die beiden, Sunyva auf ein sicheres Mooskissen zu ziehen.
»Was ist das?«, fragte Sunyva und schaute auf die tiefschwarze Schleierwolke, die sich tief unten in der Landschaft immer mehr ausbreitete. Die Wolke hinterließ eine Spur aus weißer Asche, die die satten Farben der Landschaft verschlang. Es schien, als würden alle Farben Evolunas verschwinden. Mala hatte keine Antwort auf Sunyvas Frage. So drängte die Traumwächterin zum Aufbruch. Die kleine Gruppe brauchte nicht lange, um zum Gipfel zu gelangen. Hoch oben war der Berg flach und von silbergrünlichen Moosen mit feinen gelben Blüten übersät. Das Krallgebirge schlängelte sich durch die Landschaft, wie ein Fluss, der den Himmel berührte. Mala änderte die Route. Es gab noch einen Weg, um zu den Eisseen der Traumwächter zu gelangen. Dieser war zwar länger, jedoch bot dieser keinerlei Berührungspunkte mit anderen. Die Begegnung mit Ladora war Mala Lehre genug gewesen. Die kleine Gruppe wanderte ohne Unterlass. Keiner von ihnen redete viel. Man spürte die Anspannung. Sie waren schon weit gekommen. Jetzt konnte man von hoch oben ein silberweißliches Gebirge weit hinten am Horizont ausmachen. Vom Minden-Wald und Tauroka war nichts mehr zu sehen. Sunyva zeigte leichte Schwächeerscheinungen.

»Komm, lass uns eine Pause machen!«, rief Taaz.
Mala hatte nichts dagegen, schließlich waren sie weit genug von dem sorgenerregenden Geschehen bei der Zauberer-Hochburg entfernt. Erledigt setzten sich die drei ins weiche Moos. Nur Sunyvas kleine Getreuen wollten nicht rasten und flogen wieder voraus.
»Wie weit ist es noch?«, fragte Taaz.
Mala schaute ihn vorwurfsvoll an.
»Solange wie es eben dauert!«
»Könnt ihr nicht endlich aufhören!«, rief Sunyva müde.
Taaz wandte sich schweigend ab, während Mala, übermüdet wie sie war, versuchte, ihrer kleinen Prinzessin eine halbwegs annehmbare Antwort zu geben. Es gab keine richtige Antwort. Irgendetwas an diesem Jungen störte Mala und es war keineswegs die Tatsache, dass Sunyva ihn mochte.
»Ich bin müde. Ich konnte heute Nacht nicht schlafen, da ich euch die Mocken vom Leib halten musste. Schau dort hinten die silberweißlichen Berge, dort müssen wir hin«, erklärte Mala mit ruhiger Stimme.
Taaz und Sunyva blickten an den Rand des Horizonts. Taaz stand auf und ging zu Mala, wo er sich mit abgewendetem Rücken zu Sunyva niederließ. Mala ignorierte ihn.
»Du weißt, dass sie uns folgen?«, flüsterte Taaz.
»Ja!«, antwortete die Traumwächterin knapp. So beobachteten sie, wie tief im Tal eine Gruppe weißer Wesen weiterzog.
»Lass uns aufbrechen, der Weg ist noch lang!«, meinte Mala.
*
»Sie sind geflohen!« »Wie viele?«, meinte Temulin wütend.
Lorn senkte seinen Blick. »Etwas mehr als ein Dutzend«, erwiderte er kleinlaut.
Temulin zeigte seinen Unmut, indem er einige seiner neuen Handlanger mit einer Handbewegung zu Staub zerschlug. Die Kamedrons, wie Temulin seine neuen Untertanen betitelte, waren seine besiegten Gegner gewesen, denen der Schleier des Todes jegliche Lebensenergie ausgesaugt hatte. Jetzt waren sie Wesen so trocken wie Kalk und ohne eigenen Willen. Lorn wagte es nicht, Temulin zu widersprechen. Schließlich hatte er wahrhaftig die Kraft des Allmächtigen miterlebt.

Tauroka fiel ohne großen Widerstand. Die größte und mächtigste Zauberer-Hochburg war der neuen Macht des Allmächtigen nicht gewachsen.
»Ich werde sie finden!«, erklärte Lorn und wollte gehen.
»Du wirst niemanden finden! Wir werden gemeinsam gehen. Ich hab eure Fehler satt«, erklärte Temulin mit einer finsteren Stimme, die neu für ihn war. Die Verwandlung in den Allmächtigen war unwiederbringlich.
Lorn wagte es nicht noch irgendetwas anzumerken. Er folgte seinem Gebieter. Gemeinsam gingen die zwei auf den höchsten der Zwirbeltürme und schauten über das Chaos, welches der Schleier des Todes gerade in Evoluna verbreitete.
*
»Wir werden verfolgt!«, erklärte Taaz leise.
Mala und er standen etwas entfernt von Sunyva und beobachteten, wie einige weiße Punkte unten am Berg einen Weg empor suchten. Die Klippen waren steil und so hatten die Verfolger keine Möglichkeit, hinaufzugelangen. Und wo es den Anschein hatte, dass sie es schaffen konnten, bröckelte der Fels des Krall-Gebirges.
»Sie folgen uns schon seit letzter Nacht. Ich kann aber nicht feststellen, wer sie sind«, rief Mala und schaute den vergeblichen Versuchen der Verfolger weiter gebannt zu. Taaz überkam ein mulmiges Gefühl. Auch er hatte so kreideweiße Wesen in Evoluna noch nie zuvor gesehen. Sie waren garantiert eine neue Vorhut Temulins. Es war schon zu lange her, dass Taaz an seinen Meister gedacht hatte, doch seine Aufgabe, Sunyva zu töten, hatte er nicht vergessen. Taaz´ einziger Ausweg, um seinen Auftrag zu umgehen, schien die Tatsache, mit Sunyva zu fliehen, sodass Temulin keinen der beiden je finden würde. Es war eine kindische Denkweise. Doch wenn es klappen würde, dann wären Sunyva und er in Sicherheit. Taaz´ Kräfte erreichten bei Weitem nicht aus, um Temulin zu besiegen. So war es eindeutig, dass Taaz jede Konfrontation mit Temulin vermeiden würde.
Auch wenn Temulin Taaz sein Leben geschenkt hatte, rechtfertigte es nicht, Sunyvas Leben zu nehmen.
»Glaubst du, können wir sie irgendwie abschütteln?«, rief Taaz.
Sunyva saß immer noch ahnungslos weiter entfernt von den beiden und unterhielt sich mit ihren Getreuen.

»Dafür sind sie zu hartnäckig. Vielleicht können wir sie aber weglocken!«, meinte Mala und schaute Taaz an, als ob sie von seinen Kräften wüsste.
»Wie sollen wir das machen? Sie sind hinter ihr her und das weißt du ganz genau!«, erklärte Taaz.
»Ich weiß, deshalb wäre es gut, wenn sie glauben, dass sie sie verfolgen!«, ergänzte Mala. Taaz schaute Mala an. Es schien, als wären ihre Differenzen vergessen.
»Ich bin zu groß, um als sie durchzugehen. Vielleicht kannst du sie von uns weglocken!«, meinte die Traumwächterin mit gedämpfter Stimme.
Taaz erkannte in Malas Stimme große Sorge mit Angst gemischt.
»Wie soll ich das tun? Ich bin ein Junge«, flüsterte er unsicher.
»Ich habe noch ein Gewand von ihr. Doch ich kann dich nicht so einfach in den Tod schicken.«
Malas Augen füllten sich mit Tränen. Endlich schlugen die Herzen der beiden im Einklang.
Taaz zögerte, doch dann meinte er: »Ich mach´s!«
Die beiden wussten genau, dass es die einzige Chance war, wie Sunyva sicher in die Hochburg der Traumwächter gebracht werden konnte. Jetzt mussten sie nur noch einen behutsamen Weg finden, es Sunyva zu sagen. Zögerlich gingen die zwei zu ihr. Sunyva drehte sich um und schaute sie fragend an. Während Mala noch nach den richtigen Worten suchte, sagte Taaz: »Unsere Wege werden sich trennen müssen.«
Sunyva schaute ihn an. Eine Stille breitete sich aus.
»Ich hab mit dem nichts zu tun!«, verteidigte sich Mala.
Sunyva sagte immer noch kein Wort. Mala und Taaz warteten vergebens auf eine Reaktion ihrer Regenbogenprinzessin. So brach Taaz auf. Kaum war er einige Schritte weit weg, erhob sich Sunyva.
»Du kannst sie nicht weglocken! Sie wollen mich!«, rief Sunyva.
Taaz und Mala stockte der Atem. Hatte Sunyva ihr Gespräch etwa gehört? Taaz stoppte und drehte sich um. Sunyva schaute abwechselnd beide an.
»Wenn ihr euch opfert, ist mir nicht geholfen. Zusammen sind wir stärker. Vergesst nicht, wie es beim See der tausend Tränen war.«
»Keiner hat gesagt, dass ich mich opfern werde!«, erklärte Taaz und fuhr fort. »Ich werde sie nur in eine andere Richtung locken, sodass du und Mala mehr

Zeit habt, um in die Traumwächterhochburg zu gelangen. Ich verspreche dir, ich komme dann nach.«

Widerwillig nickte Sunyva, als sie in Taaz´ Augen seine Zuversicht bemerkte. Sie wollte ihn nicht verlieren, wie schon zuvor ihren Vater. Ohne groß Abschied zu nehmen, brachen alle auf.

Krokodile sind grau!

Michaela Lipp

Wir sind unterwegs zum Wasserfall, zum wunderbarsten Moment im Leben eines jeden. Von dort wird man nach oben gebracht, zur endgültigen Wiese. Dort warten die Freunde, Bekannten, Verwandten auf uns, die uns schon vorausgegangen sind. In manchen Religionen wird dieser Übergang auch das Fegefeuer genannt. Bei uns ist es der alles reinigende Wasserfall.

Wir kommen nach tagelangem Marsch an. Unsere Gruppe besteht aus ein paar Alten und einer großen Menge von jungen Seelen. Ein Busunglück hat uns zusammengebunden. Der Schulbusfahrer war unaufmerksam gewesen, der Schnee war hoch und unsere Lebensuhren waren abgelaufen. Die Alten waren sehr gelassen, sie wussten, was auf sie zukommt. Wir Jungen waren aufgeregt, keiner wollte so früh dieses Leben verlassen. Wir alle hatten noch Pläne für das, was jetzt so plötzlich geendet hatte.

Erst gestern habe ich noch bei YouTube diesen Tierpfleger gesehen, der seinen Kopf in ein Krokodilmaul gesteckt hatte. Da er aufgeregt war, hatte er geschwitzt. Ein Tropfen Schweiß war genug, dass das Krokodil das geöffnete Maul innerhalb eines Sekundenbruchteiles fest verschloss. Der Mann saß zwischen den kräftigen Kiefern fest und musste von einigen anderen Helfern befreit werden. Was für ein Wahnsinn.

Ich mag keine Krokodile, sie sind mir nicht geheuer. Jetzt beginnt mein Dilemma: Durch diesen alles reinigenden Wasserfall kommt man nur, wenn man sich auf den Transport mit Krokodilen einlässt. Kleine Flügel sind auf ihren Rücken, wie Drachenflügelchen. Sie fliegen mit einer Seele nach oben. Die Seele kommt erst in eine Stoffwindel. Dann nimmt das Flugkrokodil den Knoten in sein großes langes Maul und fliegt hoch in die Luft. Man kann sich das so ähnlich vorstellen, wie der Klapperstorch die Kinder bringt. Da ist in der Mythologie etwas durcheinandergeraten.

So sitze ich hinter einem Stein und verberge mich. Die Krokodile haben lange gelbe Zähne, Krallenfüße, Krallenflügel und ein langes, richtig langes Schnappmaul. Sie sind grau geschuppt und hässlich, sie riechen nach Fisch und … ach, ich mag sie nicht. Ich kann mich nicht auf diesen Seeelentransport einlassen, ich fürchte mich so sehr. Neben mir sitzt mein bester Freund.

Wir saßen auch im Bus nebeneinander, starben miteinander und jetzt sind wir hier und ich merke, er hat genauso Angst wie ich.
So sitze ich hier und betrachte das Geschehen. Die Alten aus der Gruppe gehen sicheren Schrittes auf die Krokodile zu, sie reden miteinander. Manche schütteln den Kopf, manche nicken. Es ist so gruselig, das zu sehen. Sehen die Seelen nicht, dass das gefährlich ist? Wir schauen nun schon Äonen der Zeit diesem Treiben zu. Immer wieder verschlingt das eine oder andere Krokodil eine Seele. Risikoreich ist es. Das kann ich nicht. Ob es einen anderen Weg gibt als diesen gefährlichen Flug mit dem Seelenfresser? Wir sehen keinen. Mein Freund hat auch Angst davor. Er hat seine Hand in meine gelegt.
Dort oben warten Oma und Opa und Hasso, mein Hund, auf mich und eventuell mein Onkel Glenn und auch Tante Marga. Dahinauf muss ich, das weiß ich. Ich sehe nach oben. Die Sonne gleißt über den Wasserfall. Ein Regenbogen erscheint. Wieder sehen wir, wie ein Tier abhebt. Die Seele im Gepäck. Ich höre dieses Lachen, Kreischen. Sind das Angstschreie oder Laute der Entzückung?
Dann beginnt das Krokodil mit dem Kopf zu schaukeln. Die Seele sitzt im Tuch und hält sich fest, dann eine schnelle Bewegung dieses Maules und die Seele ist weg. Das Krokodil steigt nicht weiter. Nein, es fällt wieder langsam hinunter zu den Wartenden.
Eine Seele weniger! Haben sie so viel Hunger? Es schaudert mich. Mein Freund birgt den Kopf an meiner Schulter und schluchzt. Wieder schaue ich mich um. Eine alte Frau steigt ins Seelentuch. Ihre Seele schaut so alt aus, so glücklich. Das Krokodil redet lange mit ihr. Sie nickt mit dem Kopf. Jetzt steigen sie nach oben. Dieses Krokodil bewegt auch den Kopf und weg ist diese Seele. Wieder sinkt das Krokodil langsam herab.
Aber was ist das? Hat das Krokodil nun ein anderes Maul? Jetzt betrachte ich diese hässlichen grauen Krokodile genauer. Sie sehen unterschiedlich aus. Ich mache meinen Freund darauf aufmerksam. Er nickt und sagt: »Schau, das eine Krokodil hat eine Warze an der Nase. Die sieht so aus, wie die Lehrerin, die wir in der ersten Klasse hatten.«
Als ich genauer hinschaue, erkenne ich das auch. Ich habe eine Idee. Ich spreche mit meinem Freund, erzähle ihm, was ich vorhabe. Doch er will mich zurückhalten. Viele aus dem Bus sind noch hinter den Steinen, sie haben alle Angst, wie wir.

Ich gehe zu dem Krokodil, das so aussieht wie unsere Lehrerin. »Bringst du mich nach oben? Bist du meine Erstklasslehrerin, Frau Hummel?« Sie nickt, und ich höre ihre Stimme in meinem Kopf.
»Du kannst sofort nach oben oder du kannst eine Zeitlang den anderen Seelen nach oben helfen. Dazu musst du aber zum Krokodil werden.«
Wieder nicke ich ihr zu und wir reden eine Weile. Immer wieder schüttelt die Lehrerin den Kopf. Aber dann nickt sie zu zweien meiner Vorschläge. Ich setze mich ins Tuch und ich freue mich auf das, was jetzt passieren wird. Frau Hummel nimmt mich vorsichtig zwischen die Zähne und wir beginnen hochzusteigen. Dann sagt sie zu mir: »Ich wünsche dir viel Spaß, Seelen hochfliegen ist eine wichtige Sache. Bitte führe es weiter.« Dann schwingt sie den Kopf und ich fühle, wie ich mich innerhalb eines Sekundenbruchteiles verändere. Dann sinke ich herab. Fühle die kleinen Flügel auf meinem Rücken und lande sicher auf dem Boden.
Da läuft ein kleines Kind auf mich zu und fragt: »Bitte, bringst du mich hoch?«
Ich nicke und frage es, ob es direkt nach oben will. Da sagt die Kinderseele zu mir:
»Solange habe ich Angst gehabt, aber vor dir habe ich keine Angst!«
Ich blicke an mir herab, sehe, dass ich tatsächlich rosa bin mit lila Schuppen und Gummibärchenzähnen. Ja ich bin ein Krokodil, das konnten wir nicht ändern, aber wir haben Farbe und Form verändert. Neben mir fällt ein himmelblaues Krokodil vom Himmel mit runden Mickymausohren. Mein Freund lacht und sagt: »Na, wie sehe ich aus? Lila und Rosa sind nicht so meine Farben!«
So bringen wir Seele um Seele hinauf in die unendliche Wiese, rein gewaschen durch den Wasserfall und glücklich, dass sie ihre Familie und Freunde treffen können. Ein paar meiner Freunde haben sich auch verwandelt. Andere sind direkt nach oben und wieder andere blieben graue Krokodile. Tradition muss sein - aber Angst nicht.

Die sieben Gespenster von Burg Felsengrau

Andreas Petz

Mitten in Deutschland gibt es einen unglaublich großen, nahezu unberührten Wald. Es ist ein Mischwald. Er wird so genannt, weil er zum einen aus Nadelbäumen wie Tannen, Fichten, Lärchen und Kiefern besteht, zum anderen aber auch aus vielen Laubbäumen, wie zum Beispiel Eichen, Buchen, Ahornbäumen usw. Durch diesen Wald fließt ein großer Bach. Er fließt aber nicht stur geradeaus, sondern schlängelt sich in unzähligen Kurven und Windungen durch das dichte Grün. Links und rechts von diesem Bach geht es nicht selten in steilen Hängen nach oben. An einer Stelle im Wald hat der Bach sich besonders tief in die Erde gegraben. Dort fließt er auch fast in einem kompletten Kreis um einen mächtig hohen, grauen Felsen herum. Irgendwann, es muss vor einigen hundert Jahren gewesen sein, da haben Menschen den Felsen entdeckt, der von dem Bach beinahe umschlossen ist. Sie fanden den Platz ideal und bauten hoch oben auf dem Felsen eine kleine Burg mit wundervollen Türmen. Wegen der grauen Farbe des Felsens nannten sie ihr Bauwerk Burg Felsengrau.

Mehrere Generationen lang lebten, gut geschützt vor irgendwelchen Feinden, die Besitzer auf Burg Felsengrau. Aber eines Tages verschwanden die sieben Kinder des letzten Burgherrn, der bereits verstorben war, von heute auf morgen spurlos. Von nun an war die Burg verwaist. Ein neuer Burgherr fand sich nicht, niemand wollte mehr in der Burg leben, denn jeder, der es versuchte, flüchtete spätestens nach der ersten Nacht, weil dort sieben Gespenster herumspukten und jeden Fremden, der sich in der Burg befand, vertrieben.

Nun stand die Burg also schon sehr lange leer, viele grüne Pflanzen wucherten über die dicken, grauen Mauern und mit der Zeit geriet die Burg Felsengrau in Vergessenheit. Bis ein kleiner Junge mit dem Namen Leon sie wiederentdeckte.

Leon streunte gerne durch den Wald, beobachtete die Tiere und bewunderte die Bäume und Pflanzen. Er liebte die Natur, und so oft es ihm möglich war, wanderte er durch den großen Wald. Und so kam es, dass er eines Tages, er war einem kleinen Hasen gefolgt, vor dem Tor von Burg Felsengrau stand. Einst war das Tor durch dicke Eichenholzbalken verschlossen, aber der

Zahn der Zeit hatte die Tore schon längst zerstört und so war der Eingang nur von einigen grünen Schlingpflanzen verdeckt.
Neugierig schlich sich Leon in die Burg hinein. Alles war gruselig grau, alt und merkwürdig still. Als Leon in einen großen, dunklen Saal trat, erschrak er plötzlich heftig. Direkt neben ihm war eine Fledermaus mit heftigem Flügelschlag losgeflogen. Leon, der eigentlich nicht schreckhaft war, musste über sich selbst schmunzeln. Die Fledermaus war durch sein Eindringen mindestens genauso erschrocken wie er selbst vor ihr.
Furchtlos lief Leon weiter. Er ging durch viele verschiedene Räume und sogar auf die Türme hinauf. Er hatte von dort oben eine herrliche Fernsicht erwartet und war etwas enttäuscht. Alle Fenster waren dicht zugewachsen und ein Ausblick nicht möglich. Als er die Burg wieder verlassen wollte, musste er feststellen, dass in der Zwischenzeit ein heftiges Gewitter aufgezogen war. Es regnete in Strömen und mächtige Blitze zuckten heftig über den dunklen Himmel. Jetzt durch den Wald zu laufen wäre sehr gefährlich. So entschloss sich Leon, in der Burg zu bleiben und hier zu übernachten. Seine Eltern machten sich sicher keine Sorgen, denn es war schon öfter vorgekommen, dass Leon im Wald in einer Schutzhütte übernachtet hatte.
So suchte er sich einige biegsame Äste von kleinen Tannenbäumen, die nahe der Burg wuchsen, und baute sich damit in einem Raum der Burg ein weiches Bett. Sein Abendessen bestand aus einem Apfel, den er von zuhause mitgenommen hatte. Dann legte er sich auf die wundervoll duftenden Tannenzweige und schlief zufrieden ein.
»Huhuuuh! Gurrr!«
Merkwürdige Geräusche weckten Leon mitten in der Nacht auf. Als würde jemand mit einem harten Gegenstand über eine Schiefertafel kratzen, drang ein ungeheuerliches Quietschen heftig an sein Ohr. Leon schlug die Augen auf und hob den Kopf. Von draußen drang helles Mondlicht hinein. Das Gewitter war also bereits vorbei und konnte die Geräusche nicht verursacht haben. Plötzlich zog ein grauer Aschenebel über Leon hinweg, gleichzeitig spürte er den leichten Wind von Flügelschlägen in seinen Haaren und um sein Bett herum auf dem Boden trippelte es, als würden viele Mäuse darum herumrennen.
›Mäuse am Boden, Fledermäuse in der Luft!‹, dachte Leon, ›bestimmt haben die Fledermäuse Staub aufgewirbelt.‹

Er wollte den Kopf gerade wieder auf die herrlich weichen Tannenäste legen, als er deutlich ein Wort vernahm.
»Verschwindeeee!« Als hätte der Wind das Wort gesprochen, so lange dehnte es sich. »Wer ist da?«, fragte Leon in die Nacht hinein. Als Antwort erklang erneut die Aufforderung.
»Verschwindeeeee!«, dieses Mal kam sogar noch ein Zusatz. »Wenn dir dein Leben lieb ist, dann verschwinde!«
»Na, du bist lustig!«, antwortete Leon unerschrocken. »Soll ich bei Nacht und Nebel gegen die Bäume rennen? Dazu habe ich keine Lust! Wer bist du überhaupt? Ist das deine Burg? Zeig dich doch mal!«, forderte Leon den Sprecher auf.
Vor Leon erschien, nur schemenhaft sichtbar, ein Gespenst, das aussah wie ein grauer Fels. Das Felsengespenst machte ein gruseliges Gesicht und sagte:
»Ich bin Felsengrau und dies ist meine Burg!«
Kaum hatte das Gespenst das gesagt, da erschien neben ihm ein weiteres Gespenst, es sah aus wie eine riesengroße Taube. Auch dieses Gespenst bemühte sich, ein schreckliches Gesicht zu machen, dann gurrte es mit einer weiblichen Stimme etwas vorwurfsvoll:
»Das stimmt nicht ganz, Brüderchen, eigentlich ist es unsere Burg«, und zu Leon gewandt, »es ist wirklich besser, du verschwindest!«
Aber Leon war furchtlos!
»Soweit ich weiß, können Gespenster uns Menschen nichts tun«, antwortete er, dann wandte er sich an das zweite Gespenst. »Mein Name ist Leon und wer bist du?«
Das zweite Gespenst wurde ein wenig verlegen.
»Wie unhöflich von mir, mein Name ist Taubengrau!«
Da erschienen noch weitere Gespenster aus dem dunklen Hintergrund und stellten sich vor.
»Aschgrau!«, hauchte das dritte, das wie ein großer Haufen Asche aussah.
»Mausgrau!«, trippelte ein Gespenst wie eine Maus mit spitziger Nase heran.
Ah, das Mäusegetrippel, dachte Leon, da ging es schon weiter.
»Schiefergrau!«, quietschte es als Nächstes.
»Oh!«, meinte Leon und zeigte mit dem Finger auf Schiefergrau, »du warst das vorhin mit dem Geräusch.« Das schiefergraue Gespenst nickte nur. Dann kam ein weiteres Gespenst wie eine dicke Rauchwolke herangerauscht.

»Lass mich raten, Leberwurstgrau?«, sagte er lachend, auf die Gestalt zeigend. Da wurde das Gespenst wütend, es hüllte Leon in eine Rauchwolke, sodass er husten musste. »Rauchgrau! Mein Name ist Rauchgrau!«, hauchte es mit Bestimmtheit.
Als sich der Rauch wieder verzogen hatte, schwebte als letztes ein etwas kleineres Gespenst heran, es sah aus wie ein wundervolles, silbergraues Glöckchen. Mit kindlicher Stimme stellte es sich schüchtern vor.
»Silbergrau!«, dann machte es einen höflichen Knicks wie eine wohlerzogene Prinzessin.
»Wow! Freut mich, euch kennenzulernen!«, staunte Leon beeindruckt. »Und wieso spukt ihr hier in eurer Burg herum? Ich meine, wieso seid ihr überhaupt noch hier?«
»Wir wurden verzaubert!«, antwortete vorwitzig das kleine Silbergrau. »Das stimmt leider!«, bestätigte Felsengrau, und Taubengrau gurrte.
»Das war vor einigen hundert Jahren. Unsere Eltern lebten nicht mehr, und so wohnten wir alleine hier auf der Burg.«
»Eines Tages«, fuhr Mausgrau fort, »da kam ein Junge auf die Burg.« »Der war so frech wie du!«, stellte Rauchgrau fest.
»Er trug kunterbunte Kleider!«, sagte Aschgrau entrüstet, und Schiefergrau quietschte.
»Kannst du dir das vorstellen? Auf unserer Burg, auf der alles grau war, kam plötzlich dieser freche Junge in seinen bunten Kleidern.«
»Wir steckten ihn in den Kerker!« Felsengrau war auch jetzt noch der Überzeugung, dass ihr Handeln damals richtig war.
»Wenige Tage später kam die Mutter des Jungen«, erzählte Taubengrau weiter.
»Sie war eine Zauberin!«, meinte Silbergrau.
»Eine Hexe!«, korrigierte Mausgrau, und Taubengrau fuhr fort.
»Als sie erfuhr, dass wir ihren Jungen in den Kerker gesteckt hatten, wurde sie furchtbar wütend, belegte uns mit einem Fluch und befreite ihren Jungen.«
Nach einer kurzen Pause seufzte Aschgrau. »Danach passierte jedem von uns ein Unglück. Wir kamen einer nach dem anderen ums Leben, und seitdem spuken wir hier als Geister in unserer Burg.«

»Das ist ja schrecklich!«, meinte Leon, »aber was ich nicht verstehen kann, was habt ihr denn gegen bunte Farben?«
Bei den letzten Worten hoben alle sieben Gespenster abwehrend die Hände. Silbergrau war es, die ihm antwortete.
»Wir hassen Farben! Auf unserer Burg soll es nur grau geben.«
Leon schaute an sich herunter. Seine blaue Hose und sein rotes Hemd waren im nächtlichen Mondlicht kaum zu erkennen, sie schimmerten irgendwie ebenfalls grau. Dann kam ihm ein Gedanke.
»Vielleicht ist genau das euer Problem. Ihr solltet versuchen, euch an andere Farben zu gewöhnen und sie zu akzeptieren, ja, sie vielleicht sogar zu lieben. Ich bin sicher, wenn ihr das versucht, werdet ihr feststellen, dass Farben sehr schön sind und vielleicht werdet ihr dann von diesem Fluch erlöst und müsst nicht länger herumspuken.«
Die sieben Gespenster unterhielten sich nun aufgeregt untereinander. Leon beachteten sie nicht mehr, so vertieft waren sie in ihre Unterhaltung. Während die Gespenster beschlossen, Leons Rat zu folgen, begann es draußen hell zu werden, und mit dem Sonnenlicht verschwanden die sieben grauen Gespenster.
Leon verließ die Burg und ging nach Hause. Als er zwei Wochen später wieder nach Burg Felsengrau kam, lagen überall in den Räumen kunterbunte Blumen, die schon etwas am Verwelken waren. An einer grauen Wand stand mit schwarzem Ruß geschrieben:
»Leon, du hattest recht! Bunte Farben sind wirklich etwas Wundervolles, und wir sind von unserem Fluch erlöst. Danke!«

Wolkenhände

Thai Chi

Helga Rikken

Wolken von der Luft getragen,
die sich leicht und sacht bewegen –
weh´n an lauen Sommertagen,
dem seichten Wind entgegen.

So, wie der Wind die Wolken führt,
bewegen sich entspannt die Hände –
Musik den Hauch des Windes spürt,
ihr Klang bringt dem Gefühl die Wende.
»Wolkenhände« sich bewegen,
gleitend und in »Wolkenform« –
für uns´re Seele ist´s ein Segen,
die Entspannung ist enorm.

Ruhig atmen, Augen schließen,
Gedanken stets nach innen lenken –
Lass Energie geruhsam fließen,
dein Körper wird dir Liebe schenken.

www.karinaverlag.at
Karina
Publishing
Vienna

Ferienhäuser am Peloponnes Griechenland, Selianitika

Anreise: Anflughafen ist Athen (ATH). Das Ziel liegt ca. 35 km vor Patras und es gibt eine eigene Auto-bahnabfahrt.

Lage: Beide Häuser liegen inmitten einer riesigen, über 7000 m2 großen, eingezäunten Gartenfläche, die auch für Kinder ein unvergessliches Erlebnis ist. Die Häuser sind ca. 8 km vom Strand entfernt. Selianitika, der Nachbarort, liegt direkt am Meer. Er bietet griechisches Leben zum „Erleben“. Fisch-Restaurants, Tavernen, Shops, Supermärkte, gemütliche Plätze und Cafes. Die Abende kann man gemütlich in einem der Strandlokale genießen. Man sieht hier hauptsächlich Touristen aus Griechenland, daher wird hier auch niemand geneppt. Es herrscht eine angenehme Atmosphäre am Abend, kein Ballermann aber auch keine Lang-weile. Die Restaurants und Lokale reihen sich entlang des schönen Strands, das Meer ist glasklar und das Wetter europäisch. Heiß am Tag und angenehm kühl in der Nacht. Alte Männer sitzen vor und in den Tavernen und diskutieren oder spielen Karten, wie man sie sonst nur noch von Ansichtskarten her kennt.
Zwischen den schönen Badebuchten des Korinthischen Golfes, den fruchtbaren Ebenen und den bewachsenen Hügeln, erstreckt sich eine der schönsten Landschaften im Norden des Peloponnes.
Selianitika besticht durch seine malerischen Buchten und Strände, immergrüne Oliven- und Zitrushaine. Und inmitten dieser naturbelassenen griechischen Landschaft liegen die beiden Ferienhäuser.

Strand: Ein herrlicher Strand mit glasklarem Wasser und angenehmer Temperatur lädt zum Schwimmen ein. Hier machen die Griechen Urlaub, und es ist Platz genug und kein Touristengedränge.

Ausstattung der Häuser: Beide Häuser verfügen über eine komplette Küchenausstattung und die Bettwäsche ist vorhanden. Hand- und Badetücher müssen mitgebracht werden.

Information und Buchung:

http://www.griechenland-haus.com

mail: rudi.treiber@bnet.at

Genaue Beschreibungen unserer Autorinnen und Autoren finden sich in den Teilen 1-5 dieser Anthologieserie.

www.karinaverlag.at